世界で生きる力

Global Citizens

How our vision of the world is outdated,
and what we can do about it

自分を本当にグローバル化する4つのステップ

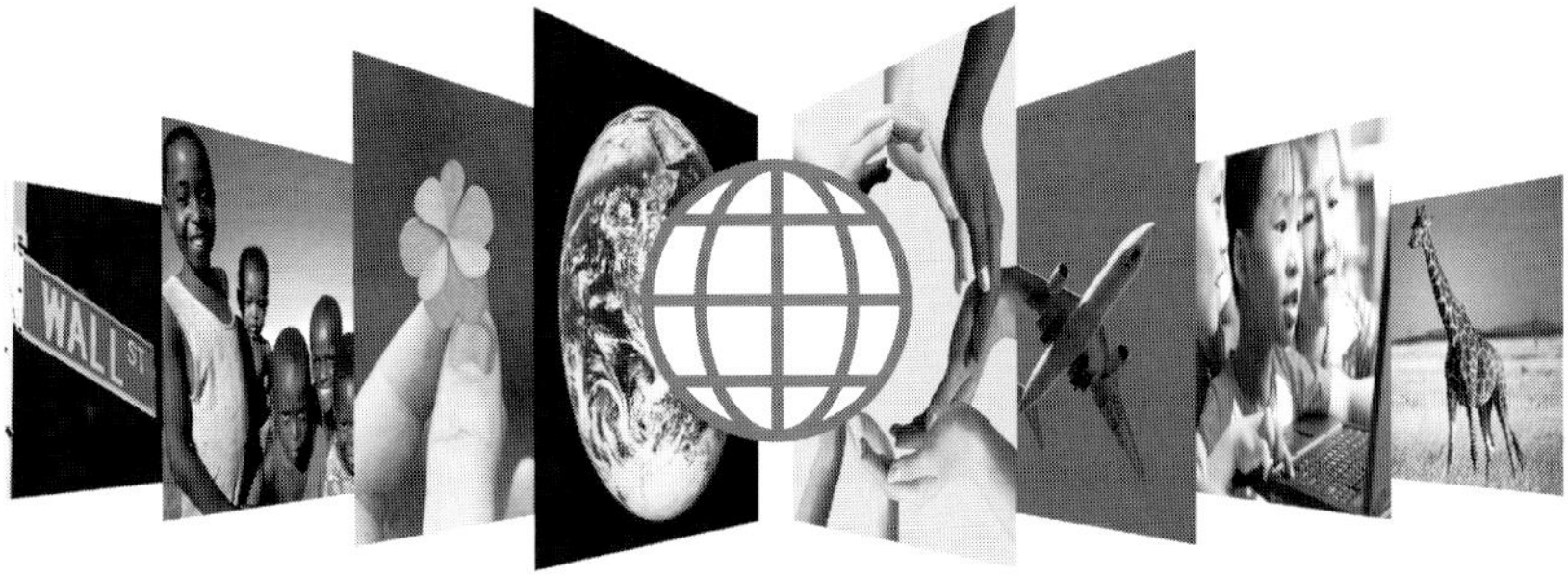

マーク・ガーゾン
Mark Gerzon

松本 裕訳

英治出版

この本を私の家族に捧げる――
すべての家族に

GLOBAL CITIZENS
by Mark Gerzon

世界で生きる力――目次

はじめに 世界で生きる力とは Are You A Global Citizen?

1 直視する力 Opening Our Eyes

2 学ぶ力　Opening Our Minds　79

3 連帯する力

Opening Our Hearts

4 助けあう力 Opening Our Hands

まとめ　世界で生きる力を身につける20の方法
20 Ways To Raise Our Global Intelligence

はじめに
世界で生きる力とは
Are You A Global Citizen?

私はこの世界の民である

ディオゲネス・ラエルティオス
Diogenes Laërtius
哲学者

この世界が我が母国、すべての人類が我が兄弟であり
善き行いが我が宗教である

トマス・ペイン
Thomas Paine
革命家

私は世界の市民などではない
その概念自体が知的ナンセンスであり
驚くほど危険な思想だ！

ニュート・ギングリッチ
Newt Gingrich
政治家

かつてギリシア人は「世界市民」を名乗ったが

二〇〇〇年前、すでに古代ギリシャの哲学者たちは自らが「世界の市民」だと公言していた。過去二〇〇年以上前、アメリカの革命家たちは「この世界が我が母国である」と宣言していた。過去数世代にわたり、この先見的なアイデンティティは高名な指導者たちによって喚起され（マハトマ・ガンジー）、偉大な科学者たちによって支持され（アルバート・アインシュタイン）、さらには音楽にまで取り入れられた（ジョン・レノン）。地球市民《グローバル・シティズンシップ》であるという概念は、昔から人類の文化に深く広く存在し続けている。

しかし、ここに一つの矛盾《パラドックス》がある。法的には、世界の七十億近い人口の誰ひとり、実際には地球市民《グローバル・シティズン》ではない。私が知る限り、地球上で統一されたパスポートなど存在しない。誰もが、それぞれの国で発行認可されたパスポートを使っている。

つまりあなたや私も含めて私たち全員が、この矛盾を体現していることになる。すなわち、私たちはグローバルな存在でありながら、グローバル化されてはいないということを。厳密に言えば、私たちの誰ひとりとしてグローバル・シティズンではない。しかし、私たちは国境がないかのように思考し、行動することができる。そこに一つの希望がある。

二〇〇一年の同時多発テロと直後に続いた英米の反撃に、自分のことのように衝撃を受けはしなかっただろうか？　二〇〇八年の世界的経済危機によって――そしてそれに対する世界の反応によって――、私たち全員の財政が影響を受けたのではないか？　気候変動の脅威、大気汚染、飲食物に入りこむ汚染物質による健康リスクなどを含め、高まり続ける環境危機には私たちの多くが懸念を覚えているのではないだろうか？

要するに、私たちはみな、一生顔を見ることもなく、その言語も解さず、その名を聞いてもわからないかもしれないような人々の判断や行動に大きく影響を受けており、そうした人々もまた、私たちに影響を受けているのだ。私たちの幸福、そしてときには私たちの生命までもが、この事実を認識してグローバル・シティズンとしての責任を負えるかどうかにかかっている。議論の的となっている問題が金融危機であれ移民問題であれ、中東の戦争であれ感染症であれ、私たち人類は今、国家や民族の一員、宗教の信奉者などといった枠組みを超えた存在であるという自覚を持つことを要求されている。私たちは、グローバルな存在なのだから。

「私たちは嫌われているの？」

（中国、広東省珠海《ズーハイ》市。中山《トンシャン》ルビ大学。二〇〇八年五月）

「フランスの人たちはどうして私たちのことを嫌っているんでしょう？」大講堂に集まった三〇〇人近い中国人学生の一人が質問した。「オリンピック聖火がパリを通過していたとき、聖火が攻撃されそうになったでしょう。私たちの国のことが嫌いだからでしょうか？　私たちが発展しているから怒っているのでしょうか？」

一瞬、私は言葉につまった。この中国人学生の質問に対する答えはわかっていた。読者であるあなたにも、きっとわかっているだろう。フランスにおけるデモ参加者が怒りを覚えていたのは中国政府によるチベット僧への弾圧に対してであり、大きくは中国政府による人権侵害に対してだったのだ。

しかし、北京オリンピックを数カ月後に控えていたこのとき、私を十日間の出版記念イベントに招待してくれた中国側の主催者は、チベット問題には触れないでほしい、と明確に要望していた。主催者は最新の拙書『対立を乗り越える』〔*Leading Through Conflict*〕を北京語に翻訳した政府系出版社で、物議をかもすような話はされたくなかったわけだ。

非常に長く感じられたその瞬間、私はどう答えればいいのか決めかねていた。主催者の要望を無視して残りの日程を台無しにする危険を冒すか？　彼らの政府が悪いのだと主張するのか？　それとも質問をはぐらかすか？

「その質問に答える前に」と私は言った。「まずみなさんに一つ質問させてください。現在の中国とチベットの対立には、二つの見方があります。一つは、チベットのデモ参加者たちによる暴力行為が問題だというもの。もう一つは、中国の政策が問題だというもの。中国政府の政策が問題だと思う人は、手をあげてください」

広い講堂で、ただの一本も手はあがらなかった。

「チベットのデモ参加者が問題だと思う人は、手をあげてください」

さざ波のように手があがりだし、やがて講堂は無数の指で埋めつくされた。

「どうもありがとう」。私は言った。「実は数カ月前、アメリカの大学で同じ質問をしたのです。そのときの結果は、今とはまったく正反対でした。アメリカの大学生は全員、現在のひどい状況は中国政府に責任があると考えていて、チベット人のせいだとは誰も思っていなかったのです」

ショックのあまり、学生たちは押し黙った。アメリカの大学生が、自分たちとそれほどまでに異なる視点でチベット・中国問題をとらえている事実が理解できなかったのだ。

「こんなふうに全員がまったく同じように物事を考える授業で、優れた教育が得られると思いますか？」

「ノー！」という答えが講堂に響き渡った。

「多様な意見によって、みなさんはより賢くなり、この国はより安全になると思いますか？」

中国語訛りの「イエス！」が大音量で響いた。

そのエネルギーを足がかりに、私は言葉を継いだ。「私もそう思います。中国は偉大な国です。みなさんは急速に発展しています。だからこそ、みなさんは物事のあらゆる側面を見なければなりません。中国と他の国との間に不信という壁が立ちはだかっていても、壁の前で立ち止まらないでください。みなさんの頭を、そして心を使って、その壁の向こう側にあるものを見なければならないのです」

人は8つのレベルでグローバル

中国人学生が自分たちを「中国人」だと認識しているのと同様、私たちのほとんども国民的または文化的アイデンティティを持っている。自分たちを真に「国境を持たない《グローバル》」と考えることはめったにない。だが他のあらゆる面において――遺伝的、身体的、社会的、経済的、生態学的、技術的、政治的、宗教的に――私たちは間違いなくグローバルなのだ。今あげた八つの観点について、簡単に見ていこう。

① 私たちの遺伝子はグローバル

遺伝子を調べれば、驚異的な科学的精度をもってアフリカの始祖、ホモ・サピエンスまで家系図をたどることができる。ゲノム研究により、私たちの祖先が何者であり、どこから来たのかを正確に割りだすことが容易にできるようになった。遺伝子は私たちが人類という一つの家族であり、全員が縁戚関係にあることを証明しているのだ。慈善活動家でもあるロック・ミュージシャンのボノがアメリカの観衆に問いかけたように、「ひょっとしたら、アメリカ人はみんな……アフリカ系アメリカ人なんじゃないだろうか？」[01]

②

私たちの身体はグローバル

口にする食べ物や薬の原材料を調べれば、そのほとんどが地元産ではないのがすぐにわかるはずだ。ごく少数の僻地を除き、私たちの食事のほとんどは外国産なのだ。さらには、生きていくために欠かせない空気や水でさえ——吸いこんだり飲みこんだりするときには地元のものに思えるかもしれないが——あらゆる国境を越えるエコシステムの一部なのだ。

③

私たちの社会はグローバル

自分が住むコミュニティを観察してみると、昔のように自分たちと同じような外見の人々だけを目にすることはない。隣人や同僚、子どもの同級生、出勤途中にすれ違う人々——そうした人々は、ますます多様になってきている。彼らは、他の地域や他の文化圏からやってきている。世界各地から人々が集まってきているコミュニティもある。

④

私たちの経済はグローバル

最近では二〇〇八年に発生したばかりだが、金融危機に襲われると、その衝撃波は世界中に広がる。一カ国だけでなく、世界中の何十にもおよぶ国々で株価が急落する。私たちのポケットに入っている金の価値は、それを発行した国家の対応と同じくらい、世界の通貨市場の動向によっても左右されるのだ。私たちの仕事、ましてや私たちの子どもたちのキャリアは、世界経済への依存度を強める可能性がかなり高い。

⑤ 私たちの環境はグローバル

気候の温暖化、森林地帯の消滅や土壌浸食の進行、海の酸性化、清潔な飲用水の不足――こうした問題は世界的傾向になっている。一国家の環境保護政策だけでは空気や水、土壌、食糧供給を守ることはできない。最終的には、国境を越えた環境政策が必要となる。

⑥ 私たちの持ち物はグローバル

私たちのほとんどが家に住み、車に乗り、財産を持っているが、その中には自分が住む国の外で作られたものが含まれている。これが本当かどうかは、自分の持ち物を見てみればすぐにわかる。私が着ている服、この文章を打っているパソコン、腕にはめている腕時計――これらはすべて、私が住む国の外で作られたものだ。

⑦ 私たちの市民生活はグローバル

外国の勢力に政策が影響されない国など地球上に存在しない。これは中国やロシア、アメリカのような大国にも、シンガポールやネパール、コソボ、ルワンダのような小国にも当てはまる。今日、「内輪」の話であるはずの国内政策論争は、以前にも増して「外部」の国際的要因によって形作られるようになってきている。

⑧ 私たちの宗教でさえも、グローバル

私たちが抱く信念（あるいは、棄てた信念）は過去何世紀にもわたり、数多くの文化を経て形成され、再形成されてきた。キリスト教、イスラム教、ユダヤ教、仏教、ヒンズー教、その他少数派の宗教――どれを信仰しているのだとしても、それが今住んでいる国で生まれたものである可能性は非常に低い。はるか遠い異国の地、異なる文化、場合によっては異なる大陸で生まれた宗教である可能性のほうがずっと高い。

つまり、私たちは法的には国家の民かもしれないが、私たちの生活における他のあらゆる側面は、私たちが実は地球の民であるという事実を浮き彫りにしている。狭くて排他的なアイデンティティはもう行きづまっている。異なる国家、異なる種族や氏族、異なる信仰や思想によって、私たちは現在直面しているような問題を生みだしてしまった。民族の枠組みや国境、宗教などで区別された世界観はもう古い。最新の世界観を手に入れるためには、もう未来がすぐそこまで来ていること、そしてそれがグローバルなものだと気づかなければならない。

本当のグローバル化とは

こうした世界観の変化は、アインシュタインの言葉に始まった。「問題は、それを生みだしたものと同じ意識レベルでは解決できない」。だからこそ、異なる国家に属し、通貨を使い、それ

ぞれの指導者や軍隊をもちながらも、私たちはグローバルな方向へと意識レベルをシフトしていかなければならないのだ。

多様な、ときには衝突さえする文化に分割された状況では、「一体性」や「宇宙船地球号」などのうすっぺらい決まり文句は役に立たない。自分をグローバル化するということは、冷房の温度をあげたり、特定のロックスターの声に耳を傾けたり、地元の作物を食べたり、ハイブリッドカーに乗ったり、恵まれない子どもの食事や政治犯の釈放のために小切手を切ったりすることで得られる、パッケージ化されたエコ・アイデンティティや、しゃれたライフスタイルではない。こうした行動は有意義かもしれないが、私たちを本当にグローバル化するものではない。

初期の宇宙飛行士たちが撮影した息をのむような写真の数々によって、理想主義者たちの間に「グローバル・マインド」がわき起こった。生物学者たちは地球が「生命ある有機体」や「ガイア」であると強調し、物理学者たちは「共進化の展開」を解説し、神学者たちは「聖なる創造」を連想し、哲学者たちは「不可分の一体性」を唱えた。未来派の作家アーサー・C・クラークによる楽観的な予測によれば、「無数の星たちの中に浮かぶ、ただ一つのちっぽけな球体という地球の真の姿を目にした今」となっては、「きわめて極端な形の国粋主義《ナショナリズム》」は消えゆくはずだった。

しかし残念ながら、故郷の地球を宇宙から眺めるというめまいのするような興奮は、人類の意識を即座に変えてはくれなかった。それどころか、母なる地球の美しい姿は近年、他の映像によって片隅へと押しやられてしまっている——炎に包まれる世界貿易センタービル、混沌さを増す中東紛争、ケニアやコンゴ、スリランカ、カシミール地方の民族紛争。部族主義、自民族優越主義《エスノセントリズム》やナショナリズムはいまだに消えず、世界の多くの地域では、むしろ影響力を再び増している。宇宙飛行士たちが涙した「境界線のない世界」は、イスラエル人とパレスチナ人がガザの小さな丘をめぐって争う世界と同じ世界だ。タミル人とシンハラ人がスリランカという小さな島国をめぐって互いに殺戮を繰り返し、何十もの国が、国内に飢餓が蔓延する一方で武器には惜しみなく金を遣い、裕福な国がどんどん壁を高くして貧しい移民を締めだすために国境警備を強化する世界と同じだ。

今求められるのは、アインシュタインの示した難問を受けて立つ、実践的で成果主義的なグローバル化へのアプローチだ。**国際的企業の多くは気づき始めているが、グローバルな思考はもはや理想ではなく実践の対象だ。世界的に競争の激しい業界において、「グローバルに統合された企業」になりきれない多国籍企業は長続きしないだろう。**[02]

「世界はフラットじゃない。でこぼこだ」

（カナダ、バンクーバー。ブリティッシュ・コロンビア大学。二〇〇七年十一月）

「トーマス・フリードマンの観点とは裏腹に」と、ピューリッツァー賞受賞者である『ニューヨーク・タイムズ』のコラムニストを名指ししてマンスール・ジャヴィダンは言った。「世界はフラット化などしてはいません。あと七十五年もしたらそうなるかもしれませんが、現在のところ、世界の文化的地形はかなりでこぼこしているのです」

　私は大学構内でジャヴィダン教授と話していた。二人とも、インターナショナル・リーダーシップ・アソシエーションの会合に出席していた。このイラン生まれ（本人いわく、「アラブ名を持つロシアとイランのミックス」）の教授とはぜひ直接話をしてみたいと思っていた。世界がどれほど「でこぼこ」しているか、誰よりもわかっている人物だからだ。

　教授は一九九四年に世界中の学者たちに呼びかけ、真の異文化調査手法を開発する目的で「学問の国連」〔United Nations of Academia〕と名づけたネットワークを構築した。教授は一〇〇人以上の仲間とともにＧＬＯＢＥプロジェクトを立ちあげ、国境を越えて真の意味で学びリーダーシップを取ることを妨げる文化的要因を分析した。

「あらゆる社会が、自分たちと似た人々について学ぶよう指導することに、大変なエネルギーを注いできました」。かなり濃いコーヒーをちびちびと飲みながら、ジャヴィダン教授は語った。「今はあらゆるところで、自分たちと違う人々を相手にしなければならなくなっています。私たちが現在暮らすこの世界では、人々は以前にも増して自分たちと異なる人々を相手にしているのです。人類の歴史において、私たちはこれほど短い期間で、これほど大規模な異文化との接触を経験したことがなかったのです」

「私たちはこの状況に対応していけるでしょうか？」

「もちろん」。教授は即答した。「だがそのためには、グローバルな思考法《マインドセット》が必要となります」[03]

世界で求められるグローバル人材

こうした課題を認識している世界中のグローバルな人材たちについてこれから本書で紹介していくが、彼らはただ公正で平和な世界を創り出しているいるだけではない。彼らは自らの人生の意義を深めてもいる。**自分を本当にグローバル化するということは、「外的」な作業であるとともに、「内的」な作業でもあるのだ。**意識を高めるという内面的な作業によって、この世界においてより効果的な、改革的な形で活動できるようになるからだ。相互連携というものを本当に理解したとき、私たちは「人類」や「地球」のためを考えるということが、実は「自分」のためを考えることにもつながるのだと気づくだろう。

自らをグローバル化することが今こそ、それも早急に求められているにもかかわらず、国際舞台の中心にいるリーダーたちは、地球の利益のために活動するグローバルな政治家ではなく、自国の利益のために働く国家的な人間ばかりだ。二〇〇八年に行われた調査では、世界各地の回答者二万人に対し、国際舞台にいるリーダーのうち信頼できるのは誰か、という問いが投げかけられた。誰ひとり――アメリカのジョージ・ブッシュも、中国の胡錦濤も、ロシアのウラジーミル・プーチンも――幅広い支持を得なかった[04]。広く尊敬を集めたのはネルソン・マンデラやビル・クリントンといった元指導者たちだけで、それも彼らが単独の国家の関心事にとどまらない目的のために活動していることが明らかになって、初めて支持を得たのだ。

仮に本物の「グローバル人材」が指導者の地位にまで上りつめたとしたら、彼らはこのアイデンティティをより明確かつ具体的で、目に見える日々の活動に根差したものにしていかなければならない。「グローバル人材」というアイデンティティはもはや単なる教育的な理想像にとどまっている場合ではないのだ――ある小学校の校長がこう言っていた。「当校では全生徒が責任あるグローバル人材になれるようなカリキュラムを開発しています」。また、企業が世界的販売高を押しあげるためのスローガンにとどまっていてもいけない――「最近、幹部職員を上級管理職へ昇進させるときには、経験豊富なグローバル人材であるかどうかを見ています」と語ったのはとあるハイテク企業のCEOだ。それに、あいまいで高尚な決まり文句《クリシェ》のままでいてもいけない――最近世界銀行が発行した研究書『グローバル・シティズンのための世界的課題』〔*Global Issues for Global Citizens*〕でさえ、「グローバル・シティズン」が実際はなんなのかを定義してはいなかった。[05]

私たちの意識レベルを自民族中心主義から地球中心主義へと変化させていくためには、まず自分の安全地帯から出ていく勇気を持たなければならない。どれほど狭小なアイデンティティのもとに生まれたのであれ、もうそこを出て広い世界へと足を踏みだす時期が来たのだ。伝統、家系や文化を重んじるのは結構だ。しかし、自分のアイデンティティが他者とまったくかけ離れた独自の存在だという幻想は捨てるべきだ。

「私の名はジハード。聖戦の意味じゃない」

（アラブ首長国連邦、ドバイ。二〇〇七年七月）

「マークです」。イスラム教徒のジャーナリストと握手しながら、私は自己紹介した。報道がいかに宗教間対立を悪化させてきたかについて懸念を覚える、欧米および中東のテレビニュース編集者たちが集まる小さな会合に出席していたときのことだ。

「はじめまして」。相手は強いアラブ訛りの英語で答えた。「ジハードです」

「え？」ちゃんと聞き取れたのか自信がなかったので、私はすぐに聞き返した。「もう一度お名前を伺えますか」

「ジ、ハ、ー、ド、です」。相手がはっきりと繰り返す。

「どうぞよろしく」と挨拶してから、私は会合の他の出席者への自己紹介を続けた。だが休憩時間になったらもう一度ジハード氏を探し出して、彼の名前について尋ねてみようと心の中で決めていた。

「実は、それほど珍しい名前ではないんですよ」。後ほど、彼は私の疑問に答えてくれた。「私は一九五〇年代半ばの生まれなんですが、この頃のイスラム教徒の多くが、子どもにこの名前をつけたんです」

「なぜ、よりによってその名前を？」まだ理解できずに私は尋ねた。

「私の両親は、息子が成功するように、学業に秀でるようにと願ったんです。『ジハード』という言葉はおおざっぱに訳すと『勤勉』とか『忍耐』といった意味なんですね。両親は私にそれを期待して、その名前を選んだわけです」

「ではどうして――?」

ジハード氏は手をあげて微笑んだ。私がまだ何も言わないうちから、何を聞かれるのかがわかったのだ。

「この言葉は過激派に乗っ取られてしまったんです。私が生まれた頃、この言葉は単に勤勉や献身、できる限り最高の自分になるために進んで一所懸命働くといった意味でした。ところが現在では、一部の人たちが聖戦を意味する言葉として使っています。ですがそれは本来の意味ではありません。私ほどそれをよく理解している人間はいませんよ!」

グローバル人材に求められる4つの能力

突きつめると、自分をグローバル化するための課題は「私たち」と「彼ら」をつなぐ橋を架けることにある。グローバル人材がいかにして人類の大半を分割する境界線を越えて効果的に活動できるのかを詳しく見てみよう。それがよくわかるようになれば、彼らが四つの能力を――統合すれば、アインシュタインの投げかけた難問を解き、私たちの意識レベルを変えていける能力を――身につけていることがわかるだろう。この四つの能力はそれぞれ、私たちの目、思考、心、手といった各要素を使って表現される。

直視する力――目を開く。グローバル・シティズンシップへの道のりは、この目を開いた瞬間から始まる。釈迦の言葉を借りれば、「正見《しょうけん》、正思惟《しょうしゆい》、正業《しょうごう》」である。正しく世界を見ることができるようになれば、世界について学べるようになり、他者との接点を見出し、そして彼らと手をつなげるようになるという意味だ。

学ぶ力――思考を開く。世界に思いをめぐらせれば、おのずと世界について学びたくなるはずだ。自分の思考領域がいかに狭められていたかがわかる。それぞれの文化で「学ぶべきこと」とされているものだけでは満足できなくなる。一方で、思考を扉のように開放するだけで世界を受け入れることが可能なことに気づくだろう。そうして初めて、向こう側への敷居をまたぐことができるのだ。

連帯する力――人間関係を構築する。思考だけでは境界線を越えるためのパスポートにはならない。私たちを他者と隔てる溝に橋を架けるために、グローバル・シティズンは思考の川だけでなく感情の川をも航行していかなければならない。開いた心を他者の心につなぎ、「敵」と呼ばれる者とでさえ人間関係を構築していく必要がある。

助けあう力――ともに働く。目を開き、思考を開き、心を開いたら、行動を起こす準備は整った。だが一人の力では橋が架けられないのだと、グローバル・シティズンならばすぐに気づくだろう。対岸に相手が必要だ。それも普通のパートナーシップでは十分ではない。自分と同類でない相手でも協力しなければならないのだ。両手を広げ、腕を伸ばして相手の手を取り、ともに働かなければならない。

本書の最後には、中核となるこの四つの能力――直視する力、学ぶ力、連帯する力、助けあう力――をよりしっかりと高めていけるようにする二十種類の方法を取りあげる。この二十の戦略を統合すれば、私たちの「グローバル・インテリジェンス」（ＧＩ）を高める指針となるだろう。私はこの分野に生涯を捧げてきたが、人類は今ＧＩの向上に投資をするかしないかという選択を迫られているのではないかと考えている。集合的でグローバルな知識を高めていかなければ、私たちは目を閉じて物事を見なくなり、思考を閉ざしてかたくなになり、心を閉ざして冷淡になり、両手を閉じて攻撃的になってしまうかもしれない。私たち人類が目、思考、心、両手を開くこともできれば閉じることもできるのは、歴史が証明している。**私たちは相互依存的かつ平和的な、グローバルな文明を築くこともできるし、分裂し、ばらばらになって終わりなき紛争の悪循環へと落ちていくこともできる。自分のどの部分の能力を高めるかによって、世界を狭い視野で見ることもできれば幅広く観察することもできる。**まさしくどこに住んでいようが、地球そのもののドラマは私たち一人ひとりの中で起こっているのだ。

目を開き、思考を開き、心を開き、両手を開く意志さえあれば、私たちは一人残らずグローバル・シティズンになることができる。

そう、一人残らずだ。

1 直視する力

Opening Our Eyes

人生の目的とは……自らを知ることです
生きとし生けるものすべてに自分を
重ねあわせることを覚えなければ
自らを知ることはできません

ガンジー
Mohandas K. Gandhi
インド独立の父

最初の1日か2日は私たちはみな
自分の国を指さしていた
3日目か4日目になると
自分の大陸を指さしていた
そして5日目には
ただ地球だけを認識していた

スルタン・サウマン・アウ＝サウド
Sultan bin Salman al-Saud
宇宙飛行士

宇宙飛行士は地球を眺めてこう考えた

アメリカ宇宙航空局（NASA）が一九五八年十月にマーキュリー計画を発表したとき、アメリカは人間を地球の軌道に乗せることを誓った。だがNASAの関係者は程なく、宇宙飛行士たちとの論争合戦に突入する。宇宙へと打ちあげられる男たちが、自分たちの乗るちっぽけなカプセルには窓を絶対つけてほしいと主張したのだ。対するNASAの技術者たちは、再突入時の危険なまでの高温を考えると、窓はいたずらに安全性へのリスクを高めるだけだと反論した。

「窓をつけないなら乗らないぞ」と宇宙飛行士たち。

「君たちの安全を脅かすような物を取りつけるわけにはいかない」とNASA幹部。

最終的には宇宙飛行士たちが議論に勝ったのだが、次の論争の種はすぐに出てきた。カメラだ。技術者や安全技師たちは、カメラを積めば無駄に重量が増えて危険が増すと主張した。だが宇宙飛行士たちは、これから目撃する光景を記録するのは自分たちの大切な使命だと反論した。宇宙を見たとしても、その光景を人々と共有できないならなんの意味があるだろう？

後の全人類にとってありがたいことに、宇宙飛行士たちはまたしても勝利した。多くの国々から集結した男女――宇宙飛行士ラスティ・シュワイカートが言うところの「人類のセンサー」――である彼らのおかげで、私たちはみな、地球という惑星を目にすることができたのだ。

以来、人類はこのような究極の実験を幾度となく自分たちに対して行ってきた。実験は男女問わず、ロシア人もアメリカ人も、アラブ人もヨーロッパ人も、キリスト教徒もイスラム教徒も、ヒンズー教徒もユダヤ教徒も対象に行われた。彼らはロケットの先端に乗りこんで宇宙へ送り出され、地球を周回し、ときには大気圏外で宇宙遊泳もしてみせた。そして彼らはそのすばらしい、畏敬の念さえ覚えるようなグローバルな視点から地球を眺めたのだ。帰還後の記者会見で、物理的・心理的・精神的に変化はあったかという質問が出た。彼らの回答は、真のグローバル・シティズンが世界をどのように直視するかについて、想像し得ないほど多くを教えてくれるものだった。

だが、宇宙飛行士たちの言葉を紹介する前に、まずは窓とカメラを要求した彼らの先見の明に感謝しよう。周りの世界をしっかりと見て、その経験を他者と共有するべく全力を傾ける、これこそ直視の本質だ。直視するとは、ただ見るというだけではない。世界を見る際に通すレンズの存在を認識するということだ。世界観を変えるためには、まず、自分がレンズを持っているのだと意識しなければならない。

宇宙飛行士たちがカメラを要求したのはもちろん、写真撮影が直視の本質を具現化したものだからだ。世界中の写真家たちがレンズ一式などの高品質な撮影機材を欲しがるのは、それによって接写、アクション、ワイドアングル、フラッシュ撮影など、あらゆる光景をより正確にとらえるためだ。グローバル・シティズンとして、観察の品質がレンズの精度に左右されるという意味では、私たちも写真家のようなものだ。今なら、私たちは複数のレンズを通して世界を見る能力を身につけている。そのレンズ一式の中には、「グローバルな」レンズも含まれているのだ。

宇宙旅行者たちが地球から宇宙ではなく、宇宙から地球を直視できるようになったとき、彼らの視点は大きく転換した。月へ向かった宇宙飛行士たちは、地球に昇る月の美しさに感慨を覚えるのではなく、人類の歴史において初めて「地球の出」を愛《め》でるという体験をした。重力によって大地につなぎ止められた私たちにとっては、雲一つない暖かな夜に月を見上げ、その表面を歩いたことに思いをはせることなど想像しがたい。だがこれこそ、シカゴの北側、街の明かりが届かない湖畔に立つ別荘近くで、ジム・ラヴェルが夜空を見上げて覚える感情なのだ。一九六八年十二月にアポロ八号の司令船操縦士兼航海士としてあの歴史的な六日間の旅に出たラヴェルは、明るい光を放つ球体を見上げると、記憶がどっとよみがえってくることがある。「月から地球を眺めると、それがどれほどもろくて、そして資源がどれほど限られたものなのかに気づかされます。私たちは——六、七十億の人類はすべて——この宇宙船地球号の乗組員で、力を合わせて活動し、生きていかなければならないのです」[01]

これはまさしく地球を揺るがすような視点の変化だ。ロシア人宇宙飛行士ヴァレンティン・レベデフは、エベレストを見下ろすという、しかもそれがあまりに小さいので見つけるのに苦労するという体験に衝撃を受けた。オランダ出身のウッボ・オッケルズは、かつてあれほど遠く思えた宇宙が今はこんなにも近く感じられることに混乱した。「宇宙に到達するまでたったの八分しかかからなかったのです」と彼は語っている。地球を出て大気圏のその先へ、「自宅から子どもの学校へ車で行くよりも早く着いてしまった」ことに呆然としたのだ。

心理的な変化に加えて、多くの奇跡的な精神的変化も生まれた。シリア出身のムハンマド・

アフマド・ファーリスは、「国境という傷が見えなくなった地球は、言葉では言いあらわせないほど美しかった」と語っている。メキシコ出身のロドルフォ・ネリ・ヴェラにとって、軌道に乗るという体験は全人類とつながっているという感覚を高め、「この短い人生を可能な限り楽しみ、共有しなければならない」と強く感じさせるものだったという。旧ソ連のユーリ・グラズコフは、計り知れない宇宙の暗闇に包まれ、地球の恵みに対する感謝の念で一杯になったそうだ。彼にとっては、地球が愛情深く思いやりにあふれた、「私たちに対して限りなくやさしい」母親のように思えたのだ。

「私たちは強く、大きな力を持つ存在に成長しました」。グラズコフは悲しげにこう言った。「だが地球のやさしさに対してどのように報いてきたでしょうか?」

グラズコフ同様、宇宙旅行者の多くが故郷の惑星をもっと大切にしたいという思いを強くしている。ベトナム出身のパン・トアンが地球へ帰還したとき、彼は「ただその美しさを愛するだけでなく、自然界にごくわずかな害も与えないようにしなければならない」と強く感じたそうだ。アメリカ人宇宙飛行士ジェームズ・アーウィンは「青いビー玉のような」地球がとてももろくて繊細なものに見え、「指先で触れただけでも壊れそうな気がしました」と話した。うっすらと粉雪に覆われたアメリカ合衆国の上を通過した旧ソ連の宇宙飛行士アレクサンドル・アレクサンドロフの言葉は、多くの人々の感情を代弁するものだった。「そのとき、私たち全員が地球の子どもなのだと気づきました。どの国を見ているかなど関係ない。私たちはみな地球の子どもであり、地球を母親として扱うべきなのです」。ロシア人同僚の発言に同調し、イスラエル出身のイラン・

ラモンも「地球上のあらゆる人々に平和とよりよい生活を」と主張した。

宇宙飛行経験者がもっとやさしさや思いやりを持ちたいと思うのは、地球に対してだけではない。彼らは、同胞である人類に対しても同じ感情を抱いていた。ボリス・ボリノフは自分が「活気に満ちあふれて穏やかに」なり、「周りの人たちに対してもっとやさしく、忍耐強くなりたい」と願った。生活および活動の場として六カ月間を過ごすことになる宇宙ステーション、ソユーズに乗りこむ際、ワレリー・リューミンは乗組員がお互いにこう言いあったことを覚えている。「私たちはみな兄弟だ。私はあなたで、あなたは私なのだ」

こうした発言が修道僧や神秘主義者の口から出たものであったなら、それほど驚くことではないかもしれない。だがこれはガンジス川のほとりや人里離れた修道院にいる求道者の話ではない。技術者や飛行士、科学者たちの率直な意見なのだ。そのような人々に聖なる哲人のような話し方をさせたのは、全体像を直視するというかつてない経験だった。**グローバルなレンズを通して見ることで、彼らは変わったのだ。**旧ソ連のボリス・ボリノフいわく、「宇宙飛行の最中、宇宙飛行士一人ひとりの精神が作り変えられる」のだそうだ。あるいはジェームズ・アーウィンが簡潔に述べたように、「これを見たら、人は変わらずにはいられないだろう……」[02]

宇宙飛行士のほぼ全員にとって、それは帳《とばり》が取り払われたような経験だった。彼らは一部分だけではなく、全体像を見ることができるようになった。**宇宙へ出て初めて、彼らは本当の意味で「直視」できるようになったのだ。**

彼女の死は世界への声となった

（イラン、テヘラン。カルガル通り。二〇〇九年六月二十日午後七時〇五分）

ミュージシャン志望の哲学科の女子学生ネダ・アガ・ソルタンは、大統領選挙の不正行為疑惑に抗議するデモ行進が行われていた通りからそう遠くない場所で、音楽の教師ハミド・パナヒと一緒に車を降りた。突如として銃声が鳴り響き、ネダは地面に崩れ落ちた。胸に血がにじみ、口からも鼻からも血があふれだす。道端であおむけに倒れた彼女は、野次馬に囲まれながら、血の海の中で絶命した。

ネダの殺害の瞬間を撮影した映像はインターネットで公開され、まもなく世界中に広がった。抗議行動側が彼女を殉教者に祭りあげるのではないかと懸念したイラン政府は、ネダのための追悼集会等を全面的に禁止した。さらにデモ行動が広がることを恐れ、イランの治安当局者はネダの遺族に、正式な葬式を出すことさえ禁じたのだ。

ペルシャ語で、「ネダ」は「声」「呼び声」を意味する。

カメラマンのように世界を見る

いまや地球にも天国と同様、世界を直視するための新たな「窓」がある。この惑星全体、そしてそこで起こるあらゆる出来事が、透明性を増してきているのだ。このため、直視する技術を求める声も高まっている。医者が症状から患者の全身の状態を診断するには技術をさらに高めなければならないのと同じだ。報道されるニュースの背後に隠れた世界全体を直視するためには、グローバル・シティズンとしての高い技術が求められている。

直視するということは、深い認識と包括的な注意力をもって観察するということだ。それができるようになれば、時間はゆっくりと流れ、壁は消え去る。境界線は存在しなくなる。人々は怒鳴ったり焦ったりせず、聞く耳を持つようになる。世界は、一言で言いあらわせば、一つになりはじめるのだ。かつては自分が他者とは違う、または対立すると考えていた人々も、連帯する方法を模索しはじめるだろう。[03]

ケネディが半世紀前に理解していたこと

一九六二年、ジョン・F・ケネディ大統領が月へ人間を送りこむ計画を明らかにしたとき、一つの地球というビジョンはまだ生まれたばかりだった。七月四日の独立記念日に、ケネディはフィラデルフィアの独立記念館で力強い「独立宣言」を発表した。彼は全アメリカ国民およびあらゆる国家の全国民に対し、私たちの人生におけるグローバルな側面や、より幅広い責任に気づくべきだと呼びかけたのだ。ケネディは、十三のばらばらの入植地を一つの国家にまとめ、「大陸全体を視野に考える」ことがアメリカ建国前の指導者たちの課題だった時代を思い起こした。そして今、「大陸を超越することを視野に」考えなければならない時期に来ていると彼は語った。憲法を言い換え、ケネディはこう言った。

「私たちは、自分たちだけでは、世界中で正義を実現することはできない。地上の平穏を保障し、共同防衛を行い、総合的な福祉を提供し、私たちや後世に自由の恩恵を約束することもできない。しかし他の自由な国家と手を取りあえば、これらすべてのみならず、もっと多くを成し遂げられるのだ」

ケネディが半世紀近く前にすでに理解していたのは、グローバル化する世界には、国境を越えて活動する多様な人材《シティズン》が求められるということだった。

数年前、イギリスのゴードン・ブラウン首相がボストンにあるジョン・F・ケネディ大統領図書館を訪問した際、首相のスピーチの主題はグローバル・シティズンシップの必要性についてだった。アメリカの建国の父たちが形作った原則に触れ、ブラウン首相はこう言った。「もう一つ、自明の真実があります。私たちは、私たち全員なのです。世界中の誰もがともに地球にいるということ……私たちや子どもたちが住める惑星は他にありません。この地球を維持するには、みなが協力しあわなければならないのです」[04]

なぜ、地球全体の写真を見たことがないのだろう？

ケネディのスピーチからブラウンのスピーチまでの五十年という歳月の間に、複数の世代が宇宙から見た地球の映像に囲まれて育った。その映像はあまりに当たり前のものになり、スチュアート・ブランドという名のひょろりとした二十七歳の大学院生がコロンビア大学の正門前に立ち、「私たちはどうしてまだ地球全体の写真を見たことがないんだろう？」と書かれた抗議バッジを配っていた時代を思いだすことさえ今は難しくなってしまった。『全地球カタログ《ホール・アース》』〔一九六〇年代に出版された、ヒッピー向けのツールを紹介したカタログ〕の創刊者でもあるブランドが、初の軌道宇宙旅行で撮影された写真を公開しないNASAに対して抗議行動を起こしてから数十年、人類の多くが、暗黒の宇宙を背景に浮かぶまばゆいほど美しい青と緑の惑星の姿を目にしてきた。

私たちが真の意味で両目を開けば、自分が世界全体を見る力を持っていることに気づくだろう。そういう意味では、いまや私たち全員が「宇宙飛行士」なのだ。グーグルアースに映像を提供している二社の民間企業、デジタル・グローバルとジオ・アイのおかげで、私たちはものの数秒で地球上のどこへでも行けるようになった。自分の目で、文字通り地上をほぼ隅々まで見ることができる。それも、パソコンでクリックするだけで。

グローバル・シティズン予備軍が急激に増加しているのも不思議はない。人類の大半が、宇宙から見たこの惑星の姿が初めて撮影されたときよりも後に生まれている。

しかし、グローバルな視点を持つこと自体は、私たちが全人類のために考え、行動することを保証するものではない。

グーグルアースでテロの標的を探す

（イラク、バグダッド近郊。「テロリスト」の潜伏場所。二〇〇六年八月）

反占領軍勢力による米軍襲撃を熱心に支援する「イラク・イスラーム軍」と名乗る武装組織は、聖戦士のウェブサイトに訓練用動画を掲載した。その動画にはイラクのラシード空港が映し出され、米軍当局者の事務所が入っている建物を示していた。映像はその区域にズームインし、手製の爆弾でもっとも効果的に建物を攻撃する方法を説明していた。動画の最後には、外国からの「侵略者」にロケットを撃ちこむための正確な座標も提供されていた。

米軍を狙う際にこの組織が活用したプログラムは、グ、ー、グ、ル、ア、ー、ス、だった。[05]

テクノロジーの使い方が明暗を分ける

この驚くべき技術をどう使うかは、使う人間がどういった人物で、どのように世界を見ているかにすべてかかっている。衛星から見れば地球は一つかもしれないが、地上から見ればやはりまだ分断されて見えるかもしれない。国境紛争を経験した人間ならば誰でもわかると思うが、フェンスや鉄条網、そして大抵は銃を携えた兵士によって記された境界線の現実は、単純に「なくなればいいのに」と願うだけでは取り去れない。「いつか、そう遠くはない将来、国と国とを隔てる境界が、地図上からも私たちの心からも消え去ってしまう日がくることを夢見ています」と言うのは、欧州安全保障協力機構（ＯＳＣＥ）と協力して戦争により荒廃してしまったバルカン半島諸国の和平を監視する、ハンガリーのマリアンヌ・ベレッツ大使だ。そして大使は賢明にもこう締めくくっている。「しかしその日が来るまで、私たちは地球の住民の暮らしがより自由で開かれたものになるようにするだけではなく、より安全かつ安心できるものになるよう、この地球上で精一杯努力していかなければなりません」[06]

対立する世界観――「私たちは一つの存在である」対「私たちは別々の存在である」――は、技術がもたらした新たな「地球の目《ジオ・アイ》」をどう使うかに反映されている。高度九〇〇〇メートルから地球をマッピングする技術を使い、「反乱者」とされる人物が住む村に爆弾を投下することも、「異教徒」の軍隊が駐留する兵舎を標的にすることもできる。あるいは、同じ技術を使って天然資源の場所を突き止めたり、農業用灌漑に最適の地形を図示することもできる。この「偉大な力」を使えば、癒すことも殺すことも、食事を与えることも飢えさせることも、植えることも奪うこともできる。目的は、私たちが「どのような」人物《シティズン》であるかによって決定づけられるのだ。

うぬぼれるアメリカ人、テロを正義と信じるイスラム人

最先端のコンピュータによる地球のマッピングは、「全体」を見るために私たちが持つ数多くのツールの一つに過ぎない。他にも、直視するためのツールで過去になかったものとしては、世界世論調査がある。その昔、私たちは「知らなかった」ですませていられた。「私たち」は、「彼ら」に何が起こっているか知らなかった、と言っていられたのだ。「彼ら」がどれほど傷ついているか、どれほど怒っているか、知らなかったのだ、と主張していられた。しかし時代は変わり、歴史上初めて、他の人々が何を考えているのかを体系的に知ることのできる資産と技術が手に入るようになった。この「地球村《グローバル・ヴィレッジ》」に暮らす住民が隣人に対してどのように感じているかを知るための科学的なデータ収集法が、現在の私たちにはある。

この世論データの驚くべき点は、多大な費用と努力が費やされているにもかかわらず、「私たち」は「彼ら」がどのように感じているかについて、ごく限られた関心しか抱いていないらしいということだ。

たとえば、ギャラップなどの非常に高名な欧米の調査会社は、世界におけるアメリカの役割に

関してアメリカ人が聞く耳をあまり持っていないという明確な証拠を集めている。具体的には、調査によって以下のことが明らかになった。

- アメリカ人は、世界の他の国々よりも、自国についてはるかにポジティブにとらえている。
- アメリカ人は、世界の他の国々が思うよりもずっと、自分たちの動機が純粋だと考えている。
- およそ七〇〇〇万のイスラム教徒がアメリカを憎んでおり、世界貿易センタービルを標的にしたテロは「まったくもって正当な行為だった」と考えている。[07]

このデータが有効なものだという前提で、次の質問はこうだ。このデータをどうすればいい？

この貴重な情報を無視するか、それとも注意を払って反応するか？

「ぼくの命はきみにかかっている」

（タンザニア、キリマンジャロ山。バラフ・キャンプ。二〇〇六年七月）

標高約四六〇〇メートルに到達した私たちは、翌日に控えた山頂への最終踏破に向けて準備をしていた。青い食堂テントで身を寄せあいながら、ケニア人同僚のキマニ・ヌジョグと私は、疲れてはいるが熱意にあふれた登山者たちを観察していた。彼らは、外側への開放《アウトワード・バウンド》インターナショナルが開催した初の「グローバル・リーダーズ・プログラム」の参加者だ。私たちは二人とも、これほど大勢——出身国がそれぞれ異なるイスラム教徒四人、アメリカ人四人、そして他の世界各国から六人——の参加者がこの標高までたどりつけたことに驚嘆していた。

　三日間のハードな登山で疲労困憊してはいたものの、キマニと私は食後に全員で話しあう機会を作ることにした。まず、今回の「国際的な」登山隊が、一カ国または単一文化の登山隊とは何が違うのか、一人ひとり意見を述べてもらう。

「ここでは、アフガニスタン人がアメリカ人のことをどう思っているか知ることができます」と言ったのは、東欧に新しく誕生した民主主義国家の一つから参加している、新進気鋭のリーダーだった。「お互いをどう思っているかが、二つの国家というレベルから山の上にいる二人の人間というレベルまで引き下げられるのです」

「ここで異なる世界観について多くを学びました。さらに深く理解するためにはどうすればいいかもわかるようになりました」

「これが国連と違うのは、誰かを見限ることができないという点ですね。みんな、お互いがなくてはならないのだとわかっているんです」

「私たちの誰ひとり、アイデンティティが一つだけではありません。みんな、複数持っているのです」。こう語ったのは、中東出身の参加者だった。「それを自覚すれば、お互いに結びつく方法がもっとたくさん見つかるようになります」

「登山メンバーを見るとき、彼らがどこの国の出身かなどと考えたりはしません」。フィリピン出身の若い政治家が言う。「もっとも必要としているときに側にいてくれた人として見ます。ここから最寄の医療機関まで三日かかるんです。私の命はあなたがたにかかっている！」

「キリマンジャロの山頂に到達するのが今回の旅の目的だという話を誰もしていないようですね」。アウトワード・バウンドのガイドの一人が言葉を挟んだ。「ここにいるみなさんが、他の人々に意識を向けている。私ならこう言います。『みなさんは山のことを忘れはしないでしょうが、お互いのことはさらに深く記憶に刻まれるでしょう』」

「どうにかしてできないものでしょうか」。イスラム教徒の一人が、目に涙を浮かべて言った。「世界中の人々を、この小さな青いテントの中に集めることが?」

世界には5種類の市民がいる

世界で暮らす人々のシティズンシップは、いくつものレベルに分かれている。目に見える形であらわすために、コンピュータ・ソフトウェアにたとえてみよう。これは絶えず更新され続けているソフトウェアだ。現在、世界中のほぼすべての社会において、五段階の「市民《シビック》ソフトウェア」

が稼動している。
下の図は、さまざまな種類の市民《シティズン》を要約して簡易化したものだ。

もっとも基礎的なレベルである**シティズン1・0**は、自らの関心事にしか注意を向けない。「自分」の利益にしか興味がないという意味で、「自己中心主義《エゴセントリック》」なのだ。「自己中心主義」という言葉にはネガティブな意味あいが包含されてはいるが、このもっとも基本的な——自分一人の関心、ニーズ、考え方に基づく——市民的《シビック》アイデンティティは必要なレベルだ。だが、これ一つでは不十分だ。
たとえば、私は中国、ペルー、そしてアメリカで、水をめぐる争いの対処にあたるコミュニティの指導者たちとともに活動したことがある。ダムが建設されると周辺の畑に流れる灌漑用水が影響を受け、農民の一人ひとりが自分の水の分け前をめぐって争いを始めるため、対立が生じる。「自分の利益を求める」だけの

図：5段階のシティズン概念図

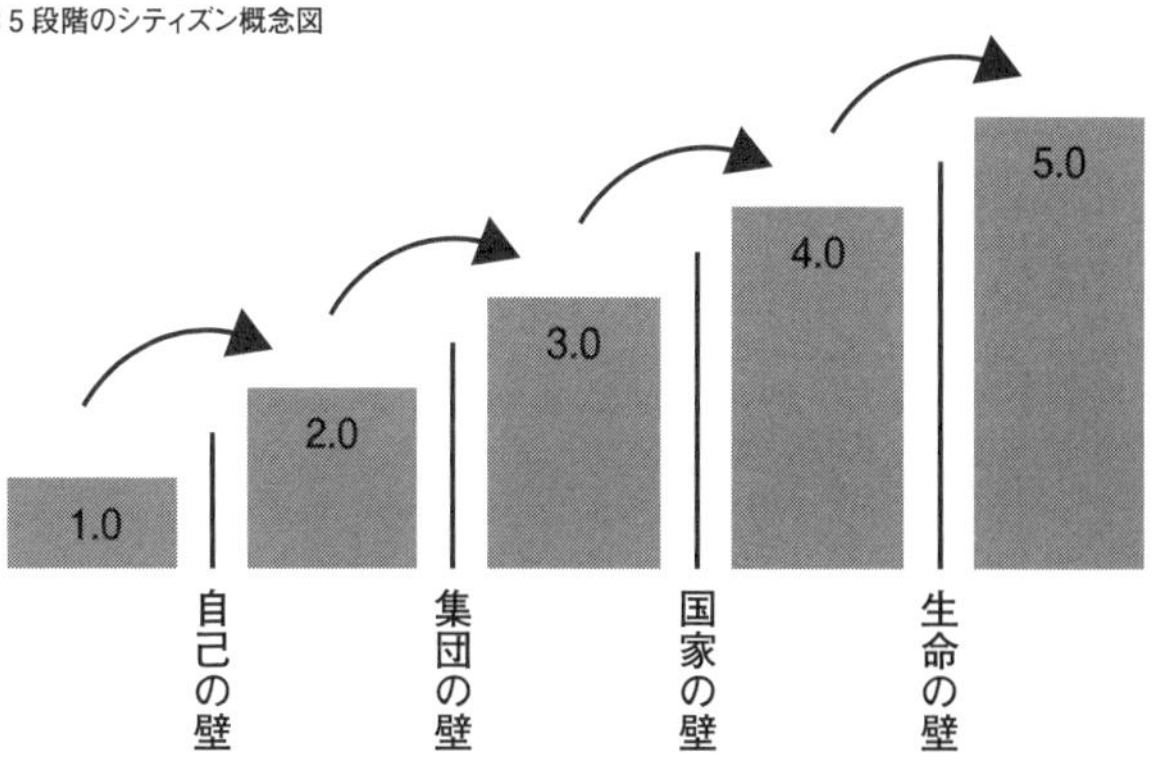

市民が増えすぎると、対立はいつ終わるとも知れず、多くの場合、非生産的なものになる。

あらゆる文化において、市民の意識は自然に**シティズン2・0**へと進化する。このレベルでは、関心は個人からグループのアイデンティティへと移る。何が「自分にとって」個人的に利益となるかだけを考えるのではなく、より大きく「自分たち」のことを考えるようになる。このグループ・アイデンティティは民族的または部族的、あるいはなんらかの正式な「～主義《イズム》」（カトリック主義《カトリシズム》や協調主義《コーポラティズム》、共産主義《コミュニズム》や反共産主義《アンチコミュニズム》など）によって体現されている場合もある。パスポートにはその持ち主がロシア人、ブラジル人、カナダ人などと記されているかもしれないが、その実、シティズン2・0は国家には共感しない。彼らは国そのものよりも、特定のサブグループのほうにより共感を覚えるのだ。

肯定的に見れば、シティズン2・0は自分と似た他人とつながっているように感じるアイデンティティの広がりである。民主主義的機構という枠組みの中で活動する彼ら「利益集団」は、社会の多様な要素を表わしている。どの国を訪れても、こうした国家の下位レベルのアイデンティティが支配権を奪いあう光景を目にすることができるはずだ。

アルゼンチンを荒廃させた経済的・政治的危機からまもなくして、私は複数の政党の党首たちと仕事をするためにブエノスアイレスで数日間を過ごした。ここでもまた、私は世界共通のパラドックスに衝撃を受けた。彼らはみな、母国を愛するアルゼンチン人であり、母国の行く末を案じていた。だが各党の党首はそれぞれ、お互いに対する策略を練っていたのだ。ネパールからナイジェリアまでのあらゆる国家が、エイブラハム・リンカーンの言葉を借りれば、「家族で内輪もめをしている」状態だ。[09]

一つの国においてこの2・0サブグループが多数派を占めている場合、結果は悲惨なものになりかねない。最悪の場合、シティズンシップ2・0は内戦や民族浄化、そして止めるものがなければ大量虐殺まで引き起こすかもしれないのだ。今日見られる戦争の多くが内戦であり、部族や人種、民族性、宗教、思想などによって区別された競合グループ同士の憎しみあいに根差している。

「コミュニティにおける暴力は、現代の人権運動が直面する最大の懸念事項です」。国際人権NGOヒューマン・ライツ・ウォッチのケネス・ロス代表代行はこう語った。「そして民族や宗教グループの名の下での虐待を阻止することが、今後の私たちの最重要課題となるでしょう」[10]

まさにこうした危険性のために、私たちはシビック・ソフトウェアを**シティズン3・0**へとアップグレードしなければならない。シティズン3・0は個人やグループとしてのアイデンティティも包含しているが、その枠を超えて社会または国家全体に共感できるグループでもある。この意識レベルの市民は、部族や政党、人種、宗教が異なっていても、自国のすべての市民の権利や利益を守ることを誓う。もっとも肯定的な見方をすれば、「ナショナリズム」とは自己のアイデンティティの幅を広げ、同胞である他の市民を一人残らず包含することだ。

たとえば、とあるアングロサクソン系イギリス人のシティズン3・0がバングラデシュ人の店主と取引する場合、移民である相手が英国の市民でもあるという理由から、平等の権利を有する人間だと認識する。同様に、「白人」のアメリカ合衆国大統領が「黒人」の後継者を祝福するのは、肌の色や家系に関係なく、どちらも同じアメリカ国民だからだ。村にキリスト教の教会が建てられる事実を受け入れようと努力するイスラム教徒のナイジェリア人であれ、正教徒の隣人に対する偏見を打ち破ろうとする世俗的なイスラエル人であれ、あるいはアジア系移民の流入に対処しようとするトロント在住のイギリス系カナダ人であれ、遭遇する課題は同じようなものだ。すなわち、シティズン3・0としての包括的な国家的アイデンティティを構築することだ。

しかし、グローバル化する今の世界にあって、アイデンティティの幅を広げてその国の中にいるすべての市民を包含するだけではもはや十分ではない。二十世紀という時代が痛ましくも実証したように、統合された国粋主義的な「自分たち」は、他者である「彼ら」を悪者扱いして攻撃をしかけ、文明を焼き払うほどの世界大戦を引き起こしてしまうかもしれない。「ナショナリズムは子どもの病気である」。一九三四年に、アルバート・アインシュタインはこのような予言めいた発言をしている。「それは人類のはしかのようなものだ」[11]

私たちの大半の親世代、そして祖父母世代の頃はまず間違いなく、商売はほとんどが地元で行われるものだった。政治は主に国内のものであり、メディアもエンターテインメントも基本的には国内向け、日常生活は地理的に限られた範囲内で営まれていた（もちろん、世界大戦の頃は例外だが）。今、商売のほとんどが国際的に行われている。国内経済は世界中の市場と深く結びついており、政治は国際問題で占められ、マスメディアも、主としてインターネットの力によって、世界的な規模になっている。このような世界では、シティズン3・0の国民意識では不十分だ。一部にしか共感しない指導者が全体を管理することなどできるわけがないのだから、私たち人類はさらに進化していかなければならない。

シティズン4・0はナショナリズムの「枠組みから飛びだす」市民であるため、より幅広い市民の意識を表している。この世界観を身につけた指導者や市民を、一つの国家、宗教、思想、人種、民族グループで定義づけることはできない。社会学者は「文化的交配」という言葉でこの現象を説明している。同じ意味で私は、「ハイフン（-）」を用いている。

「私は、ヨーロッパを旅立ち、新たな故郷を求めて我が母国へやってきた移民たちによって形成されている」と、タボ・ムベキ前南アフリカ大統領は言った。「私は、その孤独な魂が果てしなく広がる（祖国の大地を）さまようコイ族とサン族のおかげで存在している……この血管には東からやってきたマレー人奴隷の血が流れ……労働力を提供してくれたインドや中国から運ばれてきた人々によって生まれた。こうした人々の一部である私は……私はアフリカ人である、と主張しよう」[12]

「コイ-サン-ヨーロッパ-マレー-インド-中国系」のハイフンを持ち、他のあらゆるハイフンでつながれた国家を率いていたムベキは、自分を形作る要素のどれか一つだけに共感したりはせず、自分がその要素のすべてだと宣言したのだ。ゴルフ界のスター、タイガー・ウッズ（自身を「タイ-アフリカ-チェロキー〔インディアン部族〕系アメリカ人」と形容した）のように、シティズン4・0は文化間に橋を架けるのではない。彼ら自身が橋なのだ。

シティズン4・0が持つ異文化観はまず、単一の文化のみに属していない人々のもとに訪れる。彼らは複数の文化を経験してきているがゆえに、どの文化でも「よそ者」となる。この経験により、彼らは国家的見地と対立することの多い多文化中心的な世界観を身につけられるのだ。

世界中を飛びまわって数多くの国家元首を取材してきた『ニューズウィーク』国際版の編集長、ファリード・ザカリアは、世界中の人々を「身近に」感じるという。だがそれは大学院で学んだためでも、国際会議の数々を直に見てきたためでもないらしい。彼は東洋と西洋の両側で教育を受け、イスラム教とキリスト教の両方が結びついた家族関係という自分の多文化な背景を理由にあげる。ザカリアが自民族優先主義のアイデンティティを乗り越えられたのは、彼自身が身近に異文化に触れてきた経験のためだ。彼はこう語っている。「アメリカを超えた世界観を育むためには多くの方法がありますが、それを本能的に感じられることは大きな強みとなります」

文化のグローバル化が加速するにつれ、そのことを本能的に感じられるシティズン4・0は世界において影響力をますます強めている。非常にわかりやすい例を見るには、ワシントンのペンシルベニア通り一六〇〇番地へ行けばいい。二〇〇〇年以上にわたり、ホワイトハウスのイースト・ウィングはアメリカ大陸で育ったヨーロッパ系の、キリスト教の祖先を持つ白人の男女によってのみ占められてきた。だが二〇〇九年一月、史上初めて、黒人‐白人‐アジア人でキリスト教‐イスラム教‐ユダヤ教の家系に生まれた、英語‐フランス語‐広東語‐ドイツ語‐ヘブライ語‐スワヒリ語‐ルオー語‐イボ語を話す大統領夫妻が誕生した[13]。このように混ざりあった血筋を持つホワイトハウスの現住人は、自国の国境を越えて世界を奥深く直視する能力を確実に備えているはずだ。

シティズン4・0の数は急速に増えつつある。いまや、人類の大多数が同時に複数の文化に生きているためだ。多文化の現実を認識することは、市民の意識を広げていく上で重要な一歩となる。国際教育の専門家の中には、「次世代の学生たちに、複数の忠誠心を受け入れる準備をさせる」という目標を掲げている者もいる[14]。しかしシティズンシップ4・0は、ガンジーの言葉によれば、「生きとし生けるものすべてに自分を重ねあわせる」道筋のごく一部に過ぎない。

シティズン5・0は多文化の世界観を超越し、人類のみならずすべての生命を視野に入れている。シティズン5・0は「多国籍《マルチナショナル》」なのではない、「超国籍《トランスナショナル》」なのだ。彼らは人類という次元にとらわれず、人間を含むすべての生命の基礎が自然そのものだと認識している。ホモ・サピエンスは地球という家の客であり、その健康も、幸福も、繁栄も、最終的には家の主人にすべてかかっている。アインシュタインはシティズン5・0の課題をこの上なく明確に示した。「私たちの任務は、思いやりの範囲を広げ、独特の美しさを持つ自然全体とそこに住むあらゆる生物を包容して、(個別性という)この牢獄から自らを解き放つことにある」[15]

シティズン5・0へのこの転換こそ、まさしく宇宙飛行士たちをしばしば混乱させた原因なのだ。地球の一体感という形容しがたい美と驚異に突然さらされたことが、彼らをこの超越した観点へと「跳躍」させるきっかけになった。彼らの経験は、**私たちが何者であろうとも、もっとも**

幅広く包括的なアイデンティティの中では完全な他人にはなり得ないという事実を浮き彫りにする。こうした世界観は必ず私たち一人ひとりの内にあるため、誰もが世界中の人々とかかわりあう能力を持っているのだ。

地球的規模で考えれば、「全体の擁護者」になることを学ぶというのはつまり、この世界の生態系をグローバルな文明の一部として認識するということだ。グローバル・シティズンであるには、こうした競合する忠誠心に対処できる英知と謙虚さが求められる。

- シティズン1・0は、自分自身にさえ忠誠を持っていればよい。
- シティズン2・0は、自己の利益と所属するグループ（氏族、部族、政党等）の利益との均衡を図らなければならない。
- シティズン3・0は、自己とグループへの忠誠心よりも国家の利益を優先しなければならない。
- シティズン4・0は、複数の文化に忠誠心を抱いている。
- シティズン5・0は、上記のすべてを統合し、地球と生きとし生けるものすべてに対する忠誠に組みこまなければならない。

こうなるとグローバル・シティズンは、簡単な答えや場当たり的な対処法では解決できない、競合する忠誠心という課題に立ち向かわざるを得なくなる。これは全市民、誰もが自ら立ち向かわなければならない未知の領域だ。忠誠心が競合した場合（必ずそうなるのだが）、最終的には誰につくせばいいのだろう？

戦場カメラマン長井健司の死

（ミャンマー〈ビルマ〉、ヤンゴン。二〇〇七年九月）

日本人カメラマン、長井健司は、首都ヤンゴン（ラングーン）にあるスーレ・パゴダから数ブロック離れたトレーダーズ・ホテル近くで、僧侶や支持者たちによるデモを取材していた。政府の治安部隊から逃げるデモ参加者たちに遅れないよう、彼はビデオカメラを手に走っていた。

突然、長井は地面に倒れこんだ。カメラをつかんだままで起き上がろうとする。だがその体は再び道路に崩れ落ちた。まもなく、ぐったりとしたその体を、制服姿の男たちが運び去っていった。

検視の結果、銃弾が長井の右胸下部から進入し、心臓を貫いて背中を抜けたと判明した。ミャンマーの軍事政府は彼の死が不運にも「流れ弾」に当たったことによる事故だったと発表した。独裁政権の批判者らは、長井が至近距離から残酷に殺害されたのだと主張している。

携帯電話とラップトップを武器に

インターネットにアクセスできるのなら、長井健司に何が起こったのかを自分の目で見ることができる。ユーチューブのホームページを開いて彼の名前を入力し、クリックするだけだ。映像を見たら自問してみていただきたい。彼は政府が主張するように「流れ弾」に当たったのだろうか？　それとも地面に横たわる彼を見下ろすように兵士が立ち、検視報告書に記載されたまさにそのとおりの角度から彼に向かって発砲しているだろうか？　自分の目で見ることができれば、自分で判断することができる。あなたはもはや二次的なニュースの消費者ではない。目撃者になることができるのだ。

「僕の友人でJという男が仕事でビルマへ行ったんです」。カリフォルニアのサンタモニカ・カレッジで英語と歴史を教えている若い助教、ライアン・マクミレンは言った。「彼がビルマ入りしてしばらくしたある日の朝、Jからのメールが受信トレイに入っていました。そこには、このカメラマンが殺害される様子が映っていました」

アパートの屋上に立ち、J（本人の安全のため、名は伏せる）は眼下の通りで展開する光景に携帯電話のカメラを向けた。車両から次々と兵士たちが飛び出し、デモ参加者を追いまわしている。Jは通りを動画で撮影していて、ビルマ兵が長井健司に向けて発砲し、長井が地面に崩れ落ちる瞬間をとらえた。重たいビデオカメラを抱えたまま、長井はどうにか起き上がろうとしていた。しかし、最後の一発がとどめを刺す。彼は横たわったまま動かなくなり、やがて兵士たちによって運び去られた。

目にした光景にショックを受けたJは、殺害シーンを収めた動画を、信頼できる一握りの友人たちにメールで送った。ライアンは取りつかれたように、その映像を何度も繰り返し見た。「とにかく気になって仕方なかったんです」とライアンは当時を振り返る。「まるで自分の体が引き裂かれたように感じました。一方では、友人の身の安全が心配だった。でももう一方では、この事実を公表したかったのです」

ライアンはいくつものニュースサイトをチェックし、最終的には「いちばん投稿がしやすかった」という理由でCNNを選んだ。彼はCNNのホームページにある「アイリポート」のリンクをクリックした。ちなみにそこにはこう書いてある。「このツールキットを使えば、動画や写真、音声をあなたのパソコンや携帯電話から送信する方法がわかります」。ライアンは、友人Jが撮影した強烈な映像をアイリポートに投稿した。

三十分後、ライアンの電話が鳴った。かけてきたのはCNNのレポーターで、事実関係についていくつか質問した後、事件を報道することにした。ものの数分のうちに、長井健司の死の瞬間の映像は、ジョージア州アトランタからサイバースペースを経由して世界中に配信されていた。この殺人事件を隠蔽しようというビルマ政府の思惑とは裏腹に、二人のごく普通の市民が――携帯電話とノートパソコンだけを使って――事件を白日の下にさらしたのだった。

検閲しようとしたはずの事件が世界中を駆けめぐるニュースとなったことに衝撃を受け、ビルマの政府当局は独裁者がいちばん得意としている手段に出た。伝道者を葬り去ろうとしたのだ。当局は国内のインターネットへのアクセスを遮断した。長井健司の死よりも、新たなサイバーメディアが自分たちの管理の目をくぐり抜けたことのほうが懸念事項だったのだ。しかしもう遅かった。メッセージはすでに発信されてしまっていた。わずか数日後には、長井が「流れ弾」に当たったという政府当局の主張が、実は自国民に対する暴力的抑圧を隠そうとする独裁政権の真っ赤な嘘だったことが暴かれていた。

ライアン・マクミレンはその後、この動画をもう一人の友人に送った。バンコクに住むフリーのジャーナリストで、CNNと同様、彼もこのニュースが特ダネだと確信した。彼の記事を掲載することを決めた媒体の一つが、ロサンゼルスのエンターテインメント紙『ハリウッド・レポーター』だった。この記事を地元目線から取りあげようとした編集長は、十月四日号の一面にこのような見出しをつけた。

LAの教授、ミャンマーのウェブ閉鎖の引き金に――バンコクから

兵士が民間人を殺害する瞬間の映像をブロガーがネットに掲載した直後、ミャンマーの十九年続く独裁政権が国内のインターネットアクセス遮断に動いた背景には、ロサンゼルスの学者が関与している可能性がある。公開された映像の中には、APFニュース通信社の日本人カメラマンがデモ参加者を追う兵士によって至近距離から射殺される瞬間の映像も含まれていた。[16]

今は誰でも事件の目撃者となる

私がこのニュースを初めて知ったのはCNNによってでも、『ハリウッド・レポーター』によってでもない。玄関先に配達された『ニューヨーク・タイムズ』によってだった。そこに掲載されていた写真が伝える長井健司の殺害は、地球の反対側にある都市で起こった事件にもかかわらず私の人生の一部となり――そして、今はあなたの人生の一部にもなったのだ。

「君の友人がこの動画を送ってきたとき、彼は君が行動を起こすとわかっていたんだろうか?」。私はライアンに聞いてみた。

「ええ、そうだと思います」というのが答えだった。「とにかくそれが正しいことだと思ったので」

しかし、なぜライアンにとってはそれが「正しいこと」だと思えたのだろう? それは、彼が、目撃者になったからだ。

ほんの二十年ほど前、最後の一連の抗議行動がビルマを震撼させた頃、目撃者になるのは今よりずっと難しかった。当時は政府が嘘をついているという証拠をつかむことができず、その嘘は真実として通ってしまっていた。「写真が公開されるまでに何日も、何週間も、場合によっては何カ月もかかることさえありました」と思い起こすのは、独立系雑誌『イラワジマガジン』と同誌のウェブサイトの編集長を務めるアウン・ザウだ。「今は、とにかく速い。独裁政府がインターネットを敵視していることは間違いありません」

「今回は……ビルマからニュースを発信するための新たな技術がいくつもあります」。国境なき記者団のアジア地域局長ヴァンサン・ブロッセルも同意する。「誰もが写真や映像を撮影し、起こっている事件の証拠をとらえられるようになりました。ビルマのような貧しい国にしては驚くべきことです。平和主義の闘争で使えるもっとも有効な武器は、こうしたテクノロジーなのです」[17]

「死者数」125倍

（メキシコ、メキシコシティ。一九六八年十月）

メキシコの首都中心部にある中央広場で政府に抗議するデモを行うため、一万五〇〇〇人の学生が集結した。白昼、学生と政府軍のにらみあいが、大勢の無関係な見物人に見守られる中で行われていた。

政府は、共産主義に影響を受けた学生工作員が軍隊に向かって発砲し、その後の戦闘で四人が死亡したと発表した。抗議者や他の目撃者たちは、軍隊が冷酷な攻撃を開始し、五〇〇人を虐殺、二〇〇〇人を負傷させたと主張している。

学生たちによるこの民主化要求デモがメキシコシティで発生した時代、インターネットもパソコンも、ウェブブラウザもカメラつき携帯電話もまだなかった。メキシコシティの大虐殺には何百人もの死が伴ったにもかかわらず、事実は数十年にわたって謎に包まれたままだった。四十年後、ミャンマーにおけるたった一人の殺害が、二十四時間以内に明るみに出ていた。メキシコシティには数多くの目撃者が存在し、広場を取り囲む無数のアパートの窓から抗議行動を見ていたはずだが、彼らが何を目撃したのか、目に見えるまともな記録は残っていない。

サイバースペースへのアクセスなしでは、世界はその全体を目撃するにはあまりにも「大きすぎ」た。政府、特に独裁的な政府は、外界へ公表される情報を統制することができた。しかし現代の通信技術により、それは事実上不可能となっている。

ほぼすべての国境を越え、世界中のニュースを私たちの耳に届けてくれた最初の技術は、ラジオだった。やがて、一九三六年のBBC放送を皮切りに、テレビが私たちの目にも力を与えた。アメリカに住む五〇〇〇万人に行き渡るまでに五十年を要したラジオとは異なり、テレビは同じ数の視聴者にわずか十三年で到達した。その後、ペースは飛躍的に加速していく。携帯電話の世界販売台数が十億台を突破するまでに二十年かかったが、二十億台を突破したのはその四年後、そして三十億台を突破したのはそのさらに二年後だった。インターネットの利用者が一億人に到達するまでに要した期間はたったの六年だ。人類が一つのコミュニケーション母体へと編みこまれていく速度は、これらのハイテクなグローバルメディアがコミュニティの意味を変えてしまうレベルにまで加速している。今では、ほぼすべての人々が——職を探したり、地方の医者を探したり、農作物をどの市場へ出荷するか決めたりしようとしている村人までもが——つながっているのだ。

言うまでもなく、こうしたハイテクでグローバルな目や耳の力をもってしても、地球上で発生するすべての出来事を見聞きできる人物はいない。しかし自分が目にしているものだけでなく、見逃してしまったかもしれないものについて認識を深められるように、感覚を研ぎ澄ませることはできる。イギリスのミュージシャンであり、明確なビジョンを持った活動家でもあるピーター・ガブリエルが人権侵害の証拠映像を収集・配信するウェブサイト「ウィットネス（目撃者）」を立ちあげたのはそのためだ。キャッチフレーズ「見よう。撮ろう。変えよう」が強調されたウィットネスのサイトは、ライアン・マクミレンが受け取ったような動画にスポットライトを当てている。[18]

デジタルメディアが独裁政権の最大の敵であるのは、この技術を投獄したり殺害したりできないからだ。インターネットは、独裁者や専制君主が忌み嫌う、国境を越える情報の流れを可能にする。独裁者たちは地域限定の知識がグローバルな知識となることを望まないが、もはやニュースが広まるのを抑えることはできない。

現在、数多くの「監視」組織が休みなく世界に目を光らせている。「ヒューマン・ライツ・ウォッチ」

は、守ってくれる者のない人々を守らなければならないと呼びかける。「アマゾン・ウォッチ」や世界各地に存在する数多くの「リバー・ウォッチ・ネットワーク」が、世界中のもっとも活気にあふれる水路を共同で監視し、保護している。他には「ベトナム・レイバー・ウォッチ」〔不当で有害な労働環境を通報する労働人権団体〕、「オーストラリアン・ペーパー・ウォッチ」〔森林破壊に取り組む団体〕、「バイカル・ウォッチ」〔バイカル湖を監視する団体〕等々さまざまだ[19]。不透明が透明になるにつれ、地球は私たちの眼前に生き生きとした姿を現すだろう。

情報が多すぎることのリスク

「地球《ジオ》の目《アイ》」は、私たちの多くがまるで宇宙飛行士になったかのような視点から、大気圏外に出ることなくこの惑星を見られるようにしてくれる。故郷の惑星全体を「見る」ことができるというのは前例のないことだ。そして同時に、私たち一人ひとりにとって実に難解な課題でもある。極地の氷原で進む気温の変動であれ、アマゾンの熱帯雨林における森林伐採の速度であれ、ソヴィエト連邦の囚人の数であれ、南アフリカの大卒者の数であれ、いまやどんなことでも、コンピュータでマウスをクリックするだけで知ることができる。だがこのように圧倒的な量の情報がノンストップで思考に流れこんでくると、私たちの意識はより高まるのだろうか――それともただ感覚が麻痺するだけだろうか?

「情報が多すぎる、ということはあるでしょうか?」と問いかけるのはアウトワード・バウンドのピース・センターのディレクター、ベス・アングリンだ。彼女はその問いの答えがイエスではないかと懸念している。「グローバルな情報の中毒者になってしまった人たちをたくさん知っています。ひたすらニュースを読み続けるのです。オンラインでコメントもします。自分の身を守るために、大抵の場合は匿名で。ですがそうした人たちは、プラスの影響をおよぼすために自らが行動したり、リスクを冒したりすることは決してないのです」

「しかし、人が苦しむ姿に心を動かされてはいるのでしょう?」と私は聞いた。

「ええ。ですが、世界の痛みを感じることができる人々にとっても、その重荷はトラウマになりかねないほどのものです。目撃者が単なる情報の受信者という立場から積極的な参加者へと転じるためにこの膨大な情報をうまく処理するにはどうすればいいのか、学ぶべきことは多いと思います」

　情報過多のリスクは、先進国の三十歳未満世代にもっとも重くのしかかる。携帯電話、世界の音楽やニュース、そしてウェブの文化で育った彼らは、世界でもっとも蔵書の充実した図書館よりもはるかに多くの情報に、自宅にあるテクノロジーだけでアクセスすることができる。その利点は情報が豊富にあることだが、一方で、過剰な情報量によって反応する力が失われるという危険もあるのだ。

13歳の少女シーラが行動を起こす

（イギリス、ロンドン郊外の民家。一九五六年十一月）

ソヴィエトの戦車がハンガリーへなだれこみ、ハンガリーの人々の自由への希望は押し潰された。ソヴィエトからの侵略者を撃退しようと、ハンガリーの老若男女が蜂起した。ソヴィエト軍が支配権を取り戻した頃には、二万五〇〇〇人以上のハンガリー人が殺され、何十万人もが負傷し、あるいは投獄されていた。

侵略のさなかの一九五六年十一月初旬、BBCはこの一斉蜂起の生々しい映像を放送した。何百万という視聴者の中には、シーラ・エルワーシーという名の、十三歳のイギリス人の女子生徒がいた。

「私は家で遊んでいました」とシーラは思い起こす。「そのうち、テレビで流れていた映像に気がついたのです。私とそんなに年の変わらない子どもたちが、戦車の前に身を投げ出していました」

彼女はその場に凍りついた。そして、組織化もされず武器も持たないごく普通の市民が、ハンガリーがソヴィエト連邦の圧政的な支配下に入れられるのを防ごうと勇猛果敢に自らの命を犠牲にするさまを、恐怖のうちに見つめていた。

その映像に激しい憤りを覚え、十三歳のシーラは二階へ駆け上がると、ハンガリーへ行くつもりで荷造りを始めた。

シーラが何をしているのか気づいた彼女の母親は、服を元の場所に戻すよう言った。「あなたはどこにも行かないのよ」母親はきっぱりと言った。「落ち着きなさい、お嬢さん」

世界に「反応する力」

「それは、母のお気に入りの口癖の一つでした」。最近になって、シーラはコッツウォルズにある自宅近くを歩きながら語った。だが、わずか十三歳の当時「落ち着く」のを拒否したのは賞賛に値する。無力なままテレビ画面の前に座っているだけの、一介の視聴者でいたくはなかったのだ。シーラは今にも泣きださんばかりに、何もなかったようなふりをして遊び続けてなんかいられない、と母親に訴えた。徐々に、母親は娘がただ幼い一過性のヒステリーを起こしているのではなく、世界で起こる不正に対して強く真剣な反応を示していることに気づいた（シーラが見た映像は、ネットで見ることができる）。[20]

「わかったわ、シーラ」。母親は言うと、しゃがみこんで娘を抱きしめた。「それじゃこうしましょう。お洋服をしまって落ち着いてくれたら、変化を起こすために必要なことを学べるよう手伝ってあげる。あなたはハンガリーへ行くにはまだ幼すぎるの。でもちゃんと準備すれば――お母さんも手伝ってあげるから――大きくなったときに、この問題について何かできるようになるわ」

母親の言葉に落ち着きを取り戻し、シーラは荷物を片づけた。そして彼女の母親は約束を守った。その後の数年間、シーラは学校が休みのときにはナチの強制収容所からの避難民のためのホームで働き、ひたすら彼らの話に耳を傾け、どうすれば彼らが経験したような非道な行為を防ぐことができるかを考え続けた。十九歳のとき、彼女はフランスでベトナム人ボート難民のためのキャンプで働き、その体験を生かして大学では難民についての論文を書いた。二十歳になると、シーラはアルジェリア革命中の北アフリカへ渡り、戦乱で孤児となった子どもたちに住居を提供し保護をする活動に携わった。その後、彼女はアフリカ南部で飢餓問題に取り組む革新的な栄養教育組織を設立する。そのすさまじいほどの決意と母親の愛情により、シーラはテレビ画面で見た不正行為に対する激しい反応を、生涯にわたって世界の目撃者となる志へと昇華させたのだった。

何十億もの人間にとって、テレビとコンピュータの画面は世界を目撃するための入口となっている。見たものにどう反応するかは、私たちがどういう人間かにもよる。私たちの反応は個人的なものであり、人によって大きく異なる。シーラ以外の家族は彼女のような反応を示さなかった。同じニュースに対する私の反応とあなたの反応も違うかもしれない。**だがグローバル・マインドは私たち一人ひとりに対し、そうしたニュースに「突き動かされ」、世界に対して「責任《レスポンシビリティ》」ならぬ「反応する力《レスポンス・アビリティ》」を身につけるよう求めている。この能力がなければ「世界のニュース」は鎮静剤に過ぎず、「グローバル・マインド」もただの精神的な抽象概念に過ぎない。**

ブッシュ大統領が演説原稿から削除した言葉

一方では、私たちはお互いをつなぐ「網《ウェブ》」の一部である。しかしもう一方で、私たちはお互いを隔てる「壁」を築いてもいるのだ。世界各地、クレムリンからホワイトハウスまで、指導者たちはこの深化する「網」対「壁」という構図に対処しようと苦労している。

世界貿易センタービルおよびペンタゴンに対するテロ攻撃の一カ月後、ジョージ・W・ブッシュ大統領の演説原稿を書く三人のライターたちが、テロの脅威に対するアメリカ合衆国の対応を宣言するスピーチの下書きをしていた。下書きの中には内容が相反するものもあり、その一つにはこうあった。「壁を高くし、溝を深くしても、長期的には、テロに対処することはできない」[21]

この一文が書かれたのは、三人のスピーチライターたちがそのことを事実として知っていたからだ。バリケードの奥に閉じこもったり、地下に潜ったりしていれば、一時的には「防衛手段」を得られるかもしれない。壁を高くし、鉄条網や電気柵、監視所、金属探知機、空港の念入りなセキュリティシステム、その他諸々の防壁にどんどん資金をつぎこめば「安全」でいられるかもしれないが、同時に自分の目をふさぐことにもなってしまう。そして、目が見えなかったらどれほど安全でいられると言うのだろう?

残念ながら、ブッシュ大統領は「高い壁」の記述を削除してしまった。代わりに、彼は世界に向けてこういった。「テロとの戦いにおいて、あなたは私たちの味方か、でなければ敵かだ」。

ホワイトハウスは「テロとの戦い」を宣言し、世界を「彼ら」と「私たち」に二分した。アメリカ政府はその後長く悲惨な七年間、この世界観に固執したのだった。

私たち人類が築く壁は、自らのアイデンティティを映す鏡だ。それは「私たち」を「彼ら」から切り離したいと思わせるアイデンティティへの、人間の執着を象徴している。私たちの祖先は小さな部族ごとに生活していたため、親族や仲間など身近な顔ぶれと信頼の絆を築くことを学んだ。ほとんどの文化において、人は流れ者、野蛮な者、異邦人、よそ者を警戒することを学習していたのだ。制御のおよばない恐ろしい世界において、自己防衛のために「私たち」と「彼ら」との間に壁を築くことは理にかなっていた。その時代の「私たち」は、遺伝子的に近いグループで狩猟集団を組織し、「彼ら」を遠ざけておける自立可能なコミュニティを形成するのにちょうどいい規模だった。

その部族的な「私たち」対「彼ら」の世界では、武器の攻撃範囲は矢が届く距離に限られ、通信媒体は太鼓の音が届かない距離を越えて伝わることはできず、交通機関は地上では四つ脚の動物、水上ではカヌーしかなく、生産方法は単純かつ無公害なものだった。しかしポストモダンの世界において、武器は生物圏全体に放射され、通信媒体は世界中どこにでも伝わり、交通機関は地球上のほとんどの場所へ一日で移動可能になり、産業があまりにも有害になってしまったために、そこで使われる化学薬品は母親の母乳や子どもの骨にまで入りこんでしまった。

このような世界において、「私たち」対「彼ら」の壁は私たちを守ってはくれない。むしろ、私たちを危険にさらすのだ。

グローバル・シティズンは、ものごとを直視することによってこの破滅的な過ちを避けることができる。世界に対して「彼ら」と「私たち」という単純なモノクロのイメージを投影することをやめ、フルカラーの現実を見ることができるようになる。外部からの脅威が常に存在する以上、安全への鍵はそうした脅威を正確に直視することにある。耳が遠ければ、警告を聞き取ることができない。視界が悪ければ、攻撃者を見つけることができない。直視することができなければ、ただ闇に向かって撃ちまくることしかできない。

窓際に近よってはいけない

（レバノン、ベイルート。私営アパート。二〇〇八年五月）

国外への赴任を終えて地元に戻ったモハマド・バッジは、眼下の歩道にライフルや拳銃を手にした若者たちがたむろしているのを不安な気持ちでアパートから見ていた。つい最近まで内乱を経験していたにもかかわらず、彼と家族は、市街戦における鉄則を破ってしまった。武器も持たずに、窓際に近よってしまったのだ。カーテンのゆらめきが通りの向かい側にいたヒズボラの特殊部隊の目に留まり、「ライフルをうちの窓に向けたんです。まっすぐ私たちを狙っていました……私たちはあわてて窓から離れ、廊下の奥まで逃げていきました」[22]

モハメドとその妻はいやというほどわかっていた。市街戦の最中に窓際に近づくことは、命を危険にさらす行為だ。だから、最初は閉ざされたカーテンの隙間からちらりと盗み見るだけだ。それから窓を開けて顔を出し、急いで見回す。安心感が戻って初めて、ベランダに出てちゃんと周囲を見渡すという大胆な行為におよぶことができるのだ。

たとえ命を脅かすことになっても観察したいと切望する欲求は、ヒトという生命体に埋めこまれているものだ。生存の鍵を握るのは、耳よりも鼻よりも、まず目だ。これは何十万年も前に私たちの種が誕生し、世界中に大規模な拡散を開始した頃からそうだった。そして今、急速に九十億を超えようとしている私たちの種が、唯一無二の故郷である惑星を危険にさらしている現代にあっても変わっていない。

ただばらばらの部品を見るだけでなく、全体を――断片的な人間の表層だけでなく、原点の基本的な結束を――直視するという能力こそが、生存への鍵かもしれない。物事の一部しか見えなければ、私たちは壁を築く。だが全体を直視することができれば、橋を架けるようになるのだ。

文化が私たちの視覚にどれほど多大な影響を与えるかについて、行動科学者たちが立証したのはごく最近のことだ。すべての人類に目がついているからと言って、誰もが同じものを見るとは限らない。私たちが何を見るかは、何を見るように訓練されているかによって異なるのだ。

アメリカ人には見えず、日本人には見えていたもの

最近、日本の京都大学とアメリカのミシガン大学で、心理学者たちがある実験を行った。両キャンパスで、被験者たちは魚が泳いでいる写真を見せられた。何を見たかと問われ、日本の学生もアメリカの学生も当然、魚だと答えた。しかし日本人学生は、アメリカ人学生より六〇％も高い割合で写真の背景――水、気泡、水草等――についても触れた。この違いは、アジアと欧米の感じ方における大きな文化的差異を反映している。極端に単純化すれば、欧米人は個別の物体（形状）を見がちだが、アジア人は状況や関連性（領域）にも目を向けがちなのだ。[23]

リチャード・ネスビットの挑発的な著書『思考の地理学――アジア人と欧米人の考え方が違う理由』〔*The Geography of Thought: How Asians and Westerners Think Differently...and Why*〕に記録されているこの文化的差異の例は、いかにして文化が私たちの視点を方向づけるかという説を立証する膨大な量の調査結果の一部だ。『アジア人に思考能力はあるか？』〔*Can Asians Think?*〕（シンガポール人著者）や『「感情」の地政学』〔*The Geopolitics of Emotion*〕（フランス人著者）といったタイトルの本と並んで急速に増えつつあるこの種の文献は、私たちが目にするものとその解釈は育った環境によって形作られるのだという、簡単ながらも理解が困難な真実について注意喚起している。グローバルに物事を見て、グローバルに考えたければ、私たちの文化だけでは教えきれない何かを学ばなければならないのだ。

これは、世界全体に影響をおよぼし得る「超大国」について特に言えることだ。イラクにおける

アメリカの存在がその悲劇的な例だ。アメリカ人指導者が侵略前にその目でイラクを直視してさえいれば、彼らの文化とイラクの文化がどれほど異なるかに気づいたはずだ。アメリカとは異なり、イラクは開拓者たちが「発見」した若い国ではない。世界最古の国家の一つなのだ。イラクは国民のアイデンティティを結集し、首都に置かれた国家政府に忠誠を誓う一握りの「建国の父」たちによって創られた国ではない。イラクは最大の忠誠をそれぞれの血族に誓う、数々の部族によって構成されている。イラクにはフィラデルフィアの独立記念館のように、指導者たちが集い、「イラク独立宣言書」に署名することで国家的民主主義を形成するような場所など生まれようはずがない。イラクにおける民主主義は決して、アメリカが経験してきたような上位下達《トップダウン》の民主主義にはならないはずだ。常に下位上達《ボトムアップ》の形を取るべきだろう。そしてそれはアメリカの旧バージョンのようなものにはならない。イラクの新バージョンになるのだ。[24]

残念ながら、占領軍は軍事戦略には長けているが、自分たちが占領している文化についてはきわめて無知だった。たとえば、ファルージャという町の沈静化に乗りだした外国軍は暫定司令部として小学校を選び、そのために就学児童を持つ近隣のイラク人家庭をすべて敵に回した。[25]同様に、米軍は「善意の贈り物」として一五〇〇万ドルを投じて「チグリス川公園」を建設する過程で人気のサッカー場をいくつも潰してしまい、バグダッドの若者たちの深い憤りを引き起こした。[26]こうした例が示すように、ある国をまず「直視」せずに「攻撃」することは、大失敗の処方箋以外のなにものでもない。

松の木は訴える

（アメリカ、エルドラ。インディアンピーク自然保護区。二〇〇二年七月）

約二リットルの水と雨具、そしてスケッチブックをバックパックに入れ、私は高山の草地を静かに散歩していた。どうどうと流れる水の音が聞こえたので、そちらへ行ってみる。腰を下ろし、私はきらめく水が巨岩の上を流れゆくさまを眺めた。

難しすぎる、と私は思った。水を描くことはできない。

私は顔をあげ、谷の南側にそびえるとてつもなく大きな山に目を向けた。その稜線だけを描こうとしてみる。

だめだ、大きすぎる。巨大すぎる。キャンバスに収めきれない。

アマチュア画家としての自分の限界を認識し、私は絵を描くことを忘れてただ散歩を楽しむことにした。標高が上がるにつれ、傾斜は急になり、呼吸が荒くなる。薄い空気と強風の中で生きられず、木々でさえまばらになる。谷を見下ろす突端で休憩して水を飲んでいると、小さな松の木が目に入った。二つの巨岩の間に危なっかしく根を張ったその木は、私の腰にも満たない高さだった。

描いて！　と松の木が訴えてくる。

最初、私はその訴えを拒否した。ロッキー山脈の壮大さに囲まれていて、どうしてなんの特徴もないちっぽけな木など描かなければいけないのだ？　いつものように忙しい都会の生活に追われていれば、そんな地味な木には気づきもしなかっただろう。

だが最終的にやっぱり描こうと決めると、形勢は一変した。鉛筆が紙に触れたとたん、この「地味な」木はこの上なく複雑になり、まるで小宇宙のようなその姿に私は畏敬の念さえ覚えた。描き始めた線は生きようともがくこの若木の本当の姿をとらえることすらできない。私は手を止め、改めて木を観察した。

小枝が曲がりくねりながらあらゆる方向へ伸びている。枝はびっしりとイラクサに覆われ、目に見えない無数の根が織り成す入り組んだ網によって支えられている。圧倒され、私はまず枝の構造の輪郭を描くところから始めた。そこで初めて、その木の片側が、反対側よりも多く枝を伸ばしていることに気づいたのだ。またたく間に、イラクサに覆われたこの教師は、東西南北や太陽の位置、風の吹くパターン、影が描く弧について教えてくれていた。

徐々に、私の目は開かれていった。ようやく、その木を直視できるようになっていったのだ。

直視することの難しさ

たった一つの物体ですら完全に直視することが難しいのであれば、複雑な文化を直視することはさらに難しい。世界全体ならなおさらだ。より複雑な国際問題について、特にそれが宗教や民族問題にかかわる古傷を開くことになるのであれば、合意を見出すことが困難なのも無理はない。この点から、他の人々や他の国々が自分たちとは異なる目で世界を「見る」ことにも同感できる。

まず第一歩は、現実を認識することだ。真っ先に自分の観点を押しつけようとするのではなく、視点を内面に向け、自分のものの見方が自分の文化によっていかに理解不能な方法で形作られてきたかということを、より意識することだ。

地理的な境界線は、数多い分断線の一つに過ぎない。宗教的、国家的、民族的、経済的、文化的、思想的境界線は視界をさらに寸断し、私たちを競合するように、そしてしばしば無意識の「世界観」（「メンタル・モデル」または「ミーム」とも呼ばれる[27]）を持つようにおとしめていく。多くの宇宙飛行士が身につけたように、グローバル・シティズンとして世界を見る能力を身につければ、こうした数多くの境界線の存在を、それに共感することなく認識することができるようになる。しかしそれにはただ直視する以上の行為が必要となる。

つまり、学ばなければならないのだ。

2 学ぶ力

Opening Our Minds

利口な人かどうかは、その人の答えを聞けばわかる
聡明な人かどうかは、その人の質問を聞けばわかる

ナギーブ・マフフーズ
Naguib Mahfouz
作家

教育とは、
事象間の隠れたつながりを
読み取ることのできる能力である

ヴァーツラフ・ハヴェル
Václav Havel
初代チェコ大統領

偏った心では決して全体像をとらえることができず
結果として生じる行動が現実と合うことはない

ダライ・ラマ 14 世
The 14th Dalai Lama
チベット仏教最高指導者

歪んだ世界観を捨てる

私がこの本を書き、そしてあなたが読むためには、私とあなたの両方が、子どもの頃に教えられたことをいくつか捨て去る必要がある。自らの文化に教えこまれた知識の一部を見直さずして、自分をグローバル化することは難しい。育った文化にかかわらず、私たちはみな文化的、国家的、宗教的信念体系を受け継いでいる。それらを捨て去らなければ、必然的に自分の世界観を世界に投影してしまうのだ。

「世界」とは、リアルな領域だ。私たちの「世界観」は、その領域を描く地図だ。世界観を持つということは合理的なだけでなく、不可避なことだ。この世界があまりに複雑で広大なため、人間の思考回路では完全に理解することができない。そこで、私たちは脳が対応できるよう無意識に世界観を作り出し、複雑さを軽減するのだ。「イスラム教徒」「キリスト教徒」「ユダヤ教徒」といった宗教的カテゴリー、または「ロシア人」「イラク人」「日本人」といった国家的カテゴリーを用いると、世界を実際よりも単純にとらえがちだ。私たちは彼らがどのような人々か、何を信じているか、どこに住んでいるかを「予断《プレジャッジ》」し、その「偏見《プレジュディス》」が現実をゆがめてしまう。教室の壁によくかかっていた昔のメルカトル地図が地球の表面をゆがめて表示していたように、文化的に形成された世界観はしばしば、現実をゆがめてしまう。世界を眺めていると思っていたら大間違いだ。それはただの地図に過ぎない。

残念ながら、現代社会における「学習」のほとんどは、それが教えられている地域の文化が作りあげた公式に合わせたものになっている。教育の重点を他国よりも自国の文化的歴史や宗教的伝統、政治的または経済的思想に置くのは当然だが、こうした部分的にすぎない教育がすべてだと錯覚していると、問題が生じることになる。なぜなら、決してすべてを学んだことにはならないからだ。自分たちに関係する部分について学ぶというのは、子どもの教育の入口としてはいいだろう。しかしグローバル人材としての教育は、それだけにとどまっていてはいけない。それだけでは、私たちは一つの種族として問題を抱えることになる。**自分にかかわる以外の部分について体系的に学ぶことができなかった人々ばかりでは、地球全体を統括していくことはできないだろう。**

こうした偏った世界観は、私たちの頭脳が行っている悪魔との取引を象徴している。知らず知らずのうちに、私たちの頭は世界を、扱いやすい規模にまで縮小してしまう。世界を自分の世界観に合わせることで、より簡単に「説明」することができるようになる。極端に言えば、私たちが「正しくて」彼らが「間違っている」、または私たちが「善」で彼らが「悪」であるという単純化された構図を作りあげることができる。自分の部族や国、あるいは「私たち／彼ら」を区別する境界線を描いてしまえば、世界を全体的に理解する必要がなくなる。自分の世界観という箱の中で、私たちは「その他大勢」を要約して固定観念にしてしまうのだ。

ステレオタイプが生みだすジョーク

（イギリス、ロンドン中心街のバー。二〇〇七年五月）

「四人の男が通りを歩いていた。一人はサウジアラビア人、一人はロシア人、一人は北朝鮮人、一人はニューヨーカーだった」と友人のアルンが言った。「レポーターが駆け寄ってきて、『すみません、肉不足についての意見を聞かせていただけますか？』と聞いたんだ。するとサウジアラビア人が言った。『不足ってなんだ？』

ロシア人が言った。『肉ってなんだ？』

北朝鮮人が言った。『意見ってなんだ？』

そしてニューヨーカーはこう言った。『すみません？　すみませんってなんだ？』」

アルンのジョークに、私は笑ってビールを一口飲んだ。だが妙な違和感を覚えていた。

「もう一つ、先週イスタンブールで仕入れたやつがあるぞ」とアルンが続ける。「フランス人が何人いれば、電球を取りつけられる？」

「さあ」ますます落ち着かない気分で私は答えた。

「答えは、一人だ。フランス人が電球を持ちあげている間、ヨーロッパ全体がその周りをぐるぐる回るのさ」

声をそろえて笑いながらも、私は自分の不快感の理由に気づき始めていた。アルンのジョークはどちらも、まさに固定観念そのものの上に成り立っているのだ。アルンが再び口を開いた。

「テキサスの農民がオーストラリアへ旅行に行った。そこでオーストラリア人の農民と会って話をしたんだ。オーストラリア人が広大な麦畑を自慢したら、テキサス人は『なんだ！　うちの麦畑はこの二倍はあるよ』と言う。その後農場をしばらく散歩していて、オーストラリア人が今度は牛の群れを自慢した。するとテキサス人が即座に、『うちにはあんたのとこの倍は大きいロングホーン牛がいるよ』と言った。

会話がなくなりかけたところで、テキサス人は草原をぴょんぴょん飛び跳ねるカンガルーの群れを見かけた。『ありゃなんだい？』と聞くと、オーストラリア人は信じられないと言った表情でこう返したんだ。『テキサスにはバッタがいないってのか？』」


これらのジョークが「おかしい」のはなぜだろう？　私たちの頭の中に、他の文化に対するイメージがあるからだ。こうした固定観念は、この上なく複雑なものを単純化してくれるという意味で、便利ではある。人々の実際の姿を学ぼうとするよりも、勝手に決めつけるほうがずっと簡単だからだ。このため人類のほとんどは、他の文化に対する単純化された固定観念を含むお仕着せの世界観を教えられて育つ。教えられることの一部は真実だが、中には真実ではないこともまじっている。つまり、自分をグローバル化するためには、両者の違いを見分けられるようになる必要があるのだ。

信仰は疑わざるべきか?

忘れもしない十二歳のある日曜日、私は家族で通っていた教会の牧師に、五つ星の賞状をもらった。星はそれぞれ、私が暗唱した聖書の箇所を表していた。母はそれをとても喜んで、身をかがめて私を抱きあげると地元のアイスクリーム屋へ連れていき、温かいチョコレートソースをたっぷりかけた大きなバニラアイスを買ってくれたほどだった。私は砂糖天国にいる気分だった。

しかし、やがて私は知ることになる。母が与えてくれたのが愛情ではなく、承認であったことを。大きなコーンに入ったあのアイスクリームは、「善《よ》きキリスト教徒」になった私に対する褒美だったのだ。聖書を丸暗記して喜んでいた子ども時代が終わり、疑問を抱くことの多い思春期へと変わったとたん、母からの賛美はなくなった。

「中国の子どもたちは、イエス様を信じてないからってだけでほんとに地獄へ落ちちゃうの?」十三歳のとき、母に教えられたことが信じられず尋ねた。母は地下室で洗濯物をたたんでいた。「そうよ」。ためらいもせずに母は答えた。「聖書でイエス様がおっしゃっているでしょう。『私が道である』って」

「でもそんなのひどいよ」。私は食い下がった。「だって中国の子どもたちはイエス様のことを聞いたこともないいんだよ。何も悪いことをしてないのに、どうして何百万人もの無実の子どもたちが罰を受けなきゃいけないの?」

「神様のご意志を疑うものじゃありません」。母が厳しい口調で言う。

「でも――」

「なんでもかんでも聞きたがるのは、信仰心が薄い証拠よ」。母は立ちあがり、洗濯かごを抱えると階段を上がっていった。その瞬間、私はありのままの自分を受け入れてくれる深い愛と、期待される姿になるよう方向づけられる文化的矯正との違いを理解しはじめたのだった。母の意図は実に明確だった。質問をしすぎると、神の愛だけでなく、母の愛まで失ってしまうかもしれないのだ。


母のことを思い出したのはしばらく前、五度目の中国訪問から帰国したときのことだ。大学進学のために十七歳で実家を出て以来、少年時代を過ごしたアメリカ中西部のインディアナ州よりも、中国で過ごした時間のほうが長いという事実には自分でも驚いた。自分が育った町に住む「キリスト教徒」の隣人たちよりも、中国人の「異教徒」のほうに親しい友人が多いのだ。さらには、インディアナポリスにいる誰よりも、北京と香港にいる同僚たちとより密接に協力して仕事をしている。

今なら、母は自分の世界観を実際の世界に投影していたがために、世界を直視することができなかったのだとわかる。母はオランダ人宣教師の娘として生まれ、父親がオランダ改革派教会付属学校の厳格な校長を務めていたインドネシアのジョグジャカルタで少女時代の大半を過ごした。世の中には信じる者と信じざる者、救われる者と呪われる者がいるのだと幼い頃に教えられて育った母は、このキリスト教的世界観を固く信じていた。後年、何度か脳卒中に見舞われてからは、この信念も他のアイデンティティもすっかり失ってしまったのだが。

両親の長い旅路の果てに——キュラソー島で教師をしていた母と、オランダ軍歩兵部隊の中尉として駐留していた父が出会って結ばれ、アメリカへ移り住み、父はコーネル大学の院生となって化学を学んだ——私は一九四九年にニューヨーク州イサカで生まれた。パスポートにはそう記録されている。つまり、私は法的には(オランダ人でもインドネシア人でもなく)アメリカ国民としてこの世に生を受け、六十年以上経た今もその身分は変わっていない。だがグローバル・シティズンになるためには、子どもの頃に教えこまれたいくつかの信念を捨て去らなければならなかった。それらの「不真実」を手放さない限り、私たちは、完全な存在になることを妨げる狭小なアイデンティティにとらわれたままなのだ。

アメリカに渡った青年たち

(ニューヨーク/ロサンゼルス)

① ニューヨーク、エリス島。一九四九年春

Sは背が低く、褐色の肌をした異国風の男性だ。大西洋を横断してきた遠洋定期船の一等客室に宿泊していた彼は、自由の女神の脇を抜けて港へと入っていく。スーツ姿にネクタイ

を締め、長い時間をかけて身につけた英語――ハリウッドの映画を観て、ダーウィンやアインシュタインを読んだ成果だ――を話す彼は、非常に丁寧に迎えられる。彼がアメリカを学究の場として選んだのは、母国エジプトが政治的混乱に陥っているためだ。ニューヨークでしばらく過ごした後、彼は列車でコロラドへ移動する。グリーリーという小さな田舎町にあるコロラド州立教育大学で学び、優秀な成績で学業を修めたSは、エジプトへ帰国した。

② ロサンゼルス国際空港。二〇〇四年一月

Tもやはり背が低く、褐色の肌をした異国風の男性だ。彼はアジアから飛行機でやってきた。アメリカ人には見慣れない衣装に身を包み、ごく初歩的な英語しか話さず、同様に奇妙な身なりの若い学生たちに取り囲まれている。なんの前置きもなく、彼は入管審査の列から連れ出され、同胞たちから引き離されて一人だけ小部屋に入れられた。警備員たちが彼の所有物を片っ端から調べ、個人的な手紙まで読んでしまう。身体検査をされ、衣服の一部を脱ぐようにとまで命令される。彼の同僚の一人、化学の学位を持つ若い修行僧が、Tは爆弾の製造方法に精通しているかと尋ねられる。Tは一時間以上調べられ、尋問され、アメリカ合衆国に対する安全保障上の脅威となりうる存在かどうかを判断されてようやく解放された。

異文化にどう反応すべきか？

この二人の男性がアメリカ合衆国へ入国した際に受けた扱いは、まったく正反対のものだった。実は、二人のうち一人はテロの伝道師となり、もう一人は平和を教え諭す者となったのだ。豪華客船で快適に渡米したほうがアメリカの友となり、空港で嫌な思いをしたほうが敵となったと考えるのは簡単だろう。**だが、実際は逆だったのだ。**

皮肉にも、S――サイード・クトゥブ――は温かく迎え入れられたにもかかわらずアメリカを憎むようになり、暴力の擁護者となり、多くの「テロリスト」たちを鼓舞するための文章を書いた。一方、T――ティク・ナット・ハン――はテロリスト同然の扱いを受けただけでなく、母国ベトナムでは米軍による爆撃やナパーム弾攻撃を受けた人物だ。にもかかわらず、彼はアメリカに深い愛着を持ち、非暴力の擁護者となり、マーティン・ルーサー・キング・ジュニア牧師にノーベル平和賞候補として推薦された。

この矛盾をどう説明すればいいだろうか？　二人の男性についてもう少し詳しく見てみよう。大きな違いが見えてくるはずだ。その違いとは、彼らの学び方にある。

サイード・クトゥブは欧米の性の乱れにショックを受け、イスラエルの「ユダヤ主義の迫害者」たちを支援するアメリカに激しい憤りを覚えた。彼はアメリカ滞在中ずっと、特に女性に対して疑念を抱き、居心地の悪い思いをして過ごした。温かく迎え入れられたにもかかわらず、彼はもてなす側の人々と一線を画し、距離を置き続けた。白人が大半を占めるコロラド州グリーリーの町で人種差別が広く横行していた時代に、「ニグロ」に対して不寛容なアメリカの文化は、同様に肌の黒いサイードを憤慨させ、怯えさせたのだった。

エジプトへ帰国する頃には、欧米に対する彼の否定的な反応は硬化していた。「ヨーロッパやアメリカの白人は私たちの最大の敵である」と彼は書いている。「白人は私たちを踏みにじりながら、私たちの子どもたちには自らの文化、普遍的な原理、崇高な目標について教えこむ……私たちは人の敬意を蹂躙《じゅうりん》した上で奴隷とするような主人に対する驚きと尊敬の念を、我が子らに持たせているのだ。そのような子どもたちの魂に憎しみと嫌悪、復讐の種を植えよ。子どもたちに……白人こそ人類の敵であり、真っ先にやつらを根絶やしにするべきだと教えるのだ」[01]

その後サイード・クトゥブは死ぬまで政治戦略として報復と暴力を説き続けた。彼の文章はアイマン・ザワヒリやオサマ・ビン・ラディン、その他アルカイダの設立者らに影響を与え、現在まで至る暴力の連鎖を奨励したのだ。

教え子たちに「ターイ（先生）」と呼ばれるティク・ナット・ハンは、ベトナム人の僧だ。非暴力に対する強い信念と献身のため、彼は米軍が母国におよぼした壊滅的な影響に対しても怒りや憎しみで応えたりはしなかった。アメリカでひどい扱いを受けても、ターイは憤りではなく、悲しみと哀れみを見せた。「テロに対する現在の対処方法は、不信と恐怖という危険な道筋へと私たちを導いていています」。空港での出来事のあと、彼はこう語った。「もうやめるときが来ています。立ち止まるべきです。今こそ、真の強さと安全を求めるときなのです」

尋問事件のあとで指導を行ったワークショップで、ターイは連邦議会の議員たちを前にスピーチも行っている。そのワークショップで彼は、テロの根本原因を探った。彼の観点からは、「敵」への憎しみは解決策ではなく、それ自体が問題なのだ。

「誤解、恐怖、怒り、憎しみがテロの根本原因です」とターイは言う。「それは軍が発見できるものではありません。爆弾やミサイルも届かないし、破壊することなどできません。テロは人々の心の中にあるからです。テロを根絶するためには、人々の心の中を探るところから始めなければいけないのです」

「テロは、誤った認識から生じるものです」。ターイは世界中の追随者らにこう説いている。「彼らは『私たち』に対して誤った認識を持っていますし、私たちも『彼ら』に対して誤った認識を持っています。爆弾を使ってもその誤った認識を正すことはできません。レーダーで誤った認識を見つけることはできません。それができるのは、慈悲の心だけです」[02]

ティク・ナット・ハンはその生涯を非暴力に捧げ、それによりノーベル平和賞への推薦を受けるに至った。フランスのプラム・ヴィレッジに彼が開いた仏教共同体は、世界中の何千人もの教え子たちに影響を与えている。[03]

国境を越える学習とは

欧米人にとっては「聞き慣れない」名前で、「異国風の」顔立ちをしており、「遠くの」国から来たこの二人の相違点を理解することは、通常の学習と「越境的学習」との違いを理解する第一歩でもある。ターイもサイードも正規の教育を受け、講義を行い、本を執筆している。二人とも教養ある男性であり、それぞれの文化で学者として知られていた。しかし二人の違いは、学びの境界線にあったのだ。サイードは自らの信念、文化、思想の狭い枠組みの中でしか学ぶことができなかった。ティク・ナット・ハンはそうした境界を超越し、他者に対する共感と慈悲を――たとえ相手が祖国を壊滅させ、数多くの同胞を殺害し、自らも生命を賭して亡命せざるを得なくなったその元凶を生んだ国の人々であっても――見出した。サイードが越えられなかった境界を、ターイは越えることができた。そしてそこに天と地ほどの差が生まれたのだ。

サイードとターイ、それぞれの信仰が持つ伝統と彼らの関係ほど、越境的学習によって得られる自由をわかりやすく説明するものはないだろう。サイードは敬虔なイスラム教徒、ターイは敬虔な仏教徒だ。しかし問題は信仰の違いではない――世の中には「心の狭い」仏教徒も、「心の広い」イスラム教徒もいる。問題は、彼らのアイデンティティと信仰との関係にあるのだ。サイードは自らの信仰教義を、鋼鉄ではなく信仰でできた格子のはまった心の牢獄に閉じこめてしまった。ターイはその信仰心を、すべての宗教が価値を見出す高みにたどりつける、根源的かつ普遍的な理念の階段に変えていった。**サイードは「違い」をもって、間を隔てる壁を築いた。ターイは「違い」をもって、間をつなぐ橋を築いたのだ。**

「私は仏教の教えを実践するものです」。ダライ・ラマのこの言葉には、ティク・ナット・ハンも当然賛同するだろう。「しかし、仏教に対する強い信仰心を仏教への執着心と混同してしまうと、私の心は偏ってしまいます。偏った心では決して全体像をとらえることができず、その結果生じる行動が現実と調和することはありません」[04]

この越境的学習能力は、世界的指導者であれ一般市民であれ、現代の私たち全員にとって肝心な能力だ。この能力があれば自らのアイデンティティの境界線を越え、誰からでも、どこからでも学ぶことができるようになるのだ。

人類を分かつ境界は、まず頭の中で築かれる。実際の境界が築かれるのは、そのあとだ。この境界線は物理的、政治的、可視的、不可視的と、さまざまな形状を取る。ときにはイスラエルのようにセメントで築かれることもあるし、またはアメリカとメキシコの国境のように金網と鉄条網で築かれることも、あるいは冷戦時代のベルリンのように石とレンガで築かれることもある。だがそうした物理的な境界線の背後には、政治によって強化された心理的境界線があるのだ。パスポートがなければ、私たちはほとんどの国へ自由に旅することができない。そこには警備員が立ち、その多くが武装している。きちんとした国籍が証明できない限り、警備員に止められてしまう。境界を区切る見えない線を越えるためには、相手国からの許可が必要となる。

以下に示す五種類の境界線は人類のほとんどに刷り込まれている。私やあなたも例外ではない。

境界線　→　定義するもの
個人　→　自己の利益
部族　→　民族グループへの忠誠心

宗教　↑　思想的正統性
国家　↑　国家の利益
企業　↑　経済的利益／市場シェア

私たちのほとんどが、このような境界線を組みあわせて利用しながら一生を過ごす。それは私たちのアイデンティティを形作り、ホモ・サピエンスから文化の一員へと変容させる。そして無意識に、自分が属する文化の枠から世界を眺めている。意識してとらえない限り、これらの境界線は他の人類に対する私たちの目や思考、心を閉ざしてしまうのだ。

「中華料理」も固定観念の一つ

両親の思想ではなくインターネットが大きな影響力を持つ現代の若者は、今まさにこの問題に直面している。私はこのことを、冒頭で記した中山大学への訪問の際に思い知らされた。二〇〇八年に講義を行っていた際、後方に座っていた学生の一人が挙手した。「簡単な質問ではありませんが」と流暢な英語で彼は言った。「ガーゾン教授、固定観念を変えることはどうしてこんなに難しいのでしょうか?」

二五〇人以上の学生で埋めつくされた大講堂で、二時間にわたる講義が終わる間際だった。世界について学びたいという学生たちのスタミナや好奇心、決意は目を見張るほどだった。この若者には思慮深い答えを返したかったが、彼の問いが実に奥深かったので、英語でどう説明すれば伝わるかがわからなかった（通訳を介さずに直接英語でやり取りしたいと学生側から要望されていた）。

できるだけ平易な言葉を選ぼうと苦労しながら、私は答えた。「今思い浮かぶのは二つの言葉です。一つは、『怠ける』。もう一つは、『思考』。固定観念とは、『思考が怠けている』状態だと思います」

私はしばらく間を置き、自分の言葉がわかってもらえているかどうか確かめた。学生たちの表情を見て理解されていることがわかったので、話し続ける。

「『イギリス人』というのは固定観念です。『中国人』というのも固定観念です。イギリス人はみんなそれぞれに大きく異なっていますし、中国人も同様です。そうですね？」

多くの学生がお互いに顔を見あわせ、うなずいた。私の言っている意味をしっかり理解しているのだ。

「アメリカで『中華料理』と言いますが、これもやはり固定観念です」

そこで笑いが起きたので、この話題を膨らませることにした。

「私は、北京で北京料理を食べました。とてもおいしかった。次に上海に行ったときには、上海料理を食べました。まったく違う料理でしたが、これも非常においしかった。そしてここ珠海では、広東料理を食べました。これもまったく違う料理でしたが、いちばんおいしかった」

再び笑いが起こる。

「『中華料理』は固定観念です。以前は、私の思考は怠けていました。『中華料理』という固定観念にとらわれていたのです。今なら、ちゃんとわかる。中華料理にもさまざまな種類があって――どれも大好きだということを！」

驚いたことに、ここで拍手がわき起こった。私という外国からの訪問者が、自分たちの伝統が持つすばらしい複雑さを理解し始めたと知って喜んでいたのだ。彼らに問題を投げかける絶好の機会だと考え、私は言った。

「みなさんも自分の固定観念を変えたかったら、まず直接体験することです。教えられることすべてを鵜呑みにしてはいけません。自分自身で確かめてください。フランスの人と話してみたらいい。デモの参加者や、活動家に話を聞いてもいい。自分が理解できない人たちと話をしてみてください。そうしたらみなさんの固定観念は変わるはずです。私の固定観念が変わったように」

世界を閉じる「3つのR」学習

私たちの多くは文化的境界線の内側で教育を受け、それが真実だと教えられてきているので、思考が自由ではない。こうした学習の特徴は「3つのR」だと、バーレーンのとある財界首脳が称している。すなわち、「読む（Read）、覚える（Remember）、反復する（Regurgitate）」だ[05]。世界中の「学習」と呼ばれるもののほとんどは、今でもこの形だ。グローバル・シティズンの課題は、お互いを隔てる「半分だけの真実」を捨て去って、お互いを結びつけるより深い真実を学び直すことなのだ。

仮に自分が育った文化的・国家的境界線の中だけで「学び」ながら生涯を過ごしたとすると、思考が植民地化されてしまう。境界の内側だけで学習を続ければ続けるほど、世界に対する自分の解釈が正しいことにますます確信を深めていくのだ。このような「井の中の蛙」的学習は基本的に「追加式」なので、比較的簡単だ。疑問を抱いたり、すでに学んだことを「手放し」たりする必要が決してないからだ。この学習法は新たな技術の習得、知識の増加、さらなる学位――要するに、より多くを身につけることを目的としている。既存の信念や現在のアイデンティティを修正することなく、新たな情報をひたすら身につけていけばよいのだ。

一方、越境的学習は、減らすことを求める場合が多い。誰しも、もっと多くを学びたいと言う。しかし世界を眺めるための眼鏡を手放したがる者はいるだろうか？　リーダーの多くが「グローバルに考えたい」と言うが、自らのコミュニティに古くからある英知に異議を唱える勇気を持つ者はいるのだろうか？

残念ながら、こうした自民族優越主義は例外ではなく、むしろ基本なのだ。特に、リーダーと呼ばれる人々ほど、国家の教育制度というレンズを通して国際問題を眺め、過去の現実に基づいて現在の判断を行っている。不安定で動きが激しく、グローバル化する世界にあって、これでは大変なことになりかねない。

時代遅れのリーダーたち

なんでもいいが、世界中の注目を集める重要な問題についてちょっと考えてみてほしい。中東の戦争から金融危機まで、気候変動からテロ攻撃まで、宗教対立から移民問題まで――権力を持つ指導者たちは（その多くは四十五歳から七十五歳の間の年齢だが）、自分が二十五歳までに母国の文化圏に暮らしていて身につけた姿勢に基づいて判断を下している。そのようにして染みついてしまった「反射神経」による判断は、非常事態のときこそ顕著に現れてしまう。とすると、ほとんどの指導者が、二十年ないし五十年は時代遅れの判断基準に頼っているということになる。彼らは世界的観点で物事を考えることをせず、自国の文化中心の発想にとらわれているのだ。

「不幸なことに、企業を経営しているのであれ、外務省や中央銀行を率いているのであれ、私たちの時代でもっとも優秀だった人材の中には、昔の物の見方や考え方にとらわれている人が多くいます」と語るのは『タイム』誌の元外信部長であり、国際コンサルティング会社キッシンジャー・アソシエーツ専務理事のジョシュア・ラモだ。「彼らは世界について何度も不適切な判断を繰り返しています……言ってしまえば、私たちは自分たちの未来の大部分を、時代に当惑していることが最大の特徴である人々の手に委ねてしまったのです。彼らの誤解が積み重なった結果、悲劇的な矛盾が生じてしまいました。私たちをより安全に守るために作られたはずの政策が、かえって世界をより大きな危険にさらしているのです」[06]

インドとパキスタン、ロシアとウクライナ、中国と台湾、イランとアメリカ、イスラエルとパレスチナ、トルコとクルド——これらの関係はみな、近年大きな課題に直面してきた。首脳たちはこうした課題に今現在取り組んでいるのだろうか。それとも、彼らもまた、数十年時代遅れになってしまっているのだろうか？　彼ら首脳たちは現状に対処しながら、グローバルに思考できているだろうか。それとも、何世代も前の狭い民族的固定観念や国家的偏見に基づいて行動しているだろうか？

アメリカと旧ソ連の関係は、その強烈かつ突出した典型例だと言える。何十年にもわたって冷戦関係にあった「アメリカの資本主義者」と「ソヴィエトの共産主義者」は、お互いに対する凝り固まった否定的な見方を作りあげてきた。両国の関係は恐怖や競争、不信、権力争いに基づいて形成された。私は身をもってそれを経験している。一九八〇年代に、旧ソ連の映画製作者連盟（当時は、初めて独自に選出された連盟幹部エレム・クリモフが率いていた）とハリウッドからの複数のパートナー（脚本家組合、監督組合や映画芸術科学アカデミーも含む）とともに「エンターテインメント・サミット」を組織したのだ。私たちは協力して、過去一〇〇年間にわたって旧ソ連で制作された「反資本主義」映画と、ハリウッドで制作された「反共産主義」映画とを分析した。この「サミット」の結論は明らかだった。二十世紀の二大勢力が制作した映画は、相手政府に対する際限のない非難と、相手国の国民性に対する侮辱だらけだったのだ。ロシアとアメリカの人々がお互いの指導者を恐れ、憎むことを覚えたのは、冷戦の対立に寄与した数多くの政治的・思想的要素に加え、生まれたときからそうするよう、教室の中だけでなく映画館でまで体系的に訓練されていたからだった。

二十年前に冷戦が終結するとともに、新たな関係を築く機会が訪れた。今度は信頼、相互利益、そして協力に基づくものだ。しかしこの機会をとらえて互恵的同盟関係を築く代わりに、古くからの偏見や疑念が今でも二国間の関係を脅かしている。

最近の米露対話で見られた意見の一致は、時代錯誤な姿勢という「有毒な冷戦の遺物」が、ロシアとアメリカとの相互支援的な力強いパートナーシップの可能性を損なっているというものだった。言い換えれば、モスクワとワシントン、両方の指導者が、冷戦を捨て去ることができずにいるのだ。[07]

この例が浮き彫りにするように、革新的でグローバルな問題解決につながる学習には、真実だと固く信じているものをいくつか手放す行為が求められる。グローバルな未来を手に入れるためには、文化によって限定された教育を再検証しなければならないのだ。

「インドはヨーロッパ人が見つけたなんて！」

（ヨルダン、アンマン。国連大学国際リーダーシップ・アカデミー。二〇〇三年六月）

「国連大学国際リーダーシップ・アカデミー」（UNULA）からグローバル・リーダーシップについてのシンポジウムへ招聘され、私は二十人ほどのリーダーシップ研究者や実践者らに囲まれていた。世界中から集まったこの多様なグループをインド人講師スダンシュ・パルスリがあまりに見事にまとめていたので、どうやってこれほど優れた異文化ファシリテーション能力を身につけたのか、取材させてほしいとスダンシュに頼んだ。

　すると彼はこう答えてくれた。「世界中で会議を企画し、開催する際には、ある思想をもって取り組みます。それは真の知識、ユニバーサルな知識は境界線で生まれるのだということです。異なる文化が出会う場所で生まれるのです。だからそこで会いましょう——境界線で！」

　この思想は彼の人生経験に基づいている。このグローバルな技能を実践するためには、彼も教えられたことの大半を捨て去らなければならなかった。

「学校では、欧米の視点でインドを見るように教わりました」。今ではムンバイからアトランタまで、広く顧客を持つエグゼクティブ・コーチ〔企業などの管理職を指導するコーチ〕であるスダンシュは言う。「私が受けた教育は、イギリスの城やロンドンの通り、ワーズワースやチョーサー、コロンブスにバスコ・ダ・ガマの話ばかりでした。独立したばかりのインドで、少年だった私はヨーロッパ人がインドを発見したのだと教えられていたんですよ！」

世界中で見られる「自国がいちばん」症候群

子ども時代に教えられた偏った世界観は、修正することができる。ただし、真実ではなかったことを捨て去ることができれば、の話だ。では捨て去ることができなければ？　誤った知識を、生涯持ち続けることになったら？

たとえば、手放すことがもっとも難しい勘違いの一つは、自国が「地上最大の国家」であるというなんとも耳心地のよい考え方だ。この概念は二十世紀のすべての「大国」で大流行している。ロンドンに始まり、パリ、ベルリン、そしてモスクワとワシントンも、自分たちが世界の中心だという危険な虚構にとらわれてきた。

「私の政権が残した記録に誇りを持って離任する」。ジョージ・W・ブッシュは、アメリカ国民に宛てた大統領として最後のラジオ演説でこう語った。バラク・オバマが家族とともにホワイトハウスに入居するわずか三日前だった。「そして、世界最強の国家の大統領を務める機会を与えられたことに感謝しながら余生を送るだろう」

合衆国大統領の演説の中で、「世界最強の国家」という言葉は何代にもわたって、一種の愛国的呪文のように使われてきた。その言葉はアメリカ国民に勇気ある功績を立てさせ、壮大なビジョンと寛容さを示す行動を起こさせてきた。オリンピックで勝ち取ったメダルの数を数え、外貨に対するドルの価値を計り、世界世論調査の結果を見ながら、私たちアメリカ人は今でも自分たちが最強なのだという証明を求めがちだ。しかし不運にも、この錯覚による虚栄心が、アメリカの指導力――そして学習力を制限してきたのだ。

自国があらゆる面で他国よりも優れているという魅惑的な考え方に伴う問題は、どれだけ無頓着な海外旅行者でもすぐに見ることができる。ちょっと世界各地に足を伸ばしてみれば、他にも指導者が（そして国民が）自分たちこそ「世界最強の国家」だと考えている国はすぐ見つかるだろう。

先日私は、ヨルダン（この国も独自の自尊心を持っている）を訪れ、国連リーダーシップ・アカデミーの同僚オーデ・ジャユーシと話をしていた。パレスチナ難民の彼は現在ヨルダン大学で教鞭を取っており、この「自国がいちばん」という考え方に関する私の意識を高めてくれた人物だ。「私は中東が世界の中心で、メッカがその中枢だと教えられて育った。あるとき旅の途中で出会ったギリシャ人から、アテネが世界の中心で、西洋文明発祥の地なのだと聞かされた。ユダヤ人はもちろん、自分たちが『選ばれた民』であり、イスラエルには特別な運命があるのだから独自の権利や特権が正当化されると考えている。南アジア出身のある同僚は、インドが世界の中心だと考えていた。今ではアメリカ人が、『私たちが世界の中心だ。最先端の技術と軍事力を持っているのだから』と言っている」

他にもいくつか、「自国がいちばん」症候群の例をあげてみよう。

- 中華人民共和国を旅していると、中国人の多くが自分たちの文明を最古というだけでなく、最高のものだと感じていることがわかる。この国家的・民族的自尊心は共産主義という水面の直下に隠れており、危機や脅威が発生した折には表面に出てくるのだ。

- イランが激しく憤り、核大国になろうと固く決意している理由は、この国の指導者たちもまた、自国を「世界最強の国家」とみなしているからだ。一般的な「イラン」という名称に代わってひんぱんに囁《ささや》かれる「ペルシア」という言葉は、多くの人々にとって深い意味を持って響く。この地こそ文明の発祥地であると多くのペルシア人が信じており、それよりも低い地位へと格下げされることを拒否している。

- クレムリンの論調に注目してみていただきたい。どの指導者も、それぞれの性格は違えど、「母なるロシア」があたかも地上でもっとも秀でた国家であるかのように語っている。ソヴィエト連邦崩壊後、この誇りは失墜した。だが、モスクワ上層部が自国に過去の偉大な姿を取り戻させたがっていることは一目瞭然だ。

- そして最後に、フランスだ。彼らの帝国が大英帝国に匹敵することはなかったが、それでもフランス人は自らを最大かつヨーロッパでもっとも洗練された国家だと信じきっていた。ヨーロッパがきわめて長期間優位に立ち続けたことを鑑みると、フランスはあと一歩で「世界最強の国家」になれるはずだ。

実を言えば、この四カ国だけではない。サウジアラビア、インド、アルゼンチン（国内の経済恐慌の前まで）、ギリシャ、トルコ、そしてもちろんドイツも――そしてさらに多くの国々が、自国こそ「いちばん」であるという概念に溺れている。

今こそ傲慢さを捨てるべき

こうした国家的威信に害はない、と言う者もいる。結局のところ、自分が住む場所に誇りを持つのは当然のことなのだから。他国よりも優れていると感じることで国民がやる気を起こし、目標を達成できるのなら、その優越感を奪う必要はないではないか？　十以上の国の指導者たちがみな、自分たちは他のどの国よりも優れているのだと国民に言って何が悪い？

何が悪いのか。それは「私たちがいちばんである」というこの信念が実際に有害な結果を引き起こすからだ。その例をあげよう。

① 「私たちの国は正しく、決して間違いを犯さない」→実際に間違いを犯してもそれが見えず、過ちに対して謝罪することがない。

② 「私たちには、他国にはない権利や特権がある」→他国が忌み嫌うダブル・スタンダードが生まれる。

③「私たちは、生まれながらにして優勢である」↓優位性という傲慢が生まれ、対等な協力関係を結ぶことができず、最悪の場合には他者への抑圧にもつながる。

④「国際規定は私たちの国には適用されない」↓孤立した一方的な外交政策が取られる。

つまり、私たちは気づかないうちに傲慢になってしまう、ということだ。

グローバル・シティズンであっても、自国やその文化を重んじることはできる。だが傲慢になってはならない。違いはわずかだが、そこに含まれる意味あいは非常に大きい。その理由を理解したければ、友情について考えてみればいい。ありのままの自分を尊重する人間に、人は引き寄せられる。だがうぬぼれて傲慢になり、自分のほうが優れているかのようにふるまう人間からは離れていく。「いちばん」であるという傲慢な観点を捨て、より大きな全体の中の貴重な一部であることを自覚できるようになれば、シティズン3・0にとどまらず、さらに包含的なアイデンティティへと進化していくことができるのだ。

彼はただ私の孫

（アメリカ、デンバー。ローズ病院分娩室。二〇〇八年三月）

生まれたばかりの三番目の孫息子、アイザイアを腕に抱き、私はその顔の美しさに感極まっていた。生後十五分にも満たないこの新しい命を見つめ、彼の両親の面影をそこに見出す。

アイザイアの母親、チェロキーの血が少し入ったアフリカ系アメリカ人のリタは病院のベッドに横たわり、疲れきってはいるが晴れやかな表情をしていた。私の長男、シェーンが妻の手を握りしめている。息子の白い肌は疲労と、無事に出産がすんだ喜びとで紅色に染まっていた。シェーンとリタが授けてくれた上の二人の孫息子たちは肌の色がかなり異なる。シェーン・ジュニアはバラク・オバマに似た色合いで、その弟ルークの肌は濃いハワイ産の蜂蜜を思わせる。

アイザイアが私の指をくわえたのでリタに渡すと、彼女は息子を胸元へ抱き寄せた。すぐさま、アイザイアが乳を吸い始める。彼は目を閉じ、声もなく無上の喜びに浸っていた。

私が彼を「白人」「黒人」「褐色人種」などと呼ぶことは決してないだろう。彼は私の孫、ただそれだけだ。彼はアイザイアなのだ。

私たちの血はつながっている

一九八七年、ニュージーランド生まれの生化学者アラン・ウィルソンとアメリカ人の同僚レベッカ・カンは世界中の病院に手紙を送り、彼らの研究所に胎盤を提供してほしいと要請した。一四七のサンプルの細胞に含まれる遺伝物質(「ミトコンドリアDNA」という)を調べた結果、すべての遺伝子をさかのぼっていくと共通の祖先にたどりつくという結論に達した。二人はあらゆる人類がこの共通の祖先から生まれたという仮説を立て、まもなくその祖先は「アフリカのイブ」と呼ばれるようになった。五万年から十万年ほど前に彼女が生んだ最初の現生人類が、世界中に散らばっていったのだ。

その後二十年の研究により、さらに詳細な分析が行われるようになった。全人類の起源——半ば自民族優越主義的に、「エデンの園」と呼ぶ者もいるが——はアフリカ南西部にいた。詳細なDNAデータによれば、紅海からアフリカ大陸を離れた比較的少人数のアフリカ人が、世界各地へと移り住んでいったのだ。[08]

この仮説は大きな物議をかもした。この件について綿密な取材を行ったインド人ジャーナリストのナヤン・チャンダに言わせれば、「爆弾発言」だった。仮説が正しければ、全人類がお互いの親戚であるということになってしまう。これは人類学的には天動説にも匹敵する衝撃だった。

もしこの仮説を信じるとすれば、いわゆる「人類の区分」はすべて——イスラム教徒に対するキリスト教徒やユダヤ教徒、白人に対するアフリカ人やアジア人――が、遺伝子的には幻想だったということになってしまう。どのような民族的アイデンティティを持っているにせよ、誰もがお互いに関係しているということになる。私たちは文字通り、みな遠い親戚なのだ。

多くの批判者の中でもとりわけ中国は、自分たちの偉大な文明がアフリカに端を発することを示す遺伝子情報が気に入らなかった。自分たちの元々の祖先が遺伝子的には「アフリカ人」だという見解が、中国人としての自尊心にそぐわなかったのだ。彼らは一九二三年から一九二七年にかけての発掘調査中、北京郊外の周口店《チョウコウティエン》という場所で見つかった「北京原人」、またはシナントロプス・ペキネンシス（あるいはホモ・エレクトス・ペキネンシス）と呼ばれる人類の化石のことを知っていた。そして中国人は独自の血統を持っており、それが世界最古の文明だと信じていた。具体的には、彼らの伝承によるとすべての中国人は現在の中国と呼ばれる場所に王国を築いた皇帝の子孫であるはずなのだ。このため多くの中国人にとって、「アフリカのイブ」という概念は彼らの文化的、歴史的真実の多くに異議を申し立てるものだったのだ。

中国人遺伝子学者の金力《ジン・リー》と彼の教え子たちは、この仮説を検証すべく一万人の中国人男性からDNAサンプルを採集した。サンプルは一つ残らず、ウィルソンとカンらが発見した原型にぴたりと合致した。

「検証を行った結果」金は二〇〇〇年に結論を発表した。「現生人類はたしかにアフリカで生まれたことがわかった」[09]

同様の厳密な手法を用い、他の遺伝子学者たちもこの発見を裏づけている。私たちがみな同一の遺伝子の子孫であるということだけでなく、私たちの祖先が地上を旅した道筋や時期までたどることができたのだ。私たちの体、顔、言語、そして言うまでもなく肌の色も、非常に多様化してきた。だが、科学者たちによれば、それはあくまで表面的なものに過ぎない。一枚めくってみれば、その下はみな同じなのだ。

この科学的大発見に対する反応は、現在でも否定的なものが多い。ある者の肌は石炭のように黒く、またある者の肌は雪のように白いという疑う余地のない現実を突きつけられ、その上で「私たちはみな同じなのだ」と言われてそれを信じるのは、不可能でないにしても非常に困難だ。

仮に、もし仮に私たちが人種に関する考えを捨て去ろうとすることができれば、人類のパレットを形成する肌の色の分布は、科学の力で説明可能だとわかるだろう。薄い肌の色はより効率的に日光を吸収することができ、日光は体内のビタミンDを触媒してカルシウムの吸収を可能にする。このため、日光が少ない北部では自然淘汰によって薄い肌の色が残っていった（ちなみに母親が出産し授乳するためにはビタミンDを多く必要とするので、どの人種においても女性の肌の色が男性より三〜四パーセント薄いのは、このためではないかとする意見もある）。[10]

人類の起源は一つであると証明した遺伝学の発見は、初めて宇宙から撮影された地球の写真に匹敵するほど革命的なものだ。私たちの先人観に疑問を投げかけたという意味では、これこそまさしく発見だ。「人種などない」と言うのは、パリのパスツール研究所に所属するルイス・キンタナ＝ムルシだ。「そこにあるのは地理的なグラデーションだけだ」。私たちはお互いを人種別に分ける太い線を引いたが、実際は、そんなものは存在しないのだ。[11]

この共通の遺伝的歴史が自分にも受け継がれている証拠が欲しければ、有料で自分のDNAをさかのぼることができる。フランシス・ドラビックはこれを実行し、一晩のうちに自分自身と世界に対する観点が大きく変わったそうだ。アメリカ北東部の隅に位置するメイン州のイーストポートという小さな町に住むフランシスは、両親がポーランド出身で、ポーランド語を話し、ポーランドの伝統行事を祝っているという理由から、以前は自らをポーランド系アメリカ人だと説明していた。だがDNAを調べた結果は驚くべきものだった。

DNAの検査結果によれば、彼女の父親の遺伝的遺産には、パレスチナ人、ヨルダン人、ギリシャ人、トルコ人、イラン人、アラブ人、ユダヤ人（イスラエル）、ウズベク人（中国トルコ系）の血筋が含まれていた。そこへ母親側からのさまざまなスコットランドの遺伝子が加わってようやく、フランシス・ドラビックは自分の遺伝的遺産の全体像を見ることができたのだった。「想像していた以上のことがわかりました」とドラビックは言う。「この新事実は私の思考だけでなく心も開いてくれて、遺伝子的に近い親戚であるたくさんの善良な人たちの困難に目を向けさせてくれたのです」。とはいえ、彼女はこうも思っている。「遺伝子検査を受けずに、心や思考を開くことはできないものでしょうか？」[12]

DNA検査を受けなくとも、グローバル・シティズンは調査や想像力を駆使して家系図を調べることができる。人類の十万年におよぶ移動によって分かれていった枝の一本に遺伝子的な結びつきを見出し、自分の祖先が本当は誰なのか、どこから移動を開始したのかを推測することができるのだ。しかしそれをするのであれば、人種に対する自分の考えを変える覚悟をしておかなければならない。肌の色が黒かろうが白かろうが、鼻が北欧人のように細長かろうがエチオピア人のように横に広かろうが、体格がサモア人のようにずんぐりとしていようがフィンランド人のようにすらりと高かろうが、人類と呼ばれる全体の一部であるという科学的根拠が得られるのだから。

これこそが、越境的学習の挑戦と成果が結実する、発見なのだ。何かを発見するためにはリスクを伴うが、私たちが何者で、どう世界を見ているかに疑問を投げかけるものごとを見出そうとするリスクをとるには、勇気がいるものだ。グローバル・シティズンになるためには、築かれるすべての壁、引かれるすべての境界線に立ち止まらずに学習し続けなければならない。多くの話に耳を傾けるべきときに、たった一つの話だけを「真実」として受け入れてはいけないのだ。

サダム・フセイン像を倒したのは誰だ?

（イラク、バグダッド。フィルドス広場。二〇〇三年四月九日）

世界中の何百万という人々と同様、私もテレビ画面に見入っていた（私の場合はCNNだった）。米軍がイラクの首都を制圧すると、イラクの人々がデモを起こした。バグダッド中心部の、どっしりとした台座にセメントで固定されたサダム・フセインの巨大な銅像がある広場に市民が集まってくる。最初、イラク人たちは斧など普通の道具で銅像を倒そうとした。だがまもなく、もっと強い力が必要だとわかる。

するとが誰かが頑丈なケーブルを車につないだ（車は画面に映っていない）。そしてついに、銅像が倒される。

たちまち、群衆が倒れた像に飛び乗り、踏みつけたり殴りつけたりしだした。この光景を、ドイツ人がベルリンの壁を壊した瞬間や、ハンガリー人がソヴィエトの共産主義を象徴していたスターリンなどの彫像を引き倒した瞬間になぞらえたコメンテーターもいた。

イラクにおける米軍プロパガンダの失敗

ユーチューブで「フィルドス広場、サダムの銅像」〔Firdos Square Saddam statue〕というキーワードで検索すれば、この光景を自分の目で確かめることができる。だが画面に映るものはデータ、または情報に過ぎない。鍵はその解釈にある。欧米に住む多くの人々にとって、フィルドス広場の光景に対する解釈は明白だった。私たちは、すでに頭の中にあった物語に沿ってその場面を解釈した。すなわち、イラクの人々が長年にわたって彼らを恐怖に陥れてきた独裁者の失墜を祝福し、抑圧されてきた怒りと歓喜を同時に表現しているのだと。

しかし、米軍のとある報告によると、この解釈には誤りがある。それによれば、銅像はイラク人の手によって引き倒されてなどいなかった。高さ六メートルもある銅像を引きずり下ろしたチェーンの先は、米軍海兵隊の戦車回収車両につながれていたのだ。軍の公式報告書を読むと、実際には、銅像が引き倒されたのはこの状況を「格好のターゲット」ととらえた「心理作戦対応部隊」の陸軍大佐からの直接指令によるものだったと書かれている。大佐は銅像を倒すために海軍の戦車回収車両と長いチェーンを提供し、それによって「一般市民」が独裁者の失墜を喜ぶ光景というシャッターチャンスを作り出したのだった。

この光景を効果的な政治的プロパガンダに仕立てるためには、独裁者に対する憎悪を表現する「自然発生的な」市民という役者が必要だった。フィルドス広場から少し離れた位置から撮影した（アメリカのテレビで放映されることは決してなかった）映像を見れば、広場一帯が米軍の戦車で注意深く封鎖されているのがわかる。一連の写真や映像には無人のフィルドス広場、「デモ参加者」たちを運んできたトラック、そしてその直後に「デモ参加者」たちが怒りもあらわに銅像を踏みつけている姿が映し出されている。これらの広角写真から判断する限り、あのシーンは自然発生した市民による蜂起などではなく、心理作戦対応部隊によって制御され、お膳立てされた舞台だったのだ。こちらの解釈では、デモ参加者たちはたしかに心の底からの怒りを表現する反サダム派の活動家だったかもしれないが、米軍が戦略的に選出し、希望通りの「シャッターチャンス」を演出する目的で現場へ連れてきた人々だったのだ。

だが、映画制作を学んだことのある人間なら誰でも、この「撮影」は軍の監督たちが予想していたよりもはるかに厄介だったであろうことを容易に想像できるはずだ。実は、気分が高揚した第四海兵連隊第三大隊所属、ニューヨーク出身のエドワード・チン伍長が銅像によじ登り、サダム・フセインの顔にアメリカの国旗をかぶせるという、台本になかった行為におよんだのだ。その瞬間、イラク人群集のそれまでの気勢が失われた。彼らが見たかったのは、もちろん、自分たちの国旗だったのだ。心理作戦対応部隊の将校たちは、大失敗を犯してしまったことにすぐに気づいた。「とにかくまずい事態だった」と、部隊の一人が後に語っている。「占領軍のように見られたくなかったし、イラク人の中には『だめだ、イラクの国旗でなければ！』と叫んでいる者もいた。やっと星条旗が外されたが、代わりにイラクの国旗をかけたのはイラクの勇敢な自由の戦士ではなかった。心理作戦対応部隊の軍曹だったのだ」[13]

しかし、もうあとの祭りだった。「独裁者から祖国を取り戻して歓喜に沸くイラク市民」というシーンは、硫黄島にタイムスリップした気分になった熱意あふれる海兵隊員によって台無しにされてしまった。アメリカ人兵士が愛国心から取った衝動的な行動のために、イラク人が祖国を取り戻すはずの場面は、銅像がイラクの人々の手ではなく外国の軍隊によって引き倒されたという事実に注意を引きつけてしまったのだ。

広場への出入りが制限されていたにもかかわらず無許可で潜りこんでいた目撃者たちが、そのときの出来事をそれぞれに語っている。「フィルドス広場の周辺にはまだ群集がたむろしているが、もうサダムの銅像を倒そうとはしていない」。当日、フレッド・キャプランはウェブへの投稿でこう記した。「今、米軍の戦車がやってきた。イラク人たちが鋼鉄のチェーンを銅像に巻きつけている。間違いなく、米軍が提供したチェーンだ。M1エイブラムス戦車で像を引き倒すつもりらしい」

キャプランはさらに書きつづっている。「だめだ、もっとひどいことになってきた。海兵隊が銅像によじ登って、自分たちで倒そうとしている。一人がサダムの頭に星条旗をかぶせた。バカじゃないのか！　新植民地主義の構図そのものだ。アラブ世界全体のトップニュースになること間違いなしだ。今度は星条旗を外している。きっとCNNを見ている中央軍指令本部の誰かが現場の将校を電話でこっぴどく叱りつけて、ああいう行為を禁じた命令が出ていると諭したんだろう」[14]

どれが「現実」のストーリー？

グローバル・シティズンは、ニュースを見聞きする際に本質的に異なるのみならず、しばしば対立する視点を統合させる方法を学ばずにはいられない。マスコミがとらえた数多くの歴史的瞬間と同様、フィルドス広場でサダムの銅像が引き倒された出来事も単一のストーリーで語られてはいない。いくつものストーリーがあるのだ。私たちがグローバル化する中で直面する課題は、いくつもあるこれらのストーリーを読み解き、意識的に自分の視点を構築することだ。その上で、ではどのストーリーを信じるべきだろうか——「自然発生したイラク人によるデモ行為」か？「米軍の戦車による技術支援を受けて扇動されたイラク人のデモ行為」か？　それとも「米軍の心理作戦対応部隊が米軍主導による侵攻を正当化するため、マスコミを操作する意図で一から十まで作りあげたシーン」か？

シティズン1・0〜3・0にとって、このような複数のバージョンの存在は耐え難い。彼らは自分の所属するグループ、または国家が正しく、したがってそれ以外は間違っていると信じたいのだ。

しかしシティズン4・0〜5・0へと進化していくと、現実にはいくつものバージョンがある可能性が高いことがわかるようになり、それらを理解し、解明できるまで学習する責任感を持つようになる。

　個人的見解はさておき、私たちは二〇〇三年四月九日にフィルドス広場で起こった出来事――そして物議をかもすその他の世界的な事件――を語る複数のストーリーを、境界線を越えて学ぶ機会ととらえることができる。同じ事象における相反する解釈を読み解くという難問が、これからも次々と湧き出てくることは必至だ。これは、地球村に住む上では避けられないことなのだ。[15]

「ソロスさん、あなたは私たちの敵だ」
（スイス、ダボスおよびブラジル、ポルトアレグレ。二〇〇一年一月）


「あなたは私たちの敵です」。白いショールをまとった女性が怒りをにじませる。目の前の大画面に映し出された億万長者ジョージ・ソロスの顔をまっすぐにらみつけ、彼女は叫んだ。「あなたの事業のせいで、毎日何人の子どもたちが殺されていると思うんですか?」

　ショールの女性はセニョーラ・デ・ボナフィニ、軍の手によって愛する者を失ったアルゼンチンの女性たちが結成した組織「五月広場の母たち」の一人だ。二〇〇一年一月、ブラジルのポルトアレグレで開催された「世界社会フォーラム」（ＷＳＦ）に参加していた女性が声を張りあげる先には、ソロスを含む四人のスーツ姿の白人男性が映る画像の粗いモニターがあった。「世界経済フォーラム」（ＷＥＦ）の開催地であるスイスのダボスと、衛星中継をつないでいたのだ。

四人の男性のうち二人はビジネスマン、二人は国連職員で、通常開催される場所にちなんでそれぞれ単に「ダボス会議」「ポルトアレグレ会議」と呼ばれることが多い二つのフォーラムを、映像中継システムでつなぐテレビ会議への出席に同意した人々だった。ＷＳＦがＷＥＦに対抗して――ある過激派のブラジル人参加者いわく、「連中を廃止に追いこむために」――設立されたということもあって、会場には張りつめた空気が漂っていた。そして、暗黙の感情を言葉にする役割は、この銀髪の女性に託されたのだった。

「教えてください」。アルゼンチン人の活動家はいっそう声を高めた。「あなたがたが資本主義だとかグローバリゼーションだとか呼んでいるもののために、これ以上どれだけの死者が出るんですか？　教えてくださいよ、みなさん！　まるで怪物のようになんでもかんでも食べつくして。私たちを食いつぶすつもりですか！　母として聞きます。あなたがたは毎日何人の子どもたちを殺しているんですか？」

すると、ダボス会議に定期的に出席している大富豪の投機家で慈善家でもあるジョージ・ソロスの顔に、こわばった神経質な笑みが浮かぶのがセニョーラ・デ・ボナフィニの目に映った。ソロスをもっとも有名たらしめているのは、流動的な為替相場における彼の熟練した投資戦略（あるいは彼を批判する者に言わせれば「略奪」や「暴利のむさぼり」）だろう。怒りに燃えたセニョーラ・デ・ボナフィニは、資本主義全般に対する批判から、突如としてソロス個人に対する攻撃に転じた。

「偽善者のミスター・ソロス、飢え死にする何百万人もの子どもたちの死をよくも笑っていられますね！」画面に向かってセニョーラが絶叫する。「こっちを見なさい、ミスター・ソロス。私の顔を見られるものなら見てみなさい！」

「見ていますよ。それに私が笑顔なのは、他にどうしようもないからです」。ソロスは小さな声で答えた。大西洋を越えて飛んできた予期せぬ個人攻撃に、見るからにうろたえている。「私はあなたと対話をしようとしているのですが、あなたはどうやら私との対話など望んでいないようだ。だからもうこれ以上話すこともないでしょう」

それだけ言うと、彼は悲しげに椅子の背にもたれかかり、口をつぐんでしまった。

敵対する世界的リーダーたち

十万ドルを超える費用をかけ、最先端の衛星技術を駆使して、よかれと思って設定された映像中継は二つの対極にあるフォーラムをつないだ。裕福で強力なダボス会議の出席者たちが滞在するスイスのスキーリゾートは、グローバリゼーション反対を叫ぶデモ参加者を寄せつけないよう、警護隊によって厳重に守られていた。この九十分という短い直接対話は、警護隊が守る境界線を越えられる唯一の機会だった。同時に、世界の大半を占める貧困層の代表者にとっても、スイスの警察が敷いた警戒線を越え、彼らがしばしば「企業エリート」と呼ぶ人々と対話する唯一の機会でもあった。

スイスに集まった主に企業指向の指導者らと、ポルトアレグレに集まった何万ものＮＧＯや草の根団体。長年にわたり、世界でもっとも影響力を持つ非政府会合であり続けるこの二つのフォーラムは、今日の世界における「グローバル人材」の二極化された縮図を見せてくれる。「両者」が直接対面したらどうなるかを観察することで、「グローバル・リーダー」がどのように対話するのかを見るという意義深い機会を得ることができるのだ。

しかし遺憾としか言いようがないのは、ＷＥＦとＷＳＦ、両方の代表者が――誰よりも思いやりに満ち、献身的で、深い知識を持つ当代きっての外交官や起業家、活動家が含まれていたにもかかわらず――ありふれている上に非効率的なコミュニケーション手段の犠牲となってしまったことだ。信頼を構築する対話という高みへのぼる道を切り開く代わりに、彼らは不信感に満ちた議論という、ありがちな下降の道をたどってしまった。その道は間違っており、その先にあるのは行き止まりだった。学習は触媒されるのではなく、止められてしまったのだ。

個人的なレベルにおいて、学習とは任意的なものだ。すべての市民には自分が学びたいかどうか、あるいはいつ学ぶかを選択する自由がある。しかしグローバル・シティズンになるために進化したければ、越境的学習は任意などではない。それは道徳的問題であり、知的な意味で必要不可欠なものでもある。グローバルな問題の解決には文化的、経済的、思想的アイデンティティによって分けられたグループ間の橋渡しが求められるからだ。グローバル・シティズンは耳を傾け、学習することに専心している。たとえその結果、自分が間違っていたことがわかるとしてもだ。**フォーラムの参加者が映像中継を真に越境的学習の場としたければ、対面の内容を「勝つ」ための議論とするのではなく、「直視し、学ぶ」ための対話とするべきだった。誤解されがちな言葉だが、「対話」とは自分の意見を曲げ、あるいは好戦的で極端な戦略を捨てるという意味ではない。自分の仮説に疑問を抱き、他人の真実を受け入れる用意があるという意味を持つのだ。**

「敵」と対話する

出だしの失敗と行きづまりの一年間を経て、私は同僚たちとともに、WEFとWSF両方の代表者を「グローバリゼーションの橋渡しイニシアティブ」と銘打った会合に招待した。「ダボス」「ポルトアレグレ」両方の代表者計八人（本人たちの希望により、名は伏せておく）に加え、彼らの要望により、主要な国際ガバナンス機関である国際通貨基金（IMF）、世界銀行、そして世界貿易機関（WTO）から七人の高官クラスの代表者も出席した。

円卓を囲んでお互いに疑念のまなざしで見つめあう彼らの当初の発言からは、警戒心と希望への期待感とが読み取れた。会合が始まったとき、この会議がどうなれば「成功した」と言えると思うか、と問いかけると、彼らの回答は明快だった。

「すべての疑問に対する答えは持っていませんが」とWEF代表のある企業重役が答えた。「答えを見つけるためには私たち全員の力が必要ですね」

「議論から対話へ――あるいはせめて、より直接的で率直な議論へと移行することは可能でしょうか?」ある多国籍組織の役員が言う。

「もう認めませんか」と言ったのはポルトアレグレからの参加者だった。「非機能的で理にかなっていない現行のシステムに代わる、筋の通った代替案をどうやって構築したらいいのか、私たちの誰ひとりとして知らないのだと」

苦しい、だが結果的には刺激的な三十六時間が経過するうちに、このたぐいまれな国際的グループの心情は警戒から驚嘆へ、不信から希望へと変化していった。発言することよりも耳を傾けるほうを尊重する信頼構築の場を作り出したことで、磁場が変化したのだ。会合の最後に参加者一人ひとりに何を学んだか発表してもらったとき、その回答は彼らの心からの声だった。

「意図的にイメージを作りあげるのではなく、より中立的な場を構築する方向へとシフトしました」。ある参加者はこう述べた。「私の組織の事務局長には、今後の会合には偏見のない心をもって参加するべきだと進言しようと思います。ただし、会合がこれからも中立的な会合であり続けることが絶対の条件ですが」

「ここで出た意見の一致と不一致、いずれも有意義なものでした」。ポルトアレグレからの参加者が言った。「今回は非公式・非公開の会合でしたが、今後はより大規模な公開フォーラムにしていくべきです」

「対立を取り除き始めることができたことに希望を抱いて帰れます」。政府間組織の代表が発言した。

するとダボス側の別の代表高官も口を開いた。「今回、私たちはすでに構築された立場を越えて、ともに前進することが可能であることを実証できたと信じています」

「この分野に携わって二十年になりますが、今回の会合は初めて手段ではなくプロセスを主題に据えた、とても重要なものでした」。ＩＭＦのベテラン職員が言った。「この会合が、二十年前に開かれていればよかったのにと思います」

そして最後にポルトアレグレの代表者が締めくくった。「私たちは、橋を架けるための最初の一歩を踏み出したのです」

この会合の結果は、なぜ映像中継のときとこれほどまでに異なっていたのだろう？ それは、私たちが使った手法が異なっていたからだ。別々のカメラの前に彼らを座らせてその対立を撮影するのではなく、私たちは彼らを物理的に同じ場所に集め、両方の組織が心から案じている具体的な国際問題を解決するためにはどうしたらいいか、ともに学ぶところから始めた。詳しくは拙著『対立を乗り越える』〔*Leading Through Conflict*〕で述べているが、対立を変化させる基本的なツールを巧みに用いれば、どれほど大きな違いであっても、学習の機会、さらには共通の行動へと変化させることが可能なのだ。[16]

ある問題やシステム全体についてそれぞれに異なる見解を持つ人々が一堂に会する場で、私は傲慢さが謙虚さに変わる感動の瞬間をたびたび目にしてきた。**多様な人々のグループが、人類の直面する複雑な問題に対して思考や心を開くと、しばしば驚くべき化学変化が起こる。まず、**

プライドが身をひそめる。次に、謙虚さが現れる。そして最後に、運がよければ、お互いから学び始めるのだ。

多様な派閥やグループ間でどれほど違いが大きくとも、どれほど溝が深くとも、その中心には共通の目的が生じる。もっとも知識のある人は口を開かず、何も知らない人ほど、えてして真っ先に口を開く。これは、地球と地上に住むあらゆる生命について学ぶ過程で謙虚さが生まれるからだ(謙虚を意味する英語〝humility〟の語幹は〝humus〟、すなわち「土」「大地」を意味する)。地球を知り、愛しながらも、自らが専門家などではまったくなく、この共有の住処に感謝する教え子の一人に過ぎないと認めずにはいられないはずだ。

ひょっとすると、謙虚さは越境的学習の究極の教訓なのかもしれない。どんな場所でも見ることができる視覚的な「超能力」や、どこにいる誰とでも会話ができる遠隔通信の「超能力」、どこにいる誰の命でも奪える軍事的「超能力」を身につけてますます傲慢になる代わりに、私たちはより謙虚になるのだ。自分がどれだけ知っているかを自慢して胸を張る代わりに、自分の無知に恭《うやうや》しく頭を垂れるのだ。

聖職者に立ち向かった学生たち

（イラン、テヘラン。二〇〇二年十一月）

名門大学での講義の最中、歴史の教授であるハシェム・アガジャリは、イスラムが生きた宗教であり続けるためには新たな世代それぞれがイスラムを独自に解釈できるよう権限を与えるべきだと主張した。預言者ムハンマドの信奉者は既存の解釈を究極の真実として鵜呑みにするのではなく、自分たちで考えることができるし、またそうしなければならないと説いた。

イランの司法制度の大半を占めるイスラム原理主義の聖職者たちは激怒し、ハシェムが預言者ムハンマドを侮辱したとして彼に死刑を宣告した。すると主要な大学で、教授を擁護する大規模なデモが勃発した。

デモに参加したある学生はこう言っている。「教授の発言が死に値するなら、私たちを全員殺すべきだ」。進歩的改革を推し進めたイランのモハンマド・ハタミ大統領でさえ、そのような判決は「そもそも下されるべきではなかった」と公式に発言した。

心はいつでも国境を越えられる

あらゆる部族的、宗教的、人種的、国家的、思想的境界線が存在するのは、私たち人類がそれを作り出したからだ。越境的学習とはそれらの境界線を「分解」し、宇宙飛行士たちのように、全体の本質的な一体性が見えるようになることだ。

この「心のパスポート」を使えば、自分たちの文化が築きあげた境界線で立ち止まる必要はない。カトリックとプロテスタント、スンニとシーア、企業重役と企業批判者、部族Aと部族B、政党Xと政党Yを分かつ境界線は越えられる。人間が作りあげた境界線なのだから、人間が越えていけるのだ。不必要な境界線を越えれば、自らを解き放つことができる。自分の信念を大事にし、祖国を尊敬し、部族や血筋、氏族を称賛してもよい。だがグローバル・シティズンであれば、ルーツによって縛りつけられるのではなく、育《はぐく》まれるはずだ。**私たちの思考と心はいつでもどこへでも、自由に旅することができるのだ。**

しかし、この「心のパスポート」で境界線を越えるには、既成の思想の向こう側にあるものを学び、直視する能力が求められる。思想とはどのような出来事にも自分の価値観を投影し、自分にとって都合のいいように解釈させてくれる、汎用で既成の世界観（しばしば「〜主義」がつく）だ。その思想によって仮に信念が変わるとしたら、固定観念でさらに凝り固まるだけだ。学ぶというリスクから切り離され、私たちは疑念や探求心を予防するワクチンを接種されている。

シティズン1・0〜3・0のモットーは、「もう『真実』が何かはわかっているので、すべてそれに当てはめればよい」である。

一方、シティズン4・0〜5・0のモットーは「真実をとことんまで学ぶため、世界をできる限りしっかりと直視しよう」だ。グローバル・シティズンは、あえて自分が持つ既存の概念に疑問を投げかけるような経験を求める。一つの世界観にがっしりとしがみついて探究心を遮断するのではなく、新たな情報や変化の可能性に心を開いているのだ。彼らが持つ心のパスポートはアイデンティティの幅を広げ、生涯にわたってシティズンシップ・ソフトウェアをアップグレードし続ける。グローバル・シティズンとして進化し続けるこの過程は、進化の過程にあるすべての共感レベルを身につけ、ガンジーの言葉を借りれば「生きとし生けるものすべてに自分を重ねあわせることを覚える」終わりなき越境の旅なのだ。[17]

グローバル・シティズンに至る以前、初期段階の狭小なアイデンティティを「置き去りにする」わけではない。それも私たちの一部であり続けるが、広がり続けるアイデンティティの中に組みこまれるのだ。肉体のある限り、自己中心主義は私たちの在り方の一部だ。同様に、自分の歴史的な側面（思想、宗教、国籍など）も持ち続ける。世界を説明し、整理するためにはこうした境界線も実際に必要なのだ。企業が従業員に特定の職種を割り当て、組織を部門や部署に細かく分けるように、世界を国家に分け、人類をさまざまなサブグループに分けるのもおかしなことではない。だが同時に、効果的な事業経営のために企業が一つの組織として機能しなければならないように、私たちも、地球がうまく回っていくために、自分たちの一体性を自覚する必要がある。

ここでもまた、ガンジーはこの過程の本質をとらえている。『バガヴァッド・ギーター』〔神の詩〕と題された古代インドの聖典について語る中で、ガンジーは学習についての本質的な教訓を与えてくれる。イギリスによる植民地支配からインドを解放することに全身全霊を傾け、そのために生涯を捧げたガンジーだが、彼はその目標自体に共感したり執着したりはしていないと明確に述べた。「良き仕事に執着するのは、間違ったことだろうか?」ガンジーはあえてこう問いかけ、そしてこう答えている。「そう、間違っている。自由を勝ち取るという目標に執着すると、そのために悪しき手段を選ぶことをためらわなくなってしまうだろう」[18]

インドのヨガ行者サッチダーナンダはこう言っている。「聖書を読み、コーランを読み、トーラー〔ユダヤ教の立法の書〕を読み、ウパニシャッド〔インドの哲学書〕を読み、『バガヴァッド・ギーター』を読みなさい……そしてこれらが定義するものごとからは抜けだすべきだ。**定義こそ、私たちを分かつものだからである**」[19]

モーリーンは植民地出身、宗主国育ち

（アメリカ、ボルダー。哲学者の自宅。一九九七年）

哲学者であり作家でもあるケン・ウィルバーの業績に魅了されて集った白人アメリカ人男性有識者のグループの中で、モーリーン・シロスは目立っていた。アフリカ系カリブ人でスリ

ナム（旧オランダ領ギアナ）国籍のモーリーンは、オランダ語のアクセントがかすかに残るカリブ訛りでしゃべる美しい女性だ。彼女の経歴を教えてもらっているとき、私は自分の両親がオランダ出身だと話した。

「すてき！」と彼女が言う。「私、オランダの大学に行ったんです。……自分の氏族の支配者だった人たちと机を並べて勉強したんですよ」

そういって温かい笑顔を浮かべた彼女の目には、しかし、激しさがにじんでいた。

長話の末、私は数カ月後に北米・カリブ全域の教育関係者を対象にマイアミで開催される予定のリーダーシップ会議で一緒に講義を行う気はないかと尋ねてみた。彼女が承諾してくれたときには、とても嬉しかった。なぜならこれで初めて、宗主国の子と植民地の子が一緒にリーダーシップについて語る場ができるからだ。

かつての支配者と被支配者がともに学ぶ

モーリーン・シロスはアフリカとインド（ヨーロッパの探検家によって誤った名をつけられた「ネイティブ・アメリカン」ではなく、インド亜大陸のほうの出身者だ）に祖先を持つが、ヨーロッパ白人の制度のもとで教育を受け、それにより世界観に大きく影響を受けた。成長する過程で、モーリーンはいくつもの質問を自分に投げかけた。「どうして私はオランダ語なんて、海を越えたはるか遠くにあるちっぽけな国の言語をしゃべっているの？　どうしてうちの近所の人たちのほとんどは『ヒンドゥスターニー』で、地球の反対側にいる人たちと同じ伝統や特徴を持っているの？」知識を深めながら、彼女は自分の質問への答えを見つけるため、「従属者」にとって何が最善かはヨーロッパの「主人」が知っている、という前提の上に構築された歴史へと時代をさかのぼっていった。

オランダとアメリカの大学で学位を取得し、植民地国と宗主国両方の言語を操るモーリーンは、今では世界中の征服の歴史を熟知している。もう骨の髄まで浸透しているのだ。まず、彼女は「原始的な黒い肌の異教徒たちが、近代的で白い肌のキリスト教徒によって救済される物語」として歴史をとらえる「閉ざされた目」から自らを解放することで、視野を取り戻した。だからこそ彼女の使命は、ハイフンでつながれた自分自身のさまざまなパーツが発展し尊重されるような、学習に基づくリーダーシップという代替的なモデルを見つけることなのだ。

「私を見てください」。数カ月後、マイアミの会議に集まった主に北米出身の教育関係者を前に、モーリーンは長いドレッドヘアの毛先をいたずらっぽく弾いてみせた。「この黒い髪と黒い肌を見てください。みなさん、私が第三世界の黒人女性だとお思いですよね？」

聴衆がうなずく。

「ですが実際は、ごく最近まで、そうではなかったんです」。周到に練られた脚本に沿って彼女は続けた。「私は植民地支配者によって教育されました。私の考え方は彼らに教えられたものです。読むべき本も彼らに教えられました。彼らの言語をしゃべるように指導されました。私はアフリカ人でも、カリブ人でもありませんでした。私の中身はヨーロッパ人だったのです。中身は、西洋の知識人でした。私のアイデンティティは、欧米の思想や言葉や学説や論理を軸に展開していました。そのことに気づいたとき、私はあまりのショックに鏡の前に立ち、自分にこう言ったほどです。『あんた、白人じゃないの』と」

モーリーンはじっと聴き入る聴衆に、「継承」する権利を剥奪されていた彼女自身のパーツをついに取り戻し始めた過程について語った。アフリカ系アメリカ人研究の客員講師としてカリフォルニア大学ロサンゼルス校に滞在していた頃、二十代から三十代にかけて育まれた内面の対立——南北半々、支配者と革命者半々というこの奇妙なアイデンティティをいかにしてより深く掘り下げて探究したかについて語っていた。ところが、モーリーンが自分の生い立ちを語り終えようとしていたとき、ノースカロライナのアメリカ人教育関係者が手をあげた。

「では、あなたはアメリカについてはどうお感じですか?」辛辣な口調で彼女は聞いた。「世界貿易センタービルを破壊した人々についてはどうお感じですか?」

質問者は口にこそ出さなかったものの、聴衆はその口調から感じることができた。彼女は複雑な背景にうんざりし、モーリーンの「ハイフン」の連続にしびれを切らし、多文化のもたらすあいまいさに猜疑心を覚えていたのだ。単刀直入に言わなくともわかった。実質的にモーリーンに投げかけられた問いは、「あなたはどっちの味方なんですか?」だった。

「その質問をしてくださってありがとうございます」。守勢に入る気配などみじんも見せず、モーリーンは応えた。「これで私の言いたいことがもっとわかりやすくなります」。質問者のほうへ二、三歩進み出てその目をまっすぐ見つめ、モーリーンはアメリカに感服すると同時に憤慨してもいる、と言った。アメリカの国民一人ひとりの自由と起業家精神に感服し、指導者たちの傲慢さに憤慨している、と。

モーリーンが声を張りあげると、わずかなオランダ訛りは彼女の熱情によってほぼかき消された。その声で彼女はアメリカ人の質問者に対し、自分は簡単に枠にはめられたり、レッテルを貼られたりはしないと告げた。そのノースカロライナ人がモーリーン・シロスは親米派か反米派かを知りたがっても、モーリーンは応じなかった。何年も費やして越境的学習者となった彼女は、質問者にとって便利な境界線のどれかに自分を当てはめるつもりはなかった。グローバル・シティズンになるべく努力してきたのだ。今になってそれをやめる気はさらさらなかった。

モーリーン・シロスと同様に、世界中の多くの人々がシティズン5・0へと進化しつつある。研究者らは「グローバルな思考態度《マインドセット》」「異文化《クロスカルチュラル》インテリジェンス」など、本書の最終章でより総合的に「グローバル・インテリジェンス」と呼ぶ概念を測定する心理測定ツールを開発した。こうした能力は私たち一人ひとりが持っているが、それをもっとしっかりと発達させようと考える者はごく一部しかいない。

越境的学習こそが、グローバル・マインドセットを理想から現実へと変化させる。越境的学習は、グローバルな意思決定を可能にする基盤である。それは、マンスール・ジャヴィダン教授が「単一文化《ユニカルチュラル》」と呼ぶ状況でほとんどの人が育つということを前提としている。言い換えれば、人類の大半は自分と同じような人々に囲まれて育つのだ。しかし今、グローバル化する世界にあって、私たちは自分とは異なる人々とともに暮らし、働いている。

ビジネスにおいても重要視されるグローバル人材

企業においてグローバル・シティズンシップとリーダーシップの概念が否応なしに出現しつつある主な理由はそこにある。企業経営者の成功は、いまや何百、場合によっては何千もの他人とともに活動できるかどうかにかかっている。相手は（またしてもジャヴィダン教授の言葉を借りれば）「一度も会ったことがなく、見たこともなく、文化や母国語も共通ではない相手である。しかも非常にうまくやらなければならない。さもなくば、国際的競争力を失ってしまうのだ」

たとえば、私たちがボーイングかエアバスの経営幹部だとしよう。数十億ドルの契約を賭けて、非常に緊迫した時間勝負の競争を繰り広げているとする。成功は、新型航空機のシステムを設計・構築している数千人もの社員をどれほどうまく連携させられるかにかかっている。ごくわずかな異文化間の誤解があっても、データの解釈をほんの少しだけ誤っても、顧客損失につながる遅延が生じてしまう。この観点から見れば、グローバル・リーダーシップは理論上の概念ではない。業務上の必須項目なのだ。

「世界各地の三十以上の多国籍企業にヒアリングを行いました」。ジャヴィダン教授は熱のこもった口調で語った。「グローバル・マインドセットの概念に対して聞かれた反応はただ一つ。『なんてことだ、それこそまさに私たちの会社が必要としているものです』でした」

ジャヴィダンより一回り年下のマクシミリアン・ジョンソンも全面的に同意している。オックスフォード大学を出てロンドンとモスクワで金融関係の仕事をしていたジョンソンは、前途有望なキャリアを狙えるいい位置につけていた。欧米のどこでも、やりがいのある数々の仕事を好きに選べたはずだ。しかし彼は中国で修士号を取ることに決めた。

「企業が新興市場での経営拡大を視野に入れ始めている今、ビジネス知識を持っている上に多文化的状況で仕事ができる経営学修士（ＭＢＡ）が求められると思ったんです。それが、中国のビジネススクールでＭＢＡを取る利点でした」[20]

コーン・フェリー・インターナショナルのような大手企業のヘッドハンターたちの報告によれば、企業の取締役会は多文化経験のあるＣＥＯを求めていることを明言しているそうだ。今では国外から指導者を採用したり、少なくとも複数の国でキャリアを積んできた国内の人材を探しているのだという。

- ゼネラル・エレクトリック（ＧＥ）の広報担当、スーザン・ビショップ――「海外経験の有無が、昇進の検討材料となっています」
- アメリカのハイテク企業サーモフィッシャー・サイエンティフィックのオランダ人ＣＥＯ、マライン・Ｅ・デッカーズ――「自分と異なる人々を相手に仕事をすることに怖気づいたりしないことだ。私はヨーロッパ出身だが、アジアで仕事をする可能性を模索するほうにより関心がある」

- アメリカのニューイングランド地方に本社を置くイーサン・アレン・インテリアズのCEO、ファルーク・カスワリ――「外国で生まれた人は本質的に起業家です。家を離れ、家族と離れて異国の地へ移れば、起業家としての本能が身につくはずです」[21]
- 最近北京で開かれた会合で出会った、某大手ハイテク企業の重役――「中国企業があまりにも急速に成長しつつあるので、非中国人に対応するノウハウを持つ指導者が必要になってきている。経営陣が中国人のみという時代はもう終わった」[22]
- 三人のアジア出身のグローバル・ビジネス専門家、アニル・グプタ、ビジャイ・ゴビンダラジャン、王海燕《ワン・ハイイエン》――「グローバルな経営者は『イタリアやスペインでは組合があるからそんなことはできません』『日本では財務省のせいでそれができません』と言われても素直に受け入れたりしません。文化を根拠とする言い訳の山をかき分けて、イノベーションの機会を掘りだすのです」[23]
- ペンシルバニア大学ウォートン校経営学教授マイケル・ユシーム――「アメリカに本社を置いている企業でも、自分たちをアメリカ企業だと考えることはどんどん少なくなっていっているようです」[24]

こうした声に裏づけられるとおり、急激に変化する世界で競争を強いられる企業が国境を越えてより広い範囲で成功するためには、世界を直視し、学ぶ範囲を広げることがグローバルな観点から肝要なのだ。

世界でいちばん平和な国は？

（オーストラリア、ノースシドニー。インテグレーテッド・リサーチ本社オフィス）

「ハイテク企業を設立した起業家であるあなたが、なぜ戦争と平和の問題に携わっているんですか？」私はイングレーテッド・リサーチの創立者であり現会長のスティーヴ・キレリアに尋ねた。

世界中の国を平和の度合いに従って順位づけした「世界平和度指数」（ＧＰＩ）というものに出会って以来、ぜひ聞いてみたいと思っていた質問だった。五十カ国以上に顧客を持つ高収益企業を二つも設立したビジネスマンが、なぜ非営利の平和目的の組織を設立したのか、本当に気になっていたのだ。

「約十年前に私立財団を立ちあげたんですが、その関係で世界中の貧困国を訪れました。三年ほど前、アフリカでもっとも壊滅的な被害を受けた紛争地帯を旅していて、自問したんです。『この真逆はどんな様子だろう？　いちばん平和な国はどこだろうか？　これら紛争地は、平和な国々からどういったことが学べるだろう?』と。世界でもっとも平和な国家のリストが存在しないと知って驚いた私は、世界平和度指数を作ることにしたんです」

この自問により、スティーヴは平和について人々がどれほどわかっていないかに気づいた。この質問に対する答えを探し始めた彼の好奇心は増すばかりだった。世界中の主要大学を訪ねたが、平和の経済学を教える講座を開設しているところは一つもなかった(平和の文学や平和の歴史についての講座も存在しなかった)。そこで、スティーヴはGPIをベースにした平和についての講座を独自に開発した。そして彼は、二十一世紀の人類が直面する大きな課題の根底には、気候変動や減少を続ける生物多様性、清潔な水へのアクセス、そしてそれらすべての根底にある人口過剰といった、地球の持続可能性に関する問題があると結論づけたのだ。

「基本的に平和な世界がなければ、ガバナンスによって政策を実施する国際機関に権限を与えるどころか、さまざまな問題を解決するための協力や包括性、社会的公平性の水準を得ることも望めません。だからこそ、現代の文明が生き残っていくためには平和が欠かせない。今、平和は全人類の利益なのです」

ホテルの部屋に戻ると、私はパソコンの検索画面に「世界平和度指数」と打ちこみ、自分の国、アメリカ合衆国を調べてみた。一四〇カ国中九七位だった。それを見て私は、世界中の人々が、どの国の人であれ、このGPIにおける自国の順位にGNPと同じくらい関心を持ってくれればいいと願った。〔二〇一〇年現在では、一位ニュージーランド、二位アイスランド、三位日本、アメリカは八五位となっている〕

世界から学ぶことで革新を目指す経営者たち

グローバルな視野で思考することの必要性を企業経営者たちが理解し始めた今、企業教育の焦点も同様に変化してきた。世界中の大学で飛び交っている言葉は、「グローバル人材開発」（GWD）〔Global Workforce Development〕である。サンディエゴ大学国際学生センター長の故ロン・モファットによれば、GWDという言葉は「国際舞台に出てゆく準備ができている卒業生、つまり、グローバル・システム、国際問題、さまざまな事象がどのようにして世界中で相互に関係しあい、連帯しているかという力学を理解している学生を指すようになりました」[25]

シンガポールのシカゴ大学ビジネス大学院であれ、パリのINSEAD〔フランス、シンガポール、アブダビに校舎を置く国際ビジネススクール〕であれ、フィラデルフィアのウォートン校であれ、経営学の修士を授与している教育機関は、越境的学習を強化したカリキュラム重視に移行しつつある。グローバルな学生層を作りあげ、グローバルな教授を募集し、グローバルな教材を作成し、グローバルなキャリアパスを奨励しているのだ。これは一時的な動向や最新の流行などではない。経営教育への取り組みにおいて今後も長期的に持続していく、深部にいたる変化なのだ。経営学部の学生は、経済活動の根本的な相互連携について学ぶようになっている。

その結果、世界各国が国際的な学生を奪いあうようになった。学生獲得の国際競争が「過熱化」している、と書いたのは国際教育研究所のダニエル・オブストだ。もっとも優れた国際教育を提供する国になろうと、多くの国が尽力している。市場シェアこそ減らしつつあるものの、アメリカはいまだにもっとも多くの「国境を越えて動ける」学生を引き寄せており（二二パーセント）、その後ろにイギリス、ドイツ、フランス、オーストラリアが順に続いている。[26]

グローバル・シティズンである経営幹部をめぐる奪いあいは、現代の多国籍企業（IBMのCEO、サム・パルミサーノは、より正確に「世界的統合企業」と呼んでいる）に対する経済的必要性から生じた、直接的な結果だ。パルミサーノによれば、「階層的な指揮統制アプローチはもはや機能しない。それは企業内における情報の流れを滞らせ、流動的で協力的な性質を持つ現代の業務を妨害してしまうものだ」。また、パルミサーノは「ますます多様化するビジネスモデルを基盤に企業の信頼性を維持する」という難問に対処するため、新たな経営管理能力が求められるようになっている、とも語る。「一つの機能、企業、国家の枠内にとどまる階層への依存は、境界線を越える共通の価値に基づいて信頼を構築する新たな手段によって補完されなければならない……」[27]

グローバルでハイテクな知識経済は、今まで想像もしなかったほどの規模で境界線を越えて学習するように多国籍企業に強いている。成功するためには「世界各地から知識を発掘し、評価し、結集し、活用できる新たな競争力を構築しなければならない」のだ[28]。フランスとシンガポールに校舎を置くINSEADでグローバルテクノロジーおよびイノベーションを教える著名な教授、イヴ・ドーズの予測によれば、旧態依然の多国籍企業は「社会的緊張や政治紛争にさらされることが多くなっていく」が、より分散されて機動的な「超国家《メタナショナル》」企業は母国に支配されたりはしない。逆に、「世界から学ぶことで革新していくのだ」[29]

企業にとっての真実は、その企業に雇用されている人々にとってはなおさら真実となる。「繁栄する国家の礎《いしずえ》は知的財産です」と語るのはシンガポールに拠点を置く経営コンサルタント、ディリップ・ムケルジアだ。「馬力は頭脳力に取って代わられたのです」。この「知力の競合時代」にあって、ムケルジアは人間の知力を活用するのが「戦略的な競争優位性を手に入れる唯一の方法」だと考えているのだ。そのため、彼はこう言う。

「将来の経営者は学習の指導者となるでしょう」[30]

知識には消費期限がある

この越境的学習への注力は、シンガポールのように世界の交差点といえる場所だけでなく、経済の伝統的部門と言える筋金入りの工業分野でも起こりつつある。「キャリアにおいて、知識は牛乳のようなものです」。フォード・モーターの元最高技術責任者ルイス・ロスは言う。「パックに消費期限がしっかり印字されているのです」。工学部の学位の「消費期限」を三年と見積もり、ロスはこう結論づける。「それまでに自分の知識をすべて入れ替えなければ、キャリアはすぐに傷んでしまいます」[31]

サイバー主導の世界経済で猛烈なスピードで起こる変化に対応しきれず、過去のルールに従う組織や国家は脱落しつつある。組織による学習の新たなルール――ただ他者を責めることをやめ、事後的解決を避け、影響力の高い領域に注力し、体系的に考えること――は一過性の流行ではなく、厳然たる事実なのだ。[32]

『エコノミスト』誌編集部のデスクで、フランシス・ケアンクロスは世界の縮小、あるいは彼女が「距離の死」と呼ぶ現象を目の当たりにしてきた。「大多数の人々にとって情報が自由に行き来する世界では、情報を制限することによる報いは貧困化と疎外化です」。コンピュータが少なく、サイバースペースへのアクセスが困難な場所でさえ、殻に閉じこもったリーダーシップは崩壊しつつある。[33]

越境的学習者が必要とされるのは、かつての地域限定、国家限定の「知ったかぶり」が現代世界には対応できないからだ。軍将校であれ企業重役であれ、教師であれ農民であれ、教授であれ学生であれ、連帯した世界の中を進んでいくために必要な心のパスポートを手に入れる方法は、越境的学習だけなのだ。

3 連帯する力

Openning Our Hearts

我々は技術的には距離を縮めたが
文化的・政治的にはこれ以上ないほど遠く離れてしまった
インターネットや光ファイバー、衛星技術が集結すると
本当に、ハイテクなバベルの塔のようなものになるのかもしれない
まるで神が突如としてありとあらゆる
コミュニケーションツールを我々に与えたが
それを理解するためのツールは何一つとして与えてくれなかったかのようだ

トーマス・フリードマン
Thomas Friedman
ジャーナリスト

我々の知性を向上させる唯一の感情は、愛である

フンベルト・マトゥラナ
Humberto Maturana
生物学者

人質解放の交渉に臨んだピッコ大使

目隠しをされ、武装した拉致犯二人にがっちりと両腕をつかまれた国連外交官ジャンドメニコ・ピッコは、犯人グループのリーダーが彼を尋問しようと待つ部屋へ連れていかれた。

ピッコが一九九一年、ベイルートにあるテロリストの潜伏場所へやってくるはめになったのは、国連事務総長から人質解放の交渉を要請されたからだ。しかし、国連外交官という公式な肩書は彼の恐怖心を和らげてはくれなかった。真夜中にイスラム過激派の犯人グループが迎えにくることに事前に合意してはいたものの、この交渉そのものがとんでもない大間違いだったような気になっていた。

ようやく目隠しを外されると、ピッコはがっしりとした体格でスキーマスクをかぶった、三十代後半とおぼしき黒髪のアラブ人男性と対面していた。スキーマスクに細く開いた切れ目の奥に見えたのは、拉致犯の疑わしげな黒い瞳だけだった。

しばらく沈黙が続いた後、ジャンドメニコ・ピッコは口を開いた。「あなたは私のことを多少なりとも知っているかもしれないが、私はあなたのことを何も知らない」

「何が知りたい？」マスク姿のリーダーが尋ねる。

ピッコは再び口を開く前に、しばしためらった。自分の選ぶ言葉が人質の運命を――そしておそらくは彼自身の運命をも――左右することはわかっていた。

ちょっと想像してみていただきたい。あなたがこのイタリア人国連外交官で、「過激派」が拉致した人質を救出するために中東の国へ国連から派遣されたとしたら。迎えにきた車には、機関銃で武装した四人の男たちが乗っていた。目隠しをされ、どこだかわからない場所へ連れていかれる。あなたは一人ぼっちで、まったくの無防備だ。あなたが連れていかれた場所がどこなのか、国連の同僚たちは誰も知らない。目隠しが外されると、機関銃で武装した覆面姿の男たちに取り囲まれている。身を守る術を一切持たず、あなたは夜明けまで生きていられるだろうかとさえ思う。愛する者たちの顔が頭をよぎり、もう二度と会えないかもしれないという恐怖に襲われる。

ピッコが直面していた難題は、単なる「コミュニケーション」の問題ではなかった。そうであれば、この章のタイトルは「コミュニケーション」だったはずだ。コミュニケーションを取る――「口語、文語、または共通の仕草や行動による個人間の情報交換」を行う――だけならば比較的易しい。ピッコに、そしてすべてのグローバル・シティズンに突きつけられた究極の課題は、ただコミュニケーションを取るだけではなく、連帯することだ。そして連帯するにあたっての難関は、複数の個人またはグループがより効果的に協働できるよう、間に横たわる溝に信頼という橋を架けることにある。

幸いなことに、私たちが負うリスクはこの国連職員の場合ほど高くはない。しかしピッコが置かれたのがまさに究極の状況だったからこそ、境界線を越えて連帯することの難しさが明確になるのだ。そこで、私たちがもし同じ状況に置かれたならどうするか、ちょっと考えてみよう。

スキーマスクの男は、自分について何が知りたいのかと質問を許してくれた。それに対してどう応えればいい？　彼の怒りや疑念にどう対処すればいいのか？　自分自身の恐怖や疑念にはどう対処すればいい？　口から出る言葉一つに自分や他の人間の生命がかかっているような状況で、いったいどう対応すればいいのだろう？

本能的に、ピッコは共通点を探すところから始めた。

「子どもはいるのか？」と聞いてみる。

「ああ」男が答えた。

「私にもいる」。ピッコは言った。「では、あなたがこういうことをしているのは、子どもたちによりよい世界を残したいからなのか？」

「当然だ」

「なるほど。私もそうなんだ。ということは、私たちはどちらも父親で、子どもたちによりよい世界を残したいと思っているということになる」

スキーマスクの男が静かに動いた。ピッコのほうへ身を乗り出し、まっすぐ彼の顔を見つめたのだ。

「あんたはいったいどこから来たんだ？」強い好奇心を示し、男は聞いた。

何年も後、この生死を分ける会話を思い起こしながら、最初のやりとりで「スキーマスクの男は意表を突かれた」のだとピッコは語った。彼は適切な言葉を適切なタイミングで選び取り、相手との関係を築いた。一言でいえば、**二人は連帯したのだった。**

境界線は「隔てるもの」ではなく「つなぐもの」

絶妙な話術で、ピッコは拉致犯と共有できる関係を構築していった。根深い相違点や相反する政治的見解をすべて乗り越え、ピッコと拉致犯とは少なくとも一つの点において共通のアイデンティティを見出した。二人とも、子ども思いの父親だったのだ。「テロリスト」と「外交官」という、表面的なアイデンティティによって築かれた壁の内側に閉じこもっているほうが簡単だったはずだが、二人はその狭く孤立した小部屋から出てきて、共通点を見出した。恐怖に駆られて行動するのではなく、好奇心から連帯を築いたのだ。後に人質の解放へとつながったこのときの会話は、どちらにとっても勇気のいる行動だった。

「どうしてそこから会話を始めたんですか？」インタビューの際、私はピッコに尋ねた。

「私たちはみな、複数のアイデンティティを持っています」。彼は説明した。「誰しも、一つ以上の何かなのです。それが自分に当てはまることはわかっていたし、あのスキーマスクの男にも当てはまるはずだと思いました。二人に共通するアイデンティティを見つければ、そこに橋を架けられると考えたのです」

「橋を架けるということについてもう少し詳しく教えてください。具体的にはどういうことでしょう？」

「彼らの潜伏場所に連れていかれたとき、自分が宇宙人のように思われていることがはっきりとわかりました。まずは、その概念を克服しなければならなかった。でなければそこから先へは進めないからです。私たちがどちらも子どもを大事に思う父親だと発見したのが第一歩でした。それが二人の間の空気を変えてくれた。交渉成功への扉を開いたのは、あの最初のわずかなやりとりだったと信じています」

ピッコはあの運命の夜以来、いかにして境界線を越えて連帯するかを熱心に学ぶようになった。

「私たちのグローバル・マインドは、複数のアイデンティティの認識に根差しています。国家は単一のアイデンティティという幻想を投影する。しかしそれは真実ではありません。『フランス人』であることや『南アフリカ人』であることは、一枚岩の均質なアイデンティティではないのです。単一のアイデンティティというこの幻想が対立の根幹にある、と私は考えています。その枠組みから抜け出さなければいけません。私が今生きているのも、あの夜、国家という枠組みから抜け出したからなのです」

「では、あなたは『イタリア人』と呼ばれることに抵抗がある?」と聞いてみる。

「形容詞をいくつか並べられるのだって我慢できませんよ」。ピッコは答えた。「私たちはあまりに複雑で、一つの言葉だけで何者かを説明するなど不十分だし、思い上がった方法です。『イタリア人』という言葉では私が何者なのかをとらえることなど到底できません。世界には五〇〇〇万のイタリア人がいるんですよ。だがそれぞれまったく異なっている」

「では他にどういう形容詞なら使いますか?」

「うーむ……」彼はつぶやき、しばらく黙りこんだ。「どう説明したものでしょうか」。言葉が見つからないので、彼は代わりにこんな話をしてくれた。

「あれは一九七五年のことでした。私は当時すでに分断されていたキプロスにいました。ある初対面のトルコ系の役人と話していたのです。彼はいかめしい軍人で、私はまだ若く、自信もなかった。どうやったら相手と関係を構築できるか、わからずにいました。

『どちらからいらっしゃいました？』とトルコ人の役人が聞きました。

『イタリアです』。私は答えました。

『ははあ』。役人は言って、満面の笑みを浮かべたのです。『すると私たちは同じ地中海人ですね』」

ピッコは言葉を切り、私を見つめた。再び語りだす前に、最後に口にした言葉をしばらく宙に漂わせる。

「私が今実際に生きているのは、複数のアイデンティティが存在する現実を受け入れたからです」。再び口を開いたピッコの声には、感情がこもっていた。「もし、誰もがみなまったく同じ人間であるかのようなふりをしなければならない外国人嫌いの文化に生活していたら、この現実に気づくことは難しいでしょう。グローバル・シティズンであるためには、単一のアイデンティティという束縛から抜け出さなければいけません」

「もし自分を解き放つことができなかったら？」

「そうしたら、敵を作ることになります」

「敵を作る？」私は彼から話を引きだすためにわざと言った。「敵はすでに現実にいるのでは？」

「一部の西側の首脳たちが、中東との関係を冷戦と同じ枠組みに当てはめたのは大きな間違いでした。その枠組みは根本的に間違っているのです。『西側』と『イスラム世界』という枠組みが誤っている。その枠組みだと、すべてのイスラム教徒が一つのグループに属しており、西洋人はみなもう一つのグループに属していることになってしまいます。ですが、それほど現実とかけ離れたことはありません。境界線は、イスラム教徒と西側諸国との間にあるのではない。過激派とその他全員との間にあるのです。この問題を間違った枠組みにはめこんだことで、多くの人々が意に反してビン・ラディン陣営へと押しやられてしまいました」

世論調査によると、アメリカの近年の外交政策に見られる傲慢な語調と無知な態度が、「西側」と「イスラム世界」という間違った枠組みの形成と、アメリカに対する不信感という望ましくない影響をもたらした。ピッコいわく、その結果アメリカと中東との間に「峡谷」が生じ、それは冷戦時代の東西諸国の間に存在したものとよく似ているという。

最近、私は環境雑誌『リサージェンス』の有名な編集長、インド生まれのサティシュ・クマールと会議で同席した。その際、誰かが「インドとパキスタンとを分ける境界線」と発言したのを彼は聞き逃さなかった。

「ああ、ちょっと、きみ」クマールは口を挟んだ。「そのような境界線、私は知りませんね。私が知っているのは、インドとパキスタンとをつなぐ境界線だけですよ」

実のところ、私たちを隔てるすべての境界線――地理的、経済的、言語的、宗教的、文化的境界線――は、私たちをつなぐ境界線にもなりうるのだ。だがそのためには、まず視点を変える必要がある。

幸いにも、私たち一人ひとりの内にあるシティズン5・0は、違いに対処する方法があることを本能的に知っている。その能力を利用して事業を新たな市場へと拡大するにせよ、戦火に引き裂かれた国に和平をもたらすにせよ、違いに対処する能力は人的資源の中でももっとも貴重なものだ。グローバル・シティズンとして、黄金や石油を掘るのと同様の情熱でこの資源を発掘するときが来たのだ。

これから、連帯を可能にするさまざまな能力を詳しく見ていこう。そこには以下のような能力が含まれる。①可能性を広げる質問を投げかける。②自分や他人を人間として形作っている複数のアイデンティティを直視する。③好ましいものでなくとも、他者の言葉に真摯に耳を傾ける。④相手を判断するのではなく、共通点を見出すためにコミュニケーション・ツールを活用する。⑤敵対する相手と対面し、意見を聞く自制心を持つ。そして、⑥不当な行為に対しては復讐ではなく和解を模索する。このような連帯するための方法を一つずつ検討していこう。

世界を分かつことを拒否するパレスチナ人教師

（イスラエル、エルサレム。ヘブライ大学。およびパレスチナ難民キャンプ。二〇〇二年）

ナデーラは、イスラエルの大学で正教授を務めるパレスチナ人女性という、実にまれな人材だ。イスラエルで格式のある大学の教職員クラブで話していると、パレスチナの難民キャンプへのフィールド調査に同行しないかと提案してくれた。長年の間に彼女は、貧しく、権利を奪われ、教育水準も低く、多くの場合怒れる少数派のパレスチナ人コミュニティと、裕福で権力を持ち、教育水準の高いイスラエル人ユダヤ教徒のコミュニティとの間を行き来する方法を学ばざるを得なかった。

十分もかからずに難民キャンプに到着し、ナデーラはイスラエル警察によって自分の子を投獄されたパレスチナ人の母親たちに聞き取り調査を行っていた。母親たちが占領軍とみなす組織に子どもたちが打ちのめされ、拷問されたという話を聞きながら、ナデーラの顔には同情の念だけでなく、彼女自身の深い痛みが表れていた。

ナデーラは母親たちといつも保育所でテーブルを囲んでいる。母親たちが兵士に向かって子どもたちに対する扱いを糾弾すると、兵士たちは法律の壁に隠れてしまう。まともな兵士もいるが、残忍な者もいる。一人の母親はこう言った。「残忍な兵士が言うんです。子どもたちは私たちのものではないって。『おまえたちの仕事はやつらを育てることだ』と、こう言うんですよ。『そして俺たちの仕事はやつらを殺すことだ』って」

ナデーラの同情の念は、どちら側からも疑いの目で見られる。一方ではパレスチナ人の友人たちからユダヤ人と仲よくしすぎだと非難される（「あんたの『親戚』が今日戦車でどこへ行ったか見てみなさいよ！」少し前、イスラエル軍がまたしても占領地の町へ侵攻したときに彼女に投げかけられた言葉だ）。また一方で、大学のユダヤ人同僚の中には彼女が実施している調査の「政治的」性質に警戒心を覚え、調査結果を発表したら長期在職権が得られないかもしれないぞと（大抵の場合は声をひそめて）警告する者もいる。

ナデーラは、両側に存在する安易な憎しみに屈することを拒否している。自分の世界を真っ二つに断ち切ることを拒否しているのだ。そうする代わりに、彼女は何度となく脅迫を受け、暴力さえ受けた後でも、すべての国民を平等に扱うイスラエルというビジョンに忠実であり続けている。

連帯なきコミュニケーション

隣人と連帯せず、固定観念に基づいて行動すると、なくてもいい壁を築くことになる。融通の利かない均質な「私たち」を作り出し、それにより同様に融通の利かない、均質な「彼ら」が生みだされる。どちらも、本当は幻想に過ぎない――そしてその幻想の代償は多くの場合、致命的に高くつく。シティズン1・0や2・0へと逆行してしまうのだ。

二〇〇八年半ば、大西洋上空を飛行中の大統領専用機エアフォース・ワン機内で、ある記者が当時の大統領ジョージ・W・ブッシュに質問した。「ご自身の政権が行った中東における軍事活動に関して、後悔していることはありますか」。返ってきた答えは、「今になって考えると、もう少し違う言い方、違う言葉遣いもできたかと思う」だった。

大統領が言ったのは、アルカイダに対する「かかってこい」というマッチョな挑発と、オサマ・

ビン・ラディンを「生死を問わず捕らえる」という西部劇まがいな誓約のことだった。そうした言葉を後悔している理由を、ブッシュはこう説明している。「人々に私が、ほら、平和論者ではないと思われてしまったわけだからね」[01]

連帯なきコミュニケーションはうまくいかないのだとブッシュ大統領が学習するまでに、イラクでは悲惨な戦争が五年も続く結果となった。「他者」の複雑さを理解できずにいると、真のフルカラーな真の世界がモノクロの、「味方か敵か」というシナリオに基づく政治のファンタジーへと変わってしまうのだ。

オランダの下院議員ヘルト・ウィルダースが『フィトナ』という短編映画を制作すると決めたとき、彼はその目的を、ヨーロッパにおいて増加しつつあるイスラム教徒の存在がもたらす問題について注意を喚起するためだと述べた。その映画がイスラム教信奉者の間で激しい怒りを呼び、死の脅迫までも受けるに至って、ウィルダースは自分の意図が誤解されていると主張して観客を責めた。しかし（世界中の何百万人もの人々もそうしたように）『フィトナ』を注意深く観ると、そこには連帯を欠くコミュニケーション手段が用いられているのがわかる。『フィトナ』は共通点を見出すのではなく、それを排除しているのだ。[02]

巧妙に作られたこの扇動的なドキュメンタリーで、ウィルダースはコーランの好戦的な節を複数紹介している。その映像の中では、複数のアラブ風の大人たちが、なんとも偏執的で悪意のある、そして多くの場合反ユダヤ的な発言をしている（大人だけではない、幼いアラブ人の子どもまでが、コーランによればすべてのユダヤ人は「サルやブタである」と教えられているシーンもある）。その結果『フィトナ』は、非イスラム教徒に対する暴力を提唱し、アラーの名の下にどのような凶悪行為でも正当化するごく一部のイスラム教徒コミュニティの思想を目立たせるような、短いながらもインパクトのある映像に仕上がっている。これを観れば、感情的反応がいかに効果的に引き起こされるかがわかる。その反応は連帯でもなければ、愛でもない。そこにあるのは断絶、または憎しみだ。

当然、敬虔なイスラム教徒は『フィトナ』に衝撃を受け、憤りを覚えた。世界中のアラブ系マスコミはこの映画を糾弾した。一部のイスラム教指導者は、『悪魔の詩』の作者サルマン・ラシュディにしたように、ウィルダースを暗殺すべきだと訴えた。ウェブ上では、映画が主張する内容に反論すべく、何十もの対抗映像が掲載された。[03]

「私はすべてのイスラム教徒が間違っているとか、テロリストであるとか、犯罪者であるとか言っているわけではない」。人種差別主義者とのそしりを免れようと、ウィルダースは珍しくマスコミのインタビューに応えて言った。自分に非はないと主張する彼は、自分がすべてのイスラム教徒を憎んでいるわけではなく、ただ単にイスラム教が——ウィルダースの言葉をそのまま引用すれば——「知恵遅れ」で「危険」なものだと指摘したかっただけだとインタビュアーに説明した。『フィトナ』の目的は、オランダの同胞たちに「イスラム教とコーランは、オランダの自由を守る上で危険な存在だ」と警告したかったのだ、と。

ウィルダースのコミュニケーションの方法がきわめて破壊的なのは、その目的が連帯することではなく、決めつけることにあるからだ。コーランの中のごく限られた攻撃的な「一部分」をねじまげ、憎しみに燃えて悪意に満ちたイスラム教徒の発言と組みあわせることによって、ウィルダースはイスラム教に対する視聴者の偏見を増長させている。私たちの内にあるシティズン2・0の心理を利用し、もっとも狭小で、もっとも憎しみに満ちたアイデンティティへ逆行させようとしているのだ。

ウィルダースがこの映画をロンドンで上映するようイギリス独立党から招待を受けたとき、イギリス政府は彼をヒースロー空港で拘束し、公共の安全を脅かすという理由で次のオランダ行きの便に乗ることを強制した。ウィルダースはゴードン・ブラウン首相を「ヨーロッパ一の腰抜け」と呼び、対立には侮辱で応じるという彼流のやり方が証明された。イギリス政府は入国を拒否してウィルダースを「言論の自由の殉教者」にするのではなく、自分で自分を笑いものにする権利を保護してやったほうが賢明だったのかもしれない。[04]

「アブラハムの宗教」〔聖典を同じくするイスラム教、キリスト教、ユダヤ教の三宗教〕の思慮深い研究者であれば知っていることだが、攻撃的で人種差別的なフレーズはコーランだけでなく、聖書やユダヤ教の聖典タルムードにも見つけることができる。ドキュメンタリー映像の制作者であれば、ユダヤ教やキリスト教の過激派がイスラム教徒に対する恐怖と憎しみを吐露する怒りの映像をつなぎあわせることなど、容易にできるだろう。実際、このようなイデオロギー的な中傷はほぼすべての信仰において伝統的に存在するし、インターネットを探せばおそろしいほど簡単に見つけられる。

宗教的狂信に関して宗教横断的な映像を制作する代わりに、ウィルダースはイスラム教のみがこの病に侵されていると示唆する作品を作った。「他人」を憎むという万人に共通する傾向をイスラム教徒のみの問題であるかのように描き出し、暴力的で過激なイスラム教のみが文明を脅かすという迷信を煽ったのだ。実際には、見せかけの宗教心にとらわれた暴力的な過激思想は、どの信仰にも存在し、同様に危険なのだ。

単刀直入に言えば、**ウィルダースは言葉と映像を使って壁を築いた。一方でグローバル・シティズンは、同じ方法で橋を架けるのだ。**私たち人類は、平和と理解のためにコミュニケーションをとる方法を知っているはずだ。能力はある。問題は、なぜそれをもっと、そしてうまく使わないのか、ということだ。

オバマが用いた「つながるための言葉」

バラク・オバマ大統領のどこまでも称賛に値する点は、二〇〇九年六月四日にカイロで行ったあの歴史的なスピーチで、イスラム世界とアメリカとの間に橋を架けようと試みたところだ。イスラム教徒の最悪な部分を抜き出して邪悪だと糾弾し、一方でユダヤ教徒やキリスト教徒は潔白だと示唆するのではなく、彼はアブラハムの宗教を信じるすべての人々に対し、それぞれが受け継ぐ伝統の最高の部分を活用しようと呼びかけた。

「私たちには、私たちが望む世界を創りだす力があります」。世界中の何百万人もの聴衆に向けて、彼はこう語った。「ですがそのためには、新たな始まりをしるす勇気を私たちが持たなければいけないのです……」

そして、アメリカの大統領としては前例のないことだが、彼は西洋の三大宗教それぞれの聖典から敬意をこめて引用した。

「コーランにはこうあります。『**人間よ！　我らは汝らを男と女とに分け、国や部族に分けた。汝らが互いを知ることができるようにである**』

タルムード〔モーセが伝えたもう一つの律法とされる「口伝律法」を収めた文書群〕にはこうあります。『**トーラー（律法）のすべては、平和を築くことを目的としている**』

聖書にはこうあります。『**平和を作る者は幸いです。その人は神の子と呼ばれるからです**』」

エジプト人聴衆の拍手喝采がやむのを待ち、大統領は最後にこう締めくくった。「世界中の人々は、ともに平和に暮らすことができます。それが神の思い描かれた世界だということを、私たちはわかっています。それは、この地上にいる私たちの務めなのです」

ユダヤ人はパレスチナ人に共感するよう、そしてイスラム教徒はイスラエル人に共感するよう提案することで、オバマは両側に対する彼自身の心配りを見せた。「新たな始まり」をともに作ろうと呼びかけたのだ。彼は持てる能力を最大限に使って、連帯するための言語を駆使したのだった。[05]

彼は外科医か殺人者か？

（インド、ニューデリー。一九六九年十二月）

事故による頭部への打撃で一部記憶を失ってしまった私が最初に気づいたのは、自分がテーブルに横たわり、白髪交じりのあごひげに白いターバンの男を見上げていることだった。男は、小さく鋭利な刃物をまっすぐ私の頭に向けていた。

ぎょっとして、私は男の腕をつかみ、あなたは何者だと尋ねた。外科医だという答えが返ってきたものの、にわかには信じられなかった。部屋の様子が病院らしくなかったのだ。「医師」を名乗る男は手術衣を着ていなかった。床は汚れていたし、医療機器など皆無に等しかった。第一、泥だらけの長いオーバーコートにロングライフルという格好で戸口に立っていたもう一人の男は、警備員というよりは山賊にしか見えなかった。

「手術をさせていただかないと――それも今すぐに」。刃物を持った男が言った。「血液による皮下の圧迫を取り除かなければ、脳出血を起こす恐れがあります。今すぐにやらなければ、死んでしまうかもしれませんよ」

意識をしっかり保っていなければいけないまさにそのとき、私はショック状態だった。明瞭な思考が求められているときに、頭は混乱していた。生死を分ける判断をしなければならない瞬間に、疑心暗鬼になっていたのだ。

頭部への外傷により、私の脳は被害妄想に陥っていた。私の車に衝突した車の運転手が私をここに連れてきたに違いない。あの運転手は自分に非があるから、私が彼を告発したり不利な証言をしたりしないよう、この連中に私を殺すよう依頼したのだ、と。

幸いにも、しばらく会話を続けて外科医の暖かいまなざしにじっと触れることができ、私は手術に同意した。あそこで自分の被害妄想にとりつかれたままだったら、今生きてはいないだろう。

被害妄想が命を左右する

恐怖を感じるのは、人間として当然のことだ。恐怖は、私たちを危険から守ってくれる感情だ。しかし被害妄想は違う。それは私たちを守るよりもむしろ孤立させ、最終的には私たちの身を危険にさらす。グローバル・シティズンは、電波やインターネットが被害妄想によって疑心暗鬼や憎しみで満たされることを警戒しなければならない。

以下にあげる例は欧米で出回っている映像の話だが、世界中の実質的にすべての文化が、同様の状況に苦戦している。グローバル化するこの世界にあって、私たち一人ひとりが心を開くのか閉ざすのかを選択しなければならないのだ。

二〇〇八年のアメリカ大統領選挙の最中、私の郵便受けに小包が入っていた。黒い大きな文字で『Obsession（執念）』と書かれていたが、一文字目の「O」がイスラム教のシンボルである三日月と星になっており、最後の「N」の一部が自動小銃の形になっていた。中から出てきたDVDの表面には、頭に布を巻いたアラブ風の男と、その後ろに続く武装した男たちの姿があった。それはクラリオン基金という、水面下で活動する組織からの「贈り物」だった。指導者や出資者を慎重に偽装してはいたが、DVDのキャッチフレーズは組織の目的をはっきりと記していた——「教育を通じた国家安全保障」と。[06]

DVDをパソコンに挿入して再生すると、画面にタイトル全文が表れた。「執念——イスラム過激派による、西洋に対する戦争」。画面上を流れていく文字が、これは「イスラム過激派の恐怖」についての映像だと説明する。宣伝文句によれば、このDVDはアメリカの二八〇〇万の家庭に送られており、そこに満ちあふれる言葉や映像はすべてたった一つのメッセージを発信していた。イスラムとはすなわちテロリズムだ、と。[07]

私がこの件に関する情報をわざわざ提供しているのは、グローバル・シティズンとしてこうした狡猾なコミュニケーション戦略があることを認識し、どのように対抗すればよいかを学ぶ必要があるからだ。**高潔なグローバル・シティズンが愛を説くだけでは不十分だ。憎しみについても学ばなければならない。**他人の、そして自分にも内在するこの人間の感情に正面から向きあわなければならない。世界の光を真に享受するためには、その闇にも直面するべきなのだ。

世界のメディアは教育するよりもむしろ歪め、連帯させるよりもむしろ断絶させ、人々の心を開くよりもむしろ閉ざすコミュニケーションで満ちている。『フィトナ』や『執念』のように、他者の人間性を奪う映像で頭をいっぱいにすることもできる。あるいは、「私たち」と「彼ら」が、たとえ寸断されることが多くとも一つの家族には違いないのだと、言葉や模範をもって教えてくれる人々に耳を傾けることもできるのだ。

南北戦争以来のつながり

（アメリカ、フィラデルフィア。国立憲法センター。二〇〇八年三月十八日）

「我らアメリカ合衆国の人民は、完全な連邦を形成するため……」バラク・オバマ上院議員は演台から語りかけた。アメリカにおける人種関係というきわめてデリケートな問題についてスピーチを行うにあたって、彼は「建国の父たち」が国家の誕生を宣言したこの場所を選んだ。アメリカ合衆国初のアフリカ系大統領を目指す彼は、選挙戦を失敗させるかもしれないこのテーマについて、今こそ語るべきだと判断したのだった。

オバマ陣営の選挙運動員たちの間では、今回のテレビ演説を行うべきかどうかで意見が分かれていた。人種問題に注意を引きつけすぎると考える者もいた。また、勝ち取る票よりも失う票のほうが多くなると懸念する者もいた。しかし主なアドバイザーたちは、自分の考えを述べるときが来たという上院議員の意見に同意した。

このスピーチの影響力を把握しようと、言語学者や政治学者らがすぐさま分析を開始した。

合衆国憲法に始まり、年老いた黒人男性が若い白人女性に感銘をうける話で締めくくられたオバマのスピーチは、アメリカ国民を結束させる連帯を喚起する内容だった。「私にはありとあらゆる人種と肌色の兄弟姉妹、おい、めい、おじ、いとこがいて、三つの大陸に散らばって生活しています」と彼は言った。多様な遺伝子を持つことに対する彼の誇りがその表情から伝わり、聴衆にも彼らの複雑な系図について考えさせた。

オバマは、なぜ白人に対して苦々しい思いを持つ黒人がいるのか、正当な理由を説明した。しかし、同じような思いやりをこめて、マイノリティに対する白人の感情も代弁した。スピーチが行われた後、アメリカに一つの奇跡が——束の間ではあったが、本物の奇跡が——起こった。大統領選挙中で党派色が非常に強い時期だったにもかかわらず、オバマ上院議員は南北戦争以来ずっとこの国を悩ませ続けてきたテーマを選んで、アメリカ国民との連帯を築いた。右翼のテレビコメンテーターから左翼の活動家まで、異なる政治的信念を持つ異なる人種の人々が、選挙戦の転換点としてオバマのスピーチを歓迎したのだった。[08]

なぜ、オバマ大統領はアメリカをつなぐことができたのか

グローバル・シティズンとなるためには、私たちから支援を得ようとする候補者の演説から、行間を読めるようにならなければならない。あるスピーチが、自国民のみならず世界中から

「すばらしい」「歴史的だ」と称賛されるとき、その理由を検討する価値はあるだろう。現代の選挙が持つ対立と二極化という空気を断ち切り、政治的領域を越えてこれほど多様な支持者の心をつかんだのは、この指導者の話し方のなんだったのだろう？　連帯を可能にしたのはなんなのだろう？

私は、演説者が自分自身の心の奥底を探り、人としての経験の普遍的なルーツに触れたという点が共通していると思う。**彼らは私たちを分かつものではなく、団結させるものに訴えかける。表面の断絶の下に隠れた、深い連帯感を呼び起こす。彼らは対立的する「党派的」な断絶を忌避し、深くルーツへと手を伸ばすのだ。**

マハトマ・ガンジーがイギリス人の正義感に訴え、ネルソン・マンデラが南アフリカ白人の公平感に訴えたように、バラク・オバマもアメリカ人の平等感に訴えた。連帯を促した過去の偉人たちと同様、オバマは、全アメリカ国民が共有していると彼が明言する、普遍的かつ本質的な価値観から話し始めた。スピーチのタイトルを「より完全な連邦」とし、それをともに築いていってほしいと聴衆に訴えかけたのだった。

オバマは、開かれた心を示しながら民衆に向かって語りかけた。人種差別や警察による蛮行、リンチ、人権の拒否といった苦難を経験してきた怒れる黒人に目を向け、彼はこう語った。「怒りは常に生産的であるとはいえません……しかし怒りは本物です。とても強力です。単純に怒りがなくなればいいと願い、その根源を理解せずに糾弾したとしても、人種間に存在する誤解という深い亀裂を広げるだけです」。変化に取り残されたように感じ、将来への不安を覚え、少数派に対する優遇に釈然とせず憤慨している白人に目を向け、オバマは同じように情感をこめて語りかけた。「あなたがた白人の経験は、移民の経験に基づいています。覚えている限り、誰からも何ももらった記憶はない……だから町の向こう側にある学校まで子どもを通わせなければならないと言われたとき、黒人がいい仕事やいい学校への進学で優遇されていると聞いたとき……地元で起こる犯罪に感じる恐怖が偏見だと言われたとき、恨みはその都度少しずつ積み重なっていきます」

両方の人種に共感を示したオバマは、黒人と白人（そしてラテン系とアジア系）両方に対し、過去を乗り越え、「この国の真の英知」を礎とするべきだと呼びかけた。翌日、記者にどういう意味で「愛国心」という言葉を使ったのかと問われたとき、彼は国旗のことや敵と戦うこと、保守的であるより進歩的であることなどには触れなかった。彼はその定義を、「お互いを思いやること」という説明から始めたのだ。そして思いやりについて語ることで、オバマは黒人と白人、右と左、老いと若きの両方と連帯したのだった。

「フセイン」の名をもつ政治家

（アメリカ、シカゴ。レストラン。二〇〇一年九月下旬）

「政治の流れが変わったことにはお気づきですね？」熟練のメディアコンサルタントが若い政治家に問いかける。政治家の前途有望と思われたキャリアは今、危機に瀕《ひん》していた。

「どういう意味です?」政治家は聞き返したが、答えはもうわかっていた。九・一一直後の記事で埋めつくされた『シカゴ・トリビューン』紙の一面には、オサマ・ビン・ラディンの最新のものと思われる写真が掲載されていた。

「本当に不運だ」。メディアコンサルタントが言う。「名前を変えるわけにはいかないし……まだ駆け出しだったら、ほら、ニックネームか何かを使うこともできたでしょうが。しかし今となっては……」

ランチタイムの締めくくりとしては気分が滅入る話だった。そのメディアコンサルタントは確信していた。「フセイン」というミドルネームなど持っていては、バラク・オバマの政治生命は絶たれたも同然だと。[09]

だれでも複数のアイデンティティをもっている

私たちのアイデンティティは例外なく、境界線を越えるものだ。私たちの一人ひとりが、さまざまな要素から成る織物なのだ。誰しも、多くのアイデンティティ、帰属意識、そして自己が混ざりあう複雑な血筋の混合物ではないだろうか? 私たちはみな、なんらかの方法によって継ぎあわされているのではないだろうか? どのような外的境界線を越えるにせよ、まずはそうした内面的な境界線を越えることを学ばなくてはならない。内在する複数の自分と連帯できる範囲でしか、他者と連帯することもできないのだ。

グローバル・シティズンは、自分や他者の複雑さを受け入れることができる。何百万、ときには何億もの人々を単純な型にはめてしまうような、古臭く陳腐な観点では物事を考えない。抽象的なイメージから個性を持つ人間性への転換こそ、連帯への、そしてグローバル・シティズンシップそのものへの鍵なのだ。

たとえば、「アラブ人男性」という言葉を目にしたときに頭に浮かぶのはどのようなイメージだろうか。自分がアラブ国の出身であるか、友人にアラブ人男性が多くいるのでない限り、そのイメージは抽象的か、あるいはいくつものイメージを継ぎあわせたものに過ぎない。そのイメージは単なるカテゴリーであり、一人の人物ではない。その人物が何者なのかまではわからないのだ。彼を知るためには、固定観念を乗り越え、三次元的な、生身の世界に足を踏み入れなければならない。

この点を明確にするため、一人の具体的な「アラブ人男性」をご紹介しよう。彼の名はアミン・マールーフ。初対面の直後から、彼にはたくさんの「ハイフン」が必要になる。マールーフは「レバノン出身のアラブ人」だ。彼は中東の交差点として栄えた誇り高き、だが苦悩に満ちた過去を持つ国の出身なのだ。

親しくなれば、彼が「キリスト教徒－レバノン出身－アラブ人」だということがわかる。彼の家族は南レバノンの山岳地出身だが、その地域には二世紀ないし三世紀頃から、キリスト教徒のアラブ人が住んでいた。なので「アラブ人男性」＝イスラム教徒という固定観念を持つ人は、それを見直したほうがいい。世界中には、何千万人というアラブ系キリスト教徒が暮らしている。

フランスの学校でイエズス会の神父による教育を受けたレバノン出身キリスト教徒のマールーフは、フランスの市民として長年フランスに暮らしてきた。つまり彼は「フランス在住-キリスト教徒-レバノン出身-アラブ人」ということになる。彼は、人類の混合をもたらした多くの大規模人口移動の一つである離散《ディアスポラ》レバノン人の一部なのだ。[10]

これだけの形容詞では私たちの思考を柔軟にするに足りないと言うのであれば、マールーフの家族にはプロテスタントの者もおり、祖母はトルコ人、それに宗教には一切かかわりたがらなかった詩人の祖父もいたということもお教えしよう。そうして「アラブ人男性」という固定観念の裏には、私たちと同じように複雑で多面的な、実在する生身の人間が隠れていたことがわかる。

「私のアイデンティティを形作り、人生の大まかな輪郭を決定づけた複雑な要素をすべて共有している人は、いったいどれだけいるだろうか？」『アイデンティティという名の殺人者』〔Les Identites Meurtrieres〕というタイトルの優れたエッセイで、マールーフは書いている。「これ以上書き連ねる必要はないだろう。ただ、『非常に少ない』とだけ言っておく。ひょっとすると、一人もいないかもしれない。そしてそれこそ、私が強調したいことだ。自分が所属するカテゴリーの一つひとつを別々にとらえることで、私は同胞である大勢の人々と一定の絆を保っている。しかしこれらすべての忠誠心を一つに合わせることで、私は他の誰とも異なる、自分自身のアイデンティティを持っているのだ」[11]

平たく言えば、マールーフは他に例のない人物だ。それはあなたも私も同じだ。つまり、人を

「キリスト教欧米人」だの「イスラム教アラブ人」だのといった大雑把なカテゴリーでひとくくりにするたび、私たちは固定観念的な言語を使っていることになる。グローバル・シティズンにとって、そのような固定観念は行き止まりを意味する。それは直視を妨げ、学習を阻害し、連帯を不可能にするものだ。最悪の場合、戦争と虐殺への道筋をつける手助けまでしてしまう。[12]

　敵を人間以下の固定観念に押しこめようとする傾向は、近代史に傷跡を残してきた。こうしたリーダーシップは、常に「他者」から人間性を奪ってきたもっとも悪名高い独裁者や圧制者たちの戦略を分析すればすぐにわかる。ヒットラーの右腕と言われたヘルマン・ゲーリングは、ニュルンベルク裁判でこれを認めた。指導者にとって、「人々を無理やり従わせることなど朝飯前だ」とゲーリングは語っている。政治制度の種類を問わず、「人々は常に指導者の命令に従わせることができる」と彼は信じていた。その戦略は実に単純だった。「人々にきみたちは攻撃されていると伝え、愛国心を欠いて国を危険にさらしたとして平和主義者を糾弾すればいい。どの国でも同じようにうまくいく」

「ユダヤ人はすべて犯罪者で人間以下の存在であり、第一次大戦後のドイツの衰退は彼らの責任だというプロパガンダを信じていました」。ニュルンベルク裁判でより率直な告白を行ったナチス側の被告、チェルモ強制収容所の元将校クルト・メビウスは認めた。「したがって、ユダヤ人の根絶に関与すべしという命令に背いたり逃れたりするべきといった発想は、まったく浮かびませんでした」[13]

好奇心が成功をもたらす

非人間化、被害妄想、そして残酷さという大量虐殺の三本柱は、連帯の持てる力をいっそう際立たせるだけだ。「私たち」と「彼ら」との間に何かしらの前向きで人道的な連帯を保っている限り、そして「こちら側」を天使に、「あちら側」を悪魔にという白か黒かの決めつけに「ノー」と言い続ける限り、そのような狂気の沙汰は実現不可能だ。

これはよい外交手段であるだけでなく、よいビジネス手法でもある。競争の激しい市場において、顧客を獲得できる可能性が高いのはどちらだろう——心の狭い、文化にとらわれたシティズン3・0か、より創造的で、連帯的なシティズン4・0〜5・0か？

エンジニアのクリス・ヴァン・ノートと初めて会ったとき、彼の仕事がカバーする地理的範囲の広さには感心した。彼は東西アフリカ、トルコ、台湾、ベネズエラ、セルビア、メキシコ、ドミニカ共和国、スペインといった幅広い文化圏で空港などの国際的プロジェクトに従事してきた。単一の文化圏内で働くエンジニアが知らないことで彼が学んできたのはどのようなことなのか、私が興味を覚えたのも当然だろう。

「あなたの専門分野では、どうすれば世界的に成功できるのですか？　どうしてあなたの競争相手ではなく、あなたが仕事を取れたんでしょう？」

「私が思うに」とクリスは答えた。「国際的なプロジェクトを成功に導くことができる唯一最大の要素は、異なる文化の人々とつながる能力です。これはもちろん、つながりたいという欲求にかかっています。自分と大きく異なる人々とつながりたいという欲求がなければ、真の連帯はおそらくあり得ないと思います」

「しかし、あなたと同じ職業の人たちで、つながりたいという欲求を覚える人がいるのはなぜでしょう？　そう思わない人もいるというのに」

しばし考えこんでから、クリスは再び口を開いた。「好奇心と関係があるでしょうね。たとえば、アメリカ中西部出身で外国へ行ったことがなく、海外とのビジネス経験もないエンジニアが二人いたとします。二人とも、トルコで互いに競合するビジネスを展開しようとしているとしましょう。

一人はトルコについての文献を何冊も読み、地元のニュースを研究して、その国でどんなことが起こっているかを理解しようと努めます。いくつか地元の言語のフレーズや言葉を覚え、国務省からトルコについての情報を取り寄せ、前もってできる限りのことを学べるように地元のビジネス情報通とのイスタンブールでの会合を事前に手配して、現在トルコ国内には政治的緊張があることを認識します。

もう一人は一切準備を行いません。トルコについて事前に何一つ学ぶことなく、そのまま飛行機に乗りこみます。

二人のうち、どちらのほうが成功する可能性が高いと思いますか？　第一印象がいいのは？　競争上の優位性を得たのはどちらだと思いますか？」

連帯には、必ず尊敬が伴う。世界を股にかけて活動する有能な外交官や企業幹部は、文化的差異を乗り越えて人々を尊敬する術を学んでいる。扇動的な政治家ならば恐怖と憎悪を煽り立てることで成功するかもしれないが、実業家はそうはいかない。絶対に連帯しなければならないのだ。民間企業のCEOは、自分たちと異なる人々を敵ではなく顧客にすることで成功する。だから、世界の一流企業が政府の公共部門を凌駕する手法で境界線を越え、連帯しているのも当然の話だ。企業経営者は道義だけでなく利益という動機にも突き動かされ、人との連帯という難問を解いている。世界中の顧客と連帯する彼らの手段を研究することで、いかにして境界線を越えて連帯するかについて、説得力のあるケーススタディが行えるのだ。

グローバリゼーションとローカリゼーション

世界規模の販売を実現するため、国際企業は「ローカリゼーション（現地化）」と呼ばれるプロセスを実施することが多い。今ではほとんどの人が「グローバリゼーション」という言葉を聞いたことがあるだろうが、なぜか「ローカリゼーション」のほうはなじみのある人が少ないようだ。この二つの言葉は、実は密接にかかわっている。特定のビジネス、たとえばソフトウェア業界などにおいて、ローカリゼーションが現在持つ意味は非常に限定的だ。それはプログラムを異なる言語や地域に適応させるプロセスを指す。マイクロソフト社のウインドウズのようなシステムが、ただ翻訳するだけで、大規模な変更もせずに世界中で使えるものだと思うのはありがちなミスだ。実際、ビル・ゲイツ自身もこのミスを犯したことがある。

マイクロソフトが世界の非英語圏市場で本格的に販売を始めた頃、同社はコストの高騰に悩まされていた。年間一〇〇〇件以上の「ローカリゼーションプロジェクト」を抱えていたのだ。当初、ゲイツはローカリゼーションがなぜこれほど複雑で、費用のかかるものなのか理解できなかった。自社製品を異なる文化に適応させる——すなわち、ローカリゼーション——はもっと単純な話だと思っていたのだ。グローバル・マーケティング部の部下たちに苛立ちを見せ、ただの「言語プロセス」だろう、と言った。

ところが、ゲイツは間違っていた。マイクロソフト製品を海外で売るのは、ただの言語的問題よりはるかに大きなことだった。製品のローカリゼーションにかかる予算の内訳を見てようやく、ゲイツは自分がどれほど間違っていたかに気づいた。コストの優に三分の二は、翻訳に一切関係のないリエンジニアリング、テスト、プロジェクト管理に費やされていたのだ。

この問題をゲイツに理解させて軌道修正させた幹部は、デイヴィッド・ブルックス、マイクロソフトの国際製品戦略部シニアディレクターだ。ブルックスが直面した課題は「(ソフトウェア)開発業界におけるアメリカ中心主義の心理」であり、世界的に有名な彼の上司もその心理状態にあった。

米国防総省やホワイトハウスを「アメリカ中心主義」と呼ぶのならばわかる。しかしマイクロソフトの最高幹部がソフトウェアエンジニアにその言葉を適用するとは、どういうことだろう?

ブルックスによれば、中核となるソフトウェア開発チームは主に「国際問題にほとんど興味のない」アメリカ人で占められていた。彼らは「ローカリゼーション＝翻訳作業」という、文化的に限定された甘い考えを持ち、「自分たちが製作しているアメリカ向け製品に内在する工学的限界やバイアスに気づいていなかった」

例として、ブルックスはコードページをあげた。英語では、文字やその他の記号は合計二五六個あり、それぞれの記号は一バイトを要する。一方、日本語には何千もの記号が存在し、それぞれが二バイトを必要とする。マイクロソフト製品にシングルバイトのエンコーディングを（オリジナルのアメリカ版と同様に）採用した場合、日本版は最初から作り直さなければならないのだ。

マイクロソフトをはじめ、「グローバルになる」ことを決断した企業が学んだのは、こうした問題を根本で——つまり、元々のコード自体から——排除することだった。上にあげた例の場合、マイクロソフトはコードページを最初からダブルバイトにして、ソフトウェアがどの国の言語にでも対応できるようにしたのだ。[14]

このコンピュータソフトウェア業界のケーススタディはやや専門的だが、表面の細かい情報よりさらに奥へと目を向ければ、そこにはイソップの寓話に入れてもいいくらいの教訓が隠されていることがわかるだろう。**この話の教訓は、世界的多様性の全貌と重要性を理解するなら、遅いよりも早いほうがいいということだ。**理解が遅れれば、経営者たちは間違いや果てしない修正といった、コストのかかる経営を行うことになる。理解が早ければ、経営者たちは違いを取り入れ、乗り越えて、メッセージを広く世界中に伝える戦略を策定することができるのだ。

つまり、連帯は単なる優れた外交にとどまらない。それは優れたいいビジネスでもあるのだ。連帯を学ぶことで商談をまとめ、世界売り上げを伸ばすことができる――そしてときには、命を救うこともできるのだ。

勝つためではなく、聴くために戻ってきた

（アメリカ、オーティスフィールド。シーズ・オブ・ピースのキャンプ。二〇〇二年八月）

「どうして『シーズ・オブ・ピース』（平和の種）のキャンプに参加したんですか？」エルサレム郊外の小さな入植地に暮らす、ほっそりとした肌の白いユダヤ人のアリエルに聞いてみた。

「論争に勝ちたかったからです」。彼は当時を思い起こして答えた。「初参加者は大体そうですが、僕も相手側を受け入れられなかった。相手に勝ちたかったんです」

「で、どうして翌年も参加したんですか？」

「他のみんなと同じように、耳を傾けるためです。論争に勝っても何も成し遂げられないと気づいたからです」

耳を傾けるリーダーシップ

耳を傾けることはきわめて重要なサバイバル技術であり、危険な世界においてもっとも重要な実践的自衛手段だ。にもかかわらず、現在の指導者たちの多くがその技術を使おうとしない。特に危機の際には、ただ声を張りあげ、電波に載せて遠くへ届けようとするだけだ。母国が世界の舞台で卓越した強大な国家だとすれば、批判も聞こえてくるだろう。それに耳を傾ける勇気があるだろうか——それとも、ただ耳を貸さずにいるだろうか？

自分の文化や母国に対する批判に耳を傾けることは、関係を構築する上で不可欠な要素だ。連帯において重要なのは、ただ境界線を越えて話しあう方法を知っていることだけではない。境界線を越えて耳を傾ける方法も知っていなければならない。他の重要な技術——読む、書く、話す——は学校で教えてくれる。だが聞くという行為はあまりにも過小評価されているため、それが教えられたり研究されたりすることはほとんどない。

自分をグローバル化することは、自分とは違う、自分の知らないことを知っている人々を尊重するということだ。それぞれ異なる観点を持つ他者と連帯し、彼らの意見に誠実に耳を傾けることによってのみ、私たちはグローバル・シティズンへと進化することができるのだ。

営業や経営、交渉についてのビジネス指南書には、成功の基本原料として「耳を傾ける方法を学ぶこと」があげられているが[15]、耳を傾けるという行為は、ただ耳さえついていればいい簡単なことだと思われがちだ。しかし実際には、聞くことは話すことより難しい。自身の見解を述べるだけの通常のスピーチと異なり、真に耳を傾ける行為には共感が必要となる。つまり他人の観点から見るという行為が伴うのだ。これは教育現場でも教えられているかもしれないが、額に入った卒業証書が壁に飾られているからといって、耳を傾ける方法を知っているという証拠にはならない。耳を傾けることは通常、経験を重ねて謙虚さを知る中で学んでいく。

技術によって言葉や画像を地球の反対側に住む人々に届けられる世界に住んでいるのだから、そのハードウェアをおおいに活用するためのコミュニケーション・ソフトウェアを開発するべきだろう。さもなくば、トーマス・フリードマンが言ったように、私たちは言葉を広めるすべてのツールを駆使しながらも、理解するためのツールは何一つとして使わないままになってしまう。耳を傾けること以上に、理解と信頼を確実に構築するものはない。それをしないこと以上に、信頼を損なうものはないのだ。

そうなると、「リーダーシップ」という言葉を聞いたとき、じっくりと耳を傾けることではなく、見事なスピーチをすることを思い浮かべるというのも奇妙な話だ。その原因の一つは、私たちがリーダーを認識するのは、世界の舞台に登場し、大勢の前で演説するときぐらいだからだろう。特にマスコミのせいで、私たちは「話し手」の内にある「聞き手」について知ることができない。ネルソン・マンデラやバラク・オバマといった指導者が有名になると、テレビは彼らが権威のあるフォーラムで講演を行ったり、大きな集会でカリスマ的にスピーチを行う姿を映しだすようになる。しかし彼らが指導者となりえたのは、すばらしい話術によってのみではない。たとえば、マンデラの「自由への長い道」の基礎は、耳を傾けることだった。「指導者として私は常に、自分の意見を述べる前に議論に加わっているすべての人の意見を聞くよう務めた」とマンデラは書いている。「私自身の意見は、単に議論の中で耳にしたことの総意を述べただけということが多かった」[16]。オバマにも同じことが言える。彼の身近にいる人々が証言しているように、オバマは話すよりも聞くほうがうまい。

オバマとマンデラが権力の座についたという事実は、聞くという行為の持つ力の強大さを物語っている。それは理解され、認められたいという普遍的な欲求に応えるものだ。真の課題に取り組むことができる安全かつ快適な環境を作りだすものでもある。そしてすべての人々の全能力が引き出される可能性を高める。じっくりと心から耳を傾ける能力が最大限に発揮されると、それは力を与えるだけでなく啓発もする「道徳の道しるべ」となる。それこそ、連帯の架け橋を建築する材料なのだ。[17]

今日、世界がこの牢獄にあつまっている

（南アフリカ、ケープタウン沖合。ロベン島。二〇〇二年四月）

「みなさん、どちらからいらっしゃいました？」Ｐ・Ｔという名の中年の黒人男性ガイドが尋ねる。

「ウガンダ」スーツに身を固めた男性が答えた。

「スウェーデン」と二人の若い女性。

「ヨハネスブルク」と答えたのは幼い子どもを二人連れた父親だ。

「スペイン」新婚旅行に来ているとおぼしき若いカップルが答える。

「僕たちはイギリスから」巡回サッカーチームのグループを代表して一人が答えた。

「ニュージーランドよ」家族の中の母親が言う。

「今日、この牢獄には世界中の人々が集まっていますね」とP・T。「みなさん、お越しいただきありがとうございます。私はこの場所で多くを学びましたが、みなさんもきっと同様に学んでいただけることと思います」

見学客が一様にうなずく中、P・Tは彼自身がこの島に収監されていた囚人だったと説明した。認識番号は38／54。アパルトヘイトに対する闘争で学生リーダーだったという罪で、彼は十五年の刑を宣告されてロベン島へ連れてこられた。アパルトヘイトが撤廃されたおかげで、P・Tは刑期の半分も待たずに自由の身になることができた。

迷路のような牢獄の中を歩いていて、私は方向感覚を失ってしまった。出口がどこにあるのか思い出せない。その瞬間、ツアーガイドが元囚人だという事実に改めて衝撃を受けた。彼は、反アパルトヘイトの闘士たちが収容され、結果的に国の将来を形成するシンクタンクの役割を果たした牢獄の一部であるC区の話をしている。牢獄は彼らの大学であり、今は私たちの大学だ。私たちは、自由について学ぶために、この牢獄へやってきたのだ。

和解をめざしたネルソン・マンデラの挑戦

連帯を目指す挑戦が、南アフリカ以上に重要な役割を果たした場所はないだろう。アパルトヘイトが終焉を迎えたとき、それまでの不当な行為にどう対応するかという判断は、かつてないほど難しいものだった。戦争犯罪に問われた人々が裁きを受け、有罪となった場合には罰を受けたニュルンベルクの前例にならうのではなく、デズモンド・ツツ大主教の指揮の下に設置された真実和解委員会は、最優先事項は懲罰ではなく、真実だと判断した。委員会は罪人に有罪を宣告したいわけではなかった。罪人にはその行為に責任を取ってもらい、その姿を世界に目撃させたかったのだ。

ツツ大主教によれば、委員会が報復ではなく和解を求めたのには二つの大きな理由があるという。一つは、南アフリカがすでに起こった内乱の犯罪者を告発することで新たな戦争が起こる事態を避けようとしていたこと。流血の惨事なくして南アフリカのアパルトヘイトを終結させるなど不可能だと断言する者が多かったが、幸いにも彼らは間違っていた。戦争が避けられたため、「敗者」に正義を押しつける「勝者」が生まれなかったのだ。ツツ大主教はこう語っている。「軍事的なこう着状態にあった南アフリカで、戦争という選択肢はどう考えてもあり得なかった。闘争のどちら側も（国も解放運動側も）他方を打ち負かしたわけではなかったので、いわゆる勝者の正義を行使する立場には誰もなかった」。まだ内乱の一歩手前にある国で、「戦犯」に懲罰を与えることは、同胞殺しという壊滅的な結果も招きかねない選択肢だった。

しかし、もう一つの理由はさらに重要だ。委員会は、国が置かれた当時の状況で、「真実を明らかにする手段として刑事司法制度は最良ではない」と考えた。「加害者にとって真実を話すことになんの見返りもないし、法廷は一人の被害者の言葉と多くの加害者の証拠とを見比べて判決を出さなければならない」。**委員会は国を自由にするのは真実のみであると信じていたため、相手に懲罰を与えたいという欲求を自らの意思で捨て去った。**自分たちの過去の悲劇を直視するのは辛いことではあるが、同時に自由をもたらしてくれる。彼らはそちらを選んだのだ。[18]

ネルソン・マンデラ大統領が「みなのためによりよい南アフリカを作ろう！」と繰り返し国民に呼びかけるたび、彼は「ウブントゥ」の伝統——あらゆる違いを乗り越える共通の人間性を自覚すること——を喚起した。ひょっとするとこのたった一つの単語こそ、連帯の本質をもっとも雄弁に語る言葉かもしれない。私が何者なのかだけを尊重するのではなく、私たちが何者なのかを称えるからだ。

私たちは同じボートに乗っている

（ネパール、カトマンズ。ゴカルナフォレストリゾート。二〇〇九年九月）

「水戦争はもう始まっている」。灌漑《かんがい》省の高官を務めるネパール人の同僚が言った。「この紛争に対処する新たな方法を見つけない限り、想像もおよばないような危機的状況になってしまう」

ここでは、ヒマラヤ山脈流域における気候変動の影響を議題とした大規模な会議が行われていた。ヒマラヤ山脈の氷河氷が急激に減少し始めていることは、多くの科学者たちが意見の一致を見ていた。これはすなわち、真水の供給源としてこの水脈に依存する二十億人もの人々が、枯れゆく水源をめぐって激化する紛争に身を投じるであろうことを意味している。「この危機に対処するために、私たちには何ができると思う?」私は同僚に聞いてみた。「わからない」。彼は率直に答えた。「だがわかっているのは、昔のやり方ではこの問題を解決することができないということだ。みんなが――この水源に依存する十三カ国すべてが歩み寄り、運命共同体であることを自覚しなければならない。ネパールが道を開くこともできるだろうが――内戦にかかりきりでは無理だ!」

ステーク・ホルダーをまきこむ

二〇〇八年四月、カーター元大統領はネパールの歴史的な選挙を監視するべく同国を訪れた。選挙には、内戦に火をつけた元毛沢東主義者らも参加した。革命派の目的の多くが達成されていた。君主制は廃止され、カースト制度の最下層民に対する差別は違法とされ、自由な選挙が行われる民主国家が生まれたのだ。二年という短い年月で、「反逆者」たちは政治家として成功し、選挙で勝利した後は新たな憲法を作成する中核メンバーとなっていった。

カーターは「イスラム過激派グループ」ハマスとの対面という会合のため、中東へ向かう途中だった。その会合が物議をかもしていたのは、あらゆる側の組織と会うカーターをブッシュ政権が批判したからだった。パレスチナの「テロリスト」集団と呼ばれるハマスと会うだけでなく、カーターはマスコミにこう語っている。「イスラエル側とも会談を行う。ファタハ（パレスチナの政党）とも会う。シリア人と、エジプト人と、ヨルダン人と、サウジアラビア人と、中東にかかわる将来のあらゆる和平合意に重要な役割を果たすかもしれないすべての人々に会うつもりだ」[19]

ブッシュ政権と異なり、カーターはコミュニケーションにおいて連帯が必要不可欠だと信じており、ハマスのような無法者の集団に会い続ければ、いずれは彼らが民主化プロセスに参画するようになるかもしれないと考えていた。ジョージア州の自宅に戻り、カーターはこう記した。「ネパールと同様に中東でも、平和への道筋は孤立ではなく交渉にあるのだ」[20]

敵と対話するのが常に正しい判断だとは限らない。だが、どのような状況であろうと対話を拒否するのは、絶対にグローバル・シティズンの戦略ではない。イスラエル人の三人に二人がハマスとの直接交渉を望んでいる状況で、アメリカの政治家が――中東の混乱からは海を挟んだ安全な場所にいる彼らが――会談の実施に反対しているというのはおかしな話だ[21]。ひょっとすると、「タフ」であることはワシントンの環状線の内側にいる人間だけに許された贅沢で、実際に危険と向かいあわせの人間には与えられないものなのかもしれない。

いわゆる「テロに対する強硬姿勢《タフな》」のアプローチに欠けているものは、矛盾しているようだが、意見を異にする相手と膝を交え、連帯する勇気なのだ。「タフガイ」たちは地球の反対側で、自分と同じような考えの人々で満たされた快適な会議室に座り、自国の利益を世界中で高めると彼らが考えるマスコミ向けのメッセージや外交的立場を作りあげる。しかしこのような広報活動には根本的な問題がある。この活動には連帯が欠けているのだ。元CIA工作員であり米国務省のテロ対策専門家であるヘンリー・クランプトン大使が言ったように、「ここ（ワシントン）で作ったメッセージを」アフガニスタンやイラクで「響かせることはできない」。彼の見解では、アメリカの政治家は「あまりにもワシントン中心主義だ」と言う。この「私たち中心主義」の傾向は、人間なのだから当然だ。古い言い回しだが、物の見方は見る人の立場によって異なるのだ。

クランプトン大使が中東におけるアメリカの政策を「ワシントン中心主義」すぎると批判するのも、マイクロソフトのデイヴィッド・ブルックスがソフトウェア開発業界の「アメリカ中心心理」を嘆くのも、シティズン1・0～3・0を言い表している。これらの階層の意識を持つ者は、世界を自分自身、グループ、国家の観点からしか見ることができない。しかし直視し、学び、連帯する能力を発展させていけば、地平線は広がっていく。どれほど自分と異なっていようと、どれほど遠くに暮らしていようと、誰とでも問題解決に向けた真の協力関係を構築することができるようになるだろう。

4 助けあう力

Openning Our Hands

我々が直面する世界的な脅威や困難に
「イギリス限定」「ヨーロッパ限定」「アメリカ限定」といった解決方法はない
グローバルな問題には、グローバルな解決方法が求められるのだ

ゴードン・ブラウン
Gordon Brown
第74代イギリス首相

我々は、人類という一つの家族として
ともに生きる方法を見つけなければならない

バラク・オバマ
Barack Obama
第44代アメリカ大統領

あえて「相互依存」を望むASEAN

二〇〇八年の夏、私は同僚たちとともに、世界中の国際政策シンクタンク関係者をオックスフォード大学に招集した。「国際政策」について、偏狭な視点ではなくもっとグローバルな視点で考えよう、と全員に呼びかけることが目的だった。

二日目を迎える頃には、世界でも特に対立の多い地域から来たシンクタンクの責任者たちが、比較的平和で繁栄している地域から来た一人の同業者に関心を示していた。クアラルンプールにある戦略国際問題研究所から参加していたマレーシア人のステファン・レオン博士は彼らの質問に答えて、五億の人口を抱える東南アジア十カ国から成るＡＳＥＡＮ国家が、いかにして調和と繁栄を達成しているか説明した。

「隣り合う国々が常に対立しあっている世界の他の地域と比べて、私たちは協働することをかなりうまく学んでいるのではないかと思います――それぞれが大きく異なる国であるにもかかわらず」とステファンは誇らしげに言った。

「秘訣はなんですか？」とアフリカ人の同業者が聞く。「その秘訣の特許は取得していますか？」

ステファンは笑った。「さあ、秘訣なんてあるのかどうかわかりませんが――一つ思い出した話があります」

彼は、ある塩水脱塩会社の野心的な社長の話をした。この実業家はシンガポール（国内の真水供給源が皆無に等しい島国）へ行き、水利担当の大臣に向かって語った。シンガポールが彼の会社の脱塩工場を二十カ所も購入すれば、もうマレーシアから水を輸入する必要がなくなる。シンガポールは「自立」できるのだと。

「けっこうです」と大臣は言った。「そういう話なら、絶対に工場など買いたくありません」

「どうしてです？」社長は困惑して尋ねた。

「なぜなら私たちの国はマレーシアに依存していたいからですよ。そしてマレーシアにも私たちに依存していてほしいのです」

「しかし、なんのために？」社長が重ねて問う。

「相互依存によって両国とも力を得られるからです。その結果、平和を維持することができる」

世界中のシンクタンクから集まった責任者たちは、このマレーシア人同業者の話に感銘を受けた。しかし、そこで一人のロシア人が懐疑的に口を挟んだ。「その相互依存関係の原則は、友好的な隣国とはうまくいくかもしれませんが、敵対的な隣国にも当てはまるんでしょうかね？」

簡潔に言えば、答えはイエスだ。

何十年にもわたってキューバとアメリカの両政府が冷戦を続ける間、ハリケーンの専門家たちは緊密に協力しあって物的被害や人的被害の実態を調査し続けた。冷戦下の政治家たちが舌戦を繰り広げるさなかにも、科学者たちは境界線を越えて地球規模で連携していたのだ。「キューバを襲う嵐があれば、私たちにはキューバでの観測データが必要になります」。マイアミの国立ハリケーンセンター元所長、マックス・メイフィールドは言った。「そしてキューバ政府も、私たちの航空機からのデータを必要としているのです」[01]

この二つの例はいずれも、同じ教訓を与えている。**私たちはみな、互いを必要としているのだ**。ハリケーン、サイクロン、地震に国境は関係ない。貧困と裕福は隣りあわせだ。ある家族は必要以上に持っているが、その隣人は持てる物があまりに少ない。干ばつと洪水は同じ国で起こる。無職の若者があふれる地域と人手不足の地域が、境界線を挟んで並んでいる。人類が持続可能な未来を築くことのできる唯一の方法は、私たちを隔てる境界線を越えた新たな連携、すなわち、「地球規模の連携《ジオ・パートナーシップ》」である。

現在推定されているところによると、人類の八割を占める貧困層が残る二割の富裕層と同じ水準の生活を営むとしたら、全員を養うために地球が四つなければ足りないのだそうだ。人類が今後数十年のうちに生存をかけた最終試験に挑むことになる状況にあって、環境的持続性と経済的発展の両立という難問を解くには、奇跡にも近い錬金術的な力が必要になる。

現実には、地球は四つもない。一つしかないのだ。そして私たち全員と未来の子どもたちのためにこの地球をうまく動かしていくうえで必要なのは、連携の取れたグローバルなリーダーシップ、つまりジオ・パートナーシップをおいて他にない。

数千年にわたって、人類は生き残るために連携しあってきた。チャールズ・ダーウィンはこう語っている。「人類の長い歴史の中で、もっとも効果的に連携し、臨機応変に対応する方法を学んだ者が生き残ってきた[02]」。しかし人類の歴史の大半において、その協力は「私たち」の間だけでのことであり、「彼ら」との協力ではなかった。人類は部族や氏族、ときには文化や国家間で緊密に協力しあってきた。現代の人類は、互いを隔てる境界線を越えた連携を求められるような難題に直面しているのだ。

ジオ・パートナーシップとは、互いに異なり、多くの場合は相互不信や対立の歴史を持つ個人やグループ間での越境的連携を言う。それは相互依存、連携、相乗作用、協力といった、人類の貴重な素質の上に成り立っている。ジオ・パートナーシップが今絶対に必要不可欠だと言えるのは、私たちが直面している問題に対処できる単独の国家、単独の文化、単独の職業、単独の白馬の騎士など、存在しないからだ。**問題を解決するためには、複数の関係者間で溝を埋める必要がある。縦ではなく横のつながりが必要になる。ピラミッドではなく、平面の関係だ。それはすなわち、シティズン4・0〜5・0としての行動なのだ。**

近年の自然災害が証明したように、ジオ・パートナーシップは生死を分ける鍵となる場合が多い。死者十万人、負傷者四十万人という被害を生んだ中国四川省の壊滅的大地震の翌日、ある中国の上級外交官が私に打ち明けた。「私たちの国で初めて、事実のほうが噂より早く広まっています」それは事実だった。中国の高官たちは被害の甚大さに恐れをなし、世界に助けを求めたのだ。

地震の数日後に中国入りした私は、国全体が喪に服する光景を目の当たりにし、惨劇が人々を団結させるその力に心を動かされた。人命救助を心から誓った中国当局は、世界中の支援を喜んで受け入れた。数日のうちに韓国、日本、シンガポール、ロシア、台湾からさえ救助隊が駆けつけ、救援活動に尽力した。アメリカも軍のC17型輸送機二機に、早急に必要となるテントや発電機などの物資を満載して中国へ送りこんだ。

そのわずか十日前、大型サイクロン「ナルギス」がビルマ（ミャンマー）の首都およびイラワジ川デルタに大損害をもたらした際の軍事独裁政権の反応は、中国政府のそれとはかなり違っていた。サイクロンによって推定数十万人の命が奪われ、何百万もの人々が家を失って病と飢えの危険にさらされていた。政府の対応がもたらしたのは団結と希望につながる哀悼のプロセスではなく、絶望と怒りだった。政府が対応を怠り、「外国人」の支援受け入れに難色を示したため、ビルマの人々を憤慨させ、世界中をあきれ返らせたのだ。

この二つの自然災害に対する対照的な反応は、ジオ・パートナーシップの力を例証している。私たち人類がどれほど努力しようとも、サイクロンや地震などの大規模災害の発生を止めることはできない。しかしそうした惨事への対応方法によって状況は大きく変わる。**壁を築き、武装し、単独で「安全」を手に入れようと無分別に行動しても、闇を広げるだけだ。しかし助けを求めたり支援を提供したりするべく手を伸ばし、ジオ・パートナーシップを通じて共通の安全を見つけることができれば、光を広げることができるのだ。**

ジオ・パートナーシップは、もはや「大国」の古ぼけた「戦略的提携」にとどまらない。太平洋の両側にいる一握りの老人たちが世界の命運を左右することは、もうできないのだ。「ルーズベルトとチャーチルがブランデーを飲みながら部屋で座っているだけであれば、交渉は簡単だろう」。二〇〇九年四月にロンドンで開催されたＧ２０会議で、オバマ大統領は言った。「しかしそれは私たちが住む世界ではない……私たちはパートナーシップを通じて問題に対処しなければならないし、ともに前進していかなければならないのだ」[03]

貧しい者は、富める者に何を与えられるのか？

（アメリカ、アトランタ。カーター・センター。二〇〇二年二月）

「アフリカでは、相互依存の原則を信じています」。大会議場にあふれかえる聴衆に、モザンビークのヨアキム・チサノ大統領は語りかけた。「私たちが今日、あなたのために何かしたら、あなたは明日、私たちのために何かしてくれるでしょう」

大統領は、相互依存が朝露のように美しく、だがありふれた自然現象であり、ありふれた人間性であるかのように話していた。しかし聴衆の大半にとっては、その考え自体が不自然で異質なものに思えた。

「しかし、ここで一つの疑問が生まれます」。大統領は続けた。「貧しい者は、富める者に何を与えればいいのでしょう？」

大統領はその言葉をあっさりと穏やかに、まったく当たり前のことのように言ってのけたが、それを聞いた大会議場は、突如として沈黙に包まれてしまった。私はその質問についてじっくり考えながら、固唾を飲んで次の展開を見守った。

この高名な白髪の政治家は、世界中から集まった二〇〇人以上の有力者で構成される聴衆を見回した。ジミー・カーター元大統領やジェームズ・ウォルフェンソン世界銀行総裁を含む出席者全員が、世界の貧困に懸念を抱いていた。聴衆の戸惑いを感じ取り、チサノは説明した。「もはや貧困層を切り離すことができない今の世界にあって、問題は彼らに何ができるかです。貧困層に何も与えなければ、彼らの生活は不安定になり、国外に流出したり、富裕層に敵意を抱いたりするようになります。求められるのは相互信頼です。私たち発展途上国は、先進国からずいぶん疑いの目を向けられているのを感じてきました。私たちは新たなパートナーシップを模索しています……共通の関心に基づいた……双方《ウィン・ウィン》に有利な世界経済です」

「貧しい者は、富める者に何を与えられるのか?」これがチサノのスピーチでもっとも挑発的な質問であり、今回の会議全体でももっとも重要な質問の一つであった。核心を突くこの質問に、答えられる者は誰もいなかった。

「持てる者」と「持たざる者」のパートナーシップ

ヨアキム・チサノは、旧式の枠組み——富裕層から貧困層への金銭的支援——が答えではないと知っていたからこそ、世界中の指導者にジオ・パートナーになろうと呼びかけた。**「貧しい者は富める者に何を与えられるのか?」**という彼の問いは、グローバル・シティズンにふさわしい問題提起だった。この質問の意図は答えを求めることではなく、意識を呼び覚ますことにあったのだ。

経済学部や政治学部の一年生なら誰でも、世界銀行がモザンビークに何を与えられるか答えられるだろう。しかしモザンビークが世界銀行に何を与えられるかという問いに対しては、深い思考を要する。チサノが率いるポルトガル語圏のアフリカ国家はインド洋の端に位置しており、権力の中枢から程遠い場所にある。しかしモザンビークの大地も人々も、正しく、持続可能で、グローバルな文明を構築するというパズルの答えの一部なのだ。チサノは、肝心のジオ・パートナーシップがなければ、人類がこの生存ゲームに負けてしまうとわかっている。彼の投げかけた難問は、いわゆる「持てる者」と「持たざる者」との間に新たなパートナーシップを見出すことを求めた。貧困層が裕福になろうとして同じ持続不可能な戦略に走れば、世界は生き残れない。実は「持たざる者」は、「持てる者」が必要とする何かを持っているのだ。

貧困層と富裕層が同じ世界を共有している以上、四十億人の貧しい人々—スターバックスのカフェラテ一杯分にも満たない金額で毎日生活している人々—が行う選択は、私たち人類の未来を方向づける鍵となる。貧困層が現代の富裕層と同じ水準の「クローン消費者」になったとしたら、世界は内部破裂してしまうだろう。彼らが「テロリスト」になったとしたら、世界は爆発してしまうだろう。だが貧困層が富裕層とジオ・パートナーシップを築けば、人類にはこの小さく貴重な惑星で健全に暮らしていく方法を見つける可能性が十分にある。人類の存続は、私たちがジオ・パートナーシップを学べるかどうか——私たちを隔てる境界線を越えて協働できるかどうかに大きく左右されるのだ。

もはや単独では成功しない

世界中の尊敬を集める世界的指導者たちは、これを理解している。彼らの誰ひとりとして、単独で目標を達成できた人物はいない。ネルソン・マンデラは、南アフリカの解放どころか、自身の釈放でさえ、助けなくして実現することができなかった。アフリカ南部における力強い解放運動、そして世界中の支援者の力が、彼の釈放と大統領就任につながる勢力を生みだしたのだ。同様にマーティン・ルーサー・キング・ジュニア牧師も、多くの聖職者やその信者がいなければ、彼の指導力を損なおうとする組織的勢力に打ちのめされてしまったことだろう。アメリカにおける公民権運動が勢いを増して目標を達成できたのは、あらゆる人種や信念の人々が、人間としての良識のために団結したからだ。

こうした例よりも小規模で、歴史上それほど大きく扱われない成功でさえ、リーダーとチームの協力関係が不可欠だった。アーリン・ブルームは、ヒマラヤのアンナプルナ峰への登頂を果たした女性だけの登山隊の公式なリーダーだった。しかし彼女たちの成功に欠かせなかった並々ならぬ勇敢さを見れば、頂上へたどり着けたのは一人のリーダーの功績ではなく、チーム全員の力があったからこそだとすぐにわかる。同様に、宇宙船アポロ十三号が激しい損傷を受けて宇宙飛行士たちの命が危険にさらされたとき、彼らを無事地球へ帰還させる責任を負っていたのは飛行主任ジーン・クランツだった。しかしその責任の遂行は彼一人では不可能だった。独創的な相乗効果の結集によって絶体絶命の危機からの脱出を可能にしたのは、「縦横に組みあわせられたいくつものチーム」だったのだ。

部品がうまく噛みあうと、全体が強化される。ジオ・パートナーシップによって、新たな可能性が生まれる。世界各地のグローバル・シティズンがジオ・パートナーとなりつつあるのはこのためだ。**他にうまくいく方法がないからだ。**昔のように偉い人間が命令を下す上位下達のリーダーシップは、越境的なグローバル社会では成功できない。従来の「体制側」の人間でさえ、どれほど強力な国家であろうと、単独では世界中にその意思を押しつけることはできないのだと理解し始めている。「他の国がいなければ、アメリカがもっとうまくやれることなど皆無に等しい」と言うのは、米外交問題評議会のリチャード・ハース会長だ。チサノ大統領に賛成の意を表明し、ハースは言った。「外交政策は（不平等なものも含めて）あらゆる関係が相互依存的でなければならないという前提のもとに策定されているのだと、覚えておくべきだ」[04]

ときには、一人のカリスマ的指導者や強大な国家が単独で正しい判断を下せる場合もあるかもしれない。しかし多くの場合、他者の支持を得られない一方的な行動は、明らかな間違いではないにしても、短絡的であることが証明されてきた。ジオ・パートナーシップは実現不可能な理想ではない。実践的な必須事項なのだ。

最新医療と伝統医療の狭間でゆれるエイズ問題

（イタリア、ベラージオ。カンファレンスセンター。二〇〇五年四月五日〜九日）

私は明らかに緊張していた。部屋にチェックインすると、汗にまみれたシャツを急いで着替える。自分を落ち着かせようと腰を下ろし、これから自分が司会進行を務める会議の概要を読みなおした。

会議の正式名称（「前例なき対話――アフリカにおけるエイズ治療とケアに関する意見交換」）の舞台裏では、二組の主役によるドラマが展開していた。一方の主役は欧米で技術を身につけた、強力な薬品を使用する高学歴の医師たち。もう一方はアフリカで技術を身につけた、文化について深い知識を持ち、効き目のある薬草を使用する伝統療法士たち。今回の会議の課題は、このまったく異なる医療従事者間の綱引きを、協調へと転じさせることだった。

この会議を組織したメアリー・アン・バリスはこう書いている。「伝統薬を推す者と抗レトロウイルス薬（ＡＲＶ）の利用を求める者との間のいさかいは、アジアよりもアフリカで多く見られてきた。それでもなお、現実は常に、双方を認めて受け入れる方向へと私たちを導いている……」[05]

会議室へ向かう途中、廊下でアフリカ人のエイズ専門家の一人と出会った。「はじめまして」

と自己紹介すると、彼女は言った。「司会者の方ですよね？」

私はうなずいた。

「私の地元でも多くの人々がこの会議に注目しているんです」と彼女。「本当に、うまくいくことを祈っています」

「私もですよ」と答える。崖っぷちから奈落の底へと飛び降りるような心境だったが、それ以上何も言わずにおいた。こんなときに自分の不安を彼女に打ち明けても仕方がない。

黙ったまま並んで会議室へ向かいながら、私はアフリカでＨＩＶ／エイズと効果的に闘うという難問について考えこんでいた。

会議の出席者は全員が、活力を奪う恐ろしい病に苦しむ患者に最善の治療を行うことに尽力していた。問題は、その方法については全員の意見が一致しているわけではないということだった。特に欧米からの参加者は、抗レトロウイルス薬が最善の治療法だと信じていた。体内のＨＩＶの繁殖を防ぐ抗レトロウイルス薬は免疫システムを保護し、エイズの発症を遅らせる効果があることが治験によって証明されていた。

しかし、アフリカ人の多くは西洋の薬品に強い抵抗感を覚えていた。高価すぎて患者には手が届かないためだ。さらに悪いことに、抗レトロウイルス薬には重い副作用があり、貧しいアフリカの村ではとても対処しきれなかった。

問題はどちらが正しいかではない。アフリカでエイズに苦しむ何百万もの人々を助けるために、協力しあうことができるかどうかだ。

「欧米の医師たちとアフリカの伝統療法士がお互いの話を聞こうとしなかったら、どうします？」会議室に入りながら、エイズ専門家が尋ねる。

「あまりにも大勢の命がかかっているんです」。私は答えた。「聞いてもらわなければ」

医療、飢餓、栄養不良、戦争と平和といった生死にかかわる問題に取り組む場合、ジオ・パートナーシップは道徳的に欠かせない。私たちの世代が直面する急迫した世界規模の問題に目を向ければ、それらの問題の解決は人類が境界線を越えて効果的に協働できるか否かにかかっていることは極めて明白だ。以下にいくつか問題例をあげる。

- 貧困の削減
- 環境の保全
- 平和の構築、紛争の抑止、テロとの闘い
- 水不足の解決
- 国際機関の強化
- 教育機会の拡大
- 世界的伝染病の撲滅
- 自然災害の防止と緩和[06]

どの一つを取っても、人類の文明は社会的、経済的、文化的、宗教的境界線を越えて効果的に協働するという大きな課題を突きつけられる。これらの問題のどれ一つとして、一人の指導者や一つの社会的セクター、国家、組織だけで解決できるものはない。シティズン1・0〜3・0では成功できない。絶対に、シティズン4・0〜5・0でなければならないのだ。

本章では、最初の三つの問題、①貧困の削減、②環境の保全、③平和の構築におけるジオ・パートナーシップの能力を説明していこう。この三つを選んだのは、どれか一つでもひどく失敗すれば、最終的には他の問題も無事に解決できないからだ。

課題① 貧困の削減

「世界経済というゲームのルールはなんだろう?」貧困についてグローバル・シティズンが抱く疑問の中で、もっとも重要なものはこれかもしれない。世界中には多くのスポーツファンがいる。私たちはオリンピックやワールドカップのような大規模な国際的スポーツイベントを観戦するし、注目度の高いアメリカのNBAのチャンピオンシップや、ブラジル、フランス、イタリア、イギリスのサッカーの試合などを観ることもある。どのようなスポーツでも、共通点が三つある。境界線に囲まれたフィールド、リング、プール、あるいはコート。全選手が従うルール。そして、ルールを解釈し、適用する審判。これらの要素のいずれかについて公平性に疑念が生じた場合（たとえば二〇〇二年冬季オリンピックでフィギュアスケートのペア競技において生じたように〔二〇〇二年のソルトレイクシティオリンピックで判定を巡る激しい論争が発生し、これをきっかけに採点方法が全面的に変更された〕）、怒りを呼び、関係者が疑われる。

世界的スポーツから世界経済へと目を転じると、残念ながらフィールドやルール、審判の存在はぐっと不明瞭になる。スポーツ競技と違い、経済の「フィールド」は必ずしも明確に記されていないし、公平でもない。規則は両側が合意したものとは限らない。そしてルールを解釈する役人は民主的に選出されたり広く尊敬を集めていたりする人物ではない場合がある。問題は、より力の強い国家が、ダブル・スタンダードに基づいて国際基準を形成しているということだ。つまり、「私たち」用の基準と、「彼ら」用の基準と。シティズン3・0の観点からすれば、それは許容可能であり、愛国心の表れでもある。しかしシティズン4・0～5・0の観点からすればそれは許容しがたく、不公正で、結果的には非生産的なやり方なのだ。

不当なルールは健全な競争を妨げる。不公平や不明確なルールは、アイディアやアプローチの活発な競争の代わりに論争と反感、そして最悪の場合は怒りと暴力を生みだすだけだ。人の生活を支配するルールはすべて、特に国際通貨基金（ＩＭＦ）や世界貿易機構（ＷＴＯ）といった国際的機関が施行しているものは、次の疑問を通して考えられなければならない。「このルールは、対象となる人々が直面する問題に対応することを助けるものだろうか、それとも妨げるものだろうか？」

「みんなこの地球上で暮らしているからには、みんなが責任を共有すべきです」。カリブ海に浮かぶガイアナ共和国のバラット・ジャグデオ大統領は言う。ジャグデオは、「世界でもっとも裕福でありながら環境条約を尊重しない国々」が、自国に対して森林を保護するよう迫ってくることに不満を訴えた。その裕福な国々は、貧困を削減したいと主張しながら、一方では貧困国の製品が公正に世界市場へ参入するのを妨げている。「独立し、自立するためには市場への参入が欠かせません」。このカリスマ的な若き大統領は述べた。「世界銀行の総裁が発表する進歩的な声明、数々のサミット会議——そうしたものがどれだけあっても、私たちはいまだにシステムが不公正だと感じ続けています」[07]

世界経済の不当さに懸念を表明しているのは、ジャグデオ一人ではない。グローバル・シティズンとして、私たちもこの問題について知識を深め、態度を明確にしなければならない。権力を持つ者が特権を守るために財力と政治的影響力を駆使し続け、無力な者を「ジオ・パートナー」として受け入れることがほとんどないという事実を知るのに、歴史学の博士号など必要ない。この一〇〇年間を振り返れば、富裕層と貧困層、あるいは特権を持つ者と虐げられた者との間で純粋な関係を構築するには、必ずと言っていいほど行動を起こす必要があるのだとわかるはずだ。

人々に何ももたらさなかった開発

（ナイジェリア、エスクラボス。シェブロンテキサコ石油ターミナル。二〇〇二年七月）

一五〇人の抗議者がフェリーを乗っ取り、シェブロンが所有する海上石油ターミナルへ向かうよう船長に命令した。そしてターミナルに乱入するとドックと滑走路、さらにガス生産設備を制圧した。

当局を驚かせたのはその大胆な作戦ではなく、抗議者の正体だった。全員が女性、しかも大半が五十代から六十代で、地域の人々に「ママたち」と呼ばれる女性たちの一団だった。彼女たちは家族の雇用と、地元地域への投資を要求した。つまり世界経済のルールに抗議したのだった。

尊厳だけを武器に、ニジェール川デルタの近隣六カ村に住むごく普通の主婦や母親たちは、エスクラボス石油ターミナルを事実上閉鎖した。シェブロンがナイジェリアから輸出する石油量の大半である、一日五十万バレルを生産している大規模ターミナルをだ。潤沢な石油資源があるにもかかわらず、デルタ地域はナイジェリア国内でもっとも貧しい地域の一つだ。輸送システムが占領されたため、施設全体が機能しなくなってしまった。シェブロンの関係者が女性たちの排除に実力行使も辞さないと脅迫すると、彼女たちは衣服を脱ぎ捨てるという強迫で応じた。女性が男性の前で服を脱ぐというのは、ナイジェリアの文化ではシェブロン側に屈辱を与える行為だったのだ。最終的に、シェブロンは女性たちの抗議に耳を傾けるほかなくなった。その結果、彼らの耳にはこのような声が届いた。すなわち、彼女たちのコミュニティで生みだされた石油収入が、首都アブジャの裕福な政府高官や遠い欧米の各地にいるシェブロン株主たちに吸いあげられるのを黙って見ているのはもうたくさんだ、と。村の女性やその家族たちに、石油は何ももたらしてくれなかった——仕事でさえも。

夫や息子たちが油田で仕事を得ることすらかなわなかったのだ。
「世界中のすべての女性たちに一つアドバイスを送ります」。抗議グループのリーダー、アヌヌ・ウワワーは叫んだ。「どんな会社にもごまかされてはいけません」

この古臭いようだが効果的な抗議手段を実践した「ママたち」は、一時的にせよ明白な勝利とともに平和的に占領を終了する前に、世界中にメッセージを届けた。抗議行動の前、会社側は女性たちが送った手紙をただ無視し続けていた。抗議行動後は、少なくとも二十数人の地元住民に職を提供し、村に学校や診療所を建設し、電気や水道設備を整備することに合意したのだ。

こうした物理的勝利よりもさらに重要だったのは、抗議グループがシェブロンテキサコの意識に変化を起こさせたことだ。このショック療法のおかげで、石油会社の経営陣は批判を金で片づけることはもうできないのだと気づいた。「過去には、問題は一つずつ対処してきました。つまり、基本的には金を支払うという方法で」。この事件でシェブロン側の交渉責任者を務めたカナダ人経営幹部のディック・フィルゲイトは認めた。「今は考え方が違います。地元住民とより密接にかかわる方針をとっています[08]」。言い換えれば、抗議行動によってシェブロンは、地元住民とのジオ・パートナーシップを前向きに模索するようになったのだ。

この勇敢な女性たちがシェブロンテキサコに与えた教訓は、自由はただ説くだけではなく、実践するものだということだ。西洋的個人主義の基準によれば、ニジェール川デルタの住民はみな

「自由」だ。理論上、すべてのナイジェリア人の子どもは教育を受ける自由、就職する自由、自己実現の夢を追求する自由を持っている。しかし女性たちは、何百年も前の見識ある欧米人哲学者らが生みだしたこのすばらしい理論が、植民地主義によって下支えされた国々で広まったものだということを知っていた。フランスやイギリスの啓蒙主義者らが民主主義の思想を開発し、彼らの同胞が北米にその思想を移植する一方で、ナイジェリア川デルタを含む世界の広大な地域には、そこを彼らの経済的植民地へと変える世界経済システムが導入されていたのだ。

ジオ・パートナーシップは、この植民地主義の遺産という毒に対する解毒剤だ。このようなパートナーシップは、国から奪ったものに対する埋めあわせの「贈り物」を誰に与えるべきかを、企業が一方的に決定するものではない。企業が直視し、学習し、地元住民と連帯し、お互いの財産を持ち寄れば双方がどれほど恩恵を受けるか、ともに話しあうものなのだ。

現地住民とのパートナーシップ

（インド、パルヴァタギリ。コミュニティ・センター。二〇〇二年）

デュポンが株式の過半数を保有する子会社、ソレイの研究員二人が、ここパルヴァタギリで二十人の村人と同席していた。村に数カ月前から滞在している彼らはもうコミュニティの一員であり、他のどの企業関係者よりも高い信頼を築いていた。「持続可能な発展のための栄養」（NfSD）という彼らのプロジェクトは、この貧しいコミュニティで生命を維持していけるような食品を作りだすものだ。

ソレイは営利目的の企業であり、製品――加工食品の栄養価を高める大豆由来のたんぱく質分離物――の販売を目的としている。しかし彼らはただ市場を開拓するためだけにここに来ているのではない。企業とコミュニティ、真の意味で双方に役立つビジネスモデルを、村人たちとともに作ろうとしているのだ。

「この会社を『ソレイ』とは呼びたくない」。村人の一人が研究員に言った。「『ソレイ・サマタ』と呼びたい」

「サマタ」は地元の言葉で「平等」を意味する。二人のソレイ研究員は、パートナーシップの概念が本当に根差しつつあるのだと実感した。

「私たちが彼らに製品を売りつけるやり方から、全員に機会が与えられるような対等の立場でみながともに働くというやり方へとリーダーシップが変化しています」。プロジェクトでソレイと提携しているコーネル大学の「持続可能なグローバルビジネスセンター」の共同センター長、エリック・シマニスは言う。「乗り越えなければならない懐疑論は多くありました。しかしソレイのチームがパルヴァタギリで過ごした数カ月の間に、プロジェクトチームは村の栄養状態を改善する事業戦略を開発すると同時に、新たな収入をもたらす存続可能な事業を作り出したのです」[09]

事業収益は三つの流れでもたらされる。まず、ソレイの大豆たんぱくを使用した加工食品が作られる。次に、コミュニティが運営する、ソレイ製品を使ったケータリング事業を始動。そして最後に、村の女性たちと栄養教育や新たな料理の共同開発などを行う、長期的な「料理の協力関係」を構築した。

この取り組みがパルヴァタギリで成功すれば、当然インド全土でもうまくいく可能性がある。NfSDを拡大市場がある収益性の高い社会事業へと育てあげて分離独立させたときに、ソレイは見返りを手にするのだ。村にとっての利益は、より安い価格で栄養状態を改善できることだ。

しかし、富裕層と貧困層との間でのジオ・パートナーシップとは、正確にはどういう意味なのだろう?

第一に、**ジオ・パートナーシップとは、ある決定によって影響を受ける者すべての利益を尊重するということである。**大西洋の両側では、アフリカ、ラテンアメリカ、アジアなどでずっと安く生産できるはずの穀物を国内で作らせるために、政府が自国の農家に莫大な補助金を出し、そうやって作られた農作物が人為的に低く設定された価格で世界市場にあふれ、諸国経済を低下させる。「つまり、アフリカ南部(およびその他の貧困地域)で貧困軽減に本当に役立つ可能性のある農産物が、実際には役に立てていないということになる」。最新の報告書で、開発団体オックスファムはこう主張した。「ヨーロッパ(およびアメリカ)の消費者は、世界でもっとも貧しい国々の暮らしを破壊するために金を出しているのだ」[10]

こうした補助金を提供する指導者たちはもちろん、この問題をそのような視点からは見ていない。「アメリカの地方を支えるためだ」。アメリカ農家向けに複数年にわたる一八〇〇億ドルの補助金を可決したテキサス州の共和党下院議員であり、農業委員会の委員長であるラリー・コンベストはこう弁明した。アメリカ農家向け補助金の増加は世界市場で穀物の価格を押し下げ、実質的に第三世界の農家をますます貧困に陥らせるとして世界中から批判が浴びせられている。コンベストはその批判をはねのけた。だが世界銀行や国際通貨基金のような組織でさえ、このような補助金が世界経済に「逆ロビン・フッド」的影響を与えるものだとしている。「非常に腹立たしい話です」。ある世界銀行の高官は言う。「ごく限られたアメリカ人農家は恩恵を受けますが、それは発展途上国の非常に多くの貧しい人々の犠牲があって成り立つ恩恵なのです」[11]

幸い、オバマ政権は進路を変えつつある。アメリカ政府は、農業支援と引き替えに農作物を指定する方法がうまくいかないことに気づき始めたのだ。「世界エイズ・結核・マラリア対策基金」の非常に効果的なモデルを参考にした新たな代替アプローチは、貧しい農家を援助の受益者としてではなく、援助のジオ・パートナーとして扱うものだ。[12]

第二に、**ジオ・パートナーシップとは顧客、特に貧しい顧客をただの「消費者」ではなく人間として、コミュニティの一員として認識し、対応することである**。経済学者C・K・プラハラードが自身の物議をかもす、しかし新たな道を切り開く著書で述べていることだが、その著書のタイトルそのままに、「ピラミッドの底辺（BOP）には巨大市場が眠っている」かもしれないのだ（プラハラードは「経済ピラミッドの底辺にいる一日二ドル未満で生活している」貧困層をＢＯＰ（Bottom of the Pyramid）と定義し、彼らのニーズを汲み取った市場を企業も貧困層も共に作り上げることが貧困解決につながると主張した）[13]。しかしを単にＢＯＰを市場としてだけとらえるのでは、そこにいる人々の人間性を奪い、コミュニティを弱体化させ、彼らの暮らしを存続させるエコシステムを危険にさらしてしまう。チサノ大統領の言葉を念頭に置いていれば、一日二ドル未満で生活する四十億の人々がただの「市場」ではないことも忘れたりはしないだろう。彼らは家族であり、コミュニティであり、文化だ。芸術家や職人、労働者など、あらゆる職種のクリエイティブな人々なのだ。

いわゆる「持てる者」と「持たざる者[14]」との間でのジオ・パートナーシップには、企業とコミュニティ間での連携が必要となる。しかしそれが求められる規模があまりに大きいため、説明するには新しい言葉を要するほどだ。貧富共同リーダーシップというこの問題の深部に迫る調査報告書『ＢＯＰプロトコル』第二版を読むと、プロトコルを作成した二人の経営学教授は、この膨大な人口には「相互価値」と「共創」に基づくアプローチが必要だと語っている。これらはアメリカのビジネススクールで通常出てくる用語ではない――それこそが肝要な点なのだ。

エリック・シマニスによれば、従来型の「私たちに黙ってついてこい」「私たちが売る物を買え」というアプローチは、「ＢＯＰ1・0」である。世界の貧困層をただの消費者としてしか見ず、企業と貧困層との関係は、売れるものはなんでも売りつけるというものに過ぎないのだ。シマニスは「ＢＯＰ2・0」の先駆者の一人だ。彼は「貧困層にただ売りつけるだけというレベルを超越する」ことを提唱している。同名のタイトルで執筆したエッセイで、シマニスと同僚のスチュアート・ハートは貧困層に力を与え、起業家的能力を拡大し、環境の維持を可能にするジオ・パートナーシップの強力な枠組みを考案した。しかしこの一挙三得の枠組みは、企業とコミュニティがともに相互価値に基づく経済的未来の創造者となることでしか実現できない困難なものだ。ジオ・パートナーシップのモデルに基づけば、企業は「持続可能なビジネスを考案し、設立し、成長させるためにはコミュニティと対等なパートナーシップで」活動しなければならない。そして、売り手と買い手が「すべての関係者にとって重要な価値を生みだす」関係に基づいていなければならないのだ。

　第三に、**ジオ・パートナーシップとは、富裕層と貧困層の資源を再評価し、両者にとって何がいちばんうまくいくかを見出すことである。**貧困層にも資源はある。労働力だけではない、知識、土地、文化、歴史――まだまだあるのだ。ビジネスシーンで貧困難題に取り組むグローバル・シティズンのクリエイティブな努力を注意深く見てみれば、彼らがみな、貧困層の資源に対して深い尊敬の念を抱いていることがわかる。「世界保健イニシアティブ」（メルク）や「世界教育イニシアティブ」（インテル）から「慢性的飢餓に対するビジネス連合」（ユニリーバ）まで、どれも企業がコミュニティと連携する必要性に基づいている。これらの官民イニシアティブは、真のジオ・パートナーシップという技術を会得できるようになるほど効果的なものなのだ。[15]

「持続可能な解決法は、パートナーシップの構築によってのみ生まれるものです」。メルクの会長兼社長兼CEO、リチャード・クラークは言う。彼の信じる目標とは、「あらゆる関係者の相補的な専門知識」を活用することだ。ユニリーバのマイケル・トレスコウ会長も、飢餓と貧困に対するビジネス・ソリューションは「コミュニティと企業の双方にとって持続可能でなければならない」と述べている。[16]

そうした発言が企業のイメージアップを図ろうという口先だけの広報活動になるリスクは常にあるが、その多くが実際に行動を起こすジオ・パートナーシップへと進化しているという、明白な証拠も出てきているのだ。

ストリートチルドレンとの出会い

（フィリピン、マニラ。一九七二年一月）

小さな汚れた手が突然目の前に突き出され、私が口に運ぼうとしていた食事の一口目を載せたフォークの行く手を遮った。

変化と近代への帰還とを切望し、私はフィリピンの首都マニラへとやってきたところだった。オランダ人宣教師の娘であったためにジャワ島で育った母を持つ私は、大学卒業後に母の少女時代の世界を訪れようと決めていた。インドネシアの村で六カ月の濃密な時間を過ごしてきた私は、まだカルチャーショックから抜けきれていなかった。長いフライトを終え、バックパックをユースホステルに置いて（二十三歳の誕生日まであと数日を残していた）、遅めの昼食へと出かける。そして歩道に面した場所にある、予算に見あったレストランを見つけたのだった（六カ月の予算が八〇〇ドルだった）。「利用客のみ入店可。物乞い立入禁止」と書かれた張り紙の前を通り、私は空いたテーブルについて料理を注文した。運ばれてきたそれは、たっぷり三人前はありそうな量だった。目の前の食事に集中し、野菜炒めの最初の一口をまさに食べようとしていたそのときに小さな茶色の手が出現し、私の口とフォークとの間の空間にまっすぐ突き出されたのだった。

手の主は十歳くらいの小さな少女だった。腰に幼い弟を抱えている。弟は二歳か三歳と思われたが、正確にはわからなかった。生まれたときから栄養が不足すると、子どもはしばしば実際よりも体形が幼く――そして瞳は実際よりも老いて――見えるものだ。

もし少女が一歩下がって金を無心していたら、黙って小銭を何枚か与えていただろう。だが彼女はテーブルに身を乗り出しており、私は物理的にフォークを皿に戻さざるを得なかった。あまりのショックに、ただ彼女を見つめることしかできなかった。今でも深く後悔しているが、最初に思ったのは、彼女たちがその場にいなければいいのにということだった。

だが少女の怯えた、虚ろでひもじい眼差しを実際に見つめたとき、そこには世界中のストリートチルドレンの瞳があった。その目はこう嘆願していた。「あなた、白人さん――必要以上に多くを持っている――あたしと弟が生き延びられるよう、何かちょうだい！」涙がこみあげ、心が開かれ、私は彼女らに食事を与えたいと思っている自分に気づいた。

テーブルの反対側に空いた椅子があったので、そこに座るよう少女に仕草で合図した。しかしこの高潔な感情は訪れるのが遅すぎた。ちょうどそのときにレストランのオーナーがやってきて、タガログ語で何か言うと、子どもたちを店からストリートへと追い出してしまったのだった。

ジオ・パートナーシップが富裕層と貧困層との間で必要とされるように、貧困層の中でもジオ・パートナーシップは必要だ。農業への依存度が極めて高く、主要作物の価格下落に苦悶しているインドのカルナタカ地方で、地元農家のシュリー・クリシュナ・パドレは、彼を含む地域の住民がみな生き延びようともがいていることを実感していた。科学の学位を持ち、半生を農業に従事してきたシュリー・パドレは、土地を扱うための新しい持続可能な方法が必要だとわかっていた。その答えは、遠くにある研究所や役人の事務所からもたらされることはない。土地のことをいちばんよく知っている、農家自身によってもたらされるのだ。

「農民の手にペンを」というのが、シュリー・パドレがプロジェクトにつけたタイトルだ。このプロジェクトは農家がプロデュースし、農家が執筆する雑誌『アディケ・パトリケ』〔*Adike Patrike*〕を発行するものだ。『アディケ・パトリケ』は、カルナタカの現場の状況に適用できるかどうかが定かではない科学的で調査中心の記事ではなく、実践的な成功談を掲載している。持続可能な農業の増強に加え、「農民の手にペンを」は識字能力向上とコミュニティの構築にも役立っている。[17]

技術革新や個々の才能が持続可能性という謎解きに一役買うことは間違いないが、もっとも有望なシナリオは、シュリー・パドレのような地域に根差したグローバル・シティズンや彼の農業仲間が舞台の中央に立つことだ。自分たちの土地や生活がかかっているとなれば、彼らはお互いとだけでなく、土地そのものともジオ・パートナーにならなければならない。最終的にいちばんうまく土地の面倒を見ることができるのは、おそらくデリーやロンドンにいる専門家ではなく、何世代にも渡ってそこに暮らし、土地の健康維持に心血を注いでいる住民たちなのだ。[18]

貧困層が持てる資源について賢明な選択を行えば、彼らの収入は向上し、経済発展の基本的な利益を享受することができるようになる。個別に見ればこの貧困削減プロセスは思慮深く人道的なものだ。どこかで従業員を採用しているかどうか知るための携帯電話、隣村へ行くバスが通る道、清潔な水道水、新生児や母親のための十分な栄養と保健医療、悪天候から住人を守ってくれる家――こうした人生における恩恵を望む人間の欲求に、異論を唱えられる者などいるだろうか?

しかし個別には思慮深く見えるものも、集合的には危険な意味あいを含むようになる。富裕層は現在と同じ生活を続けることができず、貧困層は先に裕福になった富裕層と同じ生活水準を手に入れることができないのだと、地球は私たちに教えようとしている。各家庭がそれぞれによりよい暮らしをするために必要だと感じる日用品を買いそろえていくと、貧困層から一歩抜け出して、一般には「中流階級」と呼ばれる階層に近づく。しかし地球は、私たち人類だけにとってうまくいく方法ではなく、私たちが依存する生命構造にとってもうまくいく新たな方法で協働していくよう人間に求めている。この生物圏は、富裕層が行ってきた選択を数十億世帯が行っても支えられるような構造にはなっていないのだ。

課題② 環境の保全

信頼できる予測によれば、人類が消費者ベースのロンドン・ニューヨーク・東京モデルとは異なる経済発展モデルを開発するまでに残された時間は、十年に満たないという。世界中で富を築くきわめて毒性の高い方法を改めなければ、地球の環境制御システムは不安定になり、海岸沿いに暮らす何百万もの人々が住まいを失い、私たちは天候パターンでロシアンルーレットをするような状況になり、この脆弱な故郷を危険にさらすことになってしまう。

グローバル・シティズンとして、私たちはまたしても逃れようのない地球規模のパズルに直面することになる。**人類は、環境的に持続可能な方法で経済的に発展していけるのだろうか?**

「環境VS経済」の断層

（アメリカ、コロラド州。カンファレンスセンター。二〇〇六年六月）

アル・ゴア元副大統領が円卓の一方に座っていた。ゴアの制作した映画『不都合な真実』を批判する広告を発表した「競争企業機構」（CEI）〔自由市場経済を推進する米国シンクタンク〕の代表者が反対側に座っていた。「気候変動とエネルギーの確保」と銘打ったこの「超党派」会議の進行役である私と同僚のウィリアム・ユーリーは、二人の中間に座っていた。

円卓を囲む他の二十四人はアメリカの政治的小宇宙を構成する著名人たちであり、いずれも「地球温暖化」の議論の結果にかかわる人々だった。大手再生可能エネルギー組織やシエラクラブのような環境団体の責任者からブッシュ政権寄りの全米石炭・ガス業界団体の責任者まで、さまざまな顔ぶれだった。

最終日の三日目の朝までには、彼らは対話するようになっていただけではなく、相手から学ぶべきところがあったと認めるまでになっていた。ゴアと「環境保護主義者」たちは、彼らを批判する人々が、温暖化対策が生産性にどれほど影響を与え得るかという純粋な経済的懸念を抱いていることを知った。そしてＣＥＩや「経済学者」たちは、温暖化が人間の文明にとって正真正銘の脅威であることを知った。

しかし苦労して勝ち取ったこの共通の足場に歩み寄った瞬間、足場は流砂へと変化してしまった。

「アメリカが、地球の温暖化を食い止める世界的動向の一端を担わなければいけないことはわかっています」。大手再生可能エネルギー組織の会長が言った。「しかしアメリカは全世界的にと言っていいほど嫌われているため、リーダーにはなれないのではないかと懸念しています。世論調査によれば、アメリカは世界でもっとも嫌われている国の一つだということです。私たちはとんでもなく自己中心的だと思われている。自分たちの資源を得るために、世界中で略奪を繰り返していると見られている。そして欲しいものが手に入らなければ、言うことを聞かない国を爆撃するのだと！　とんでもない話ですが、私の子どもたちが海外旅行へ行くときは、攻撃されたくないからカナダ人のふりをするんですよ。私たちアメリカ人は世界からの敬意を失ってしまったのだから、この気候安定化の動きにおける中心的役割など果たせるわけがありません」

部屋はしばし沈黙に包まれ、発言者が眼鏡を外して涙のにじむ目を拭う様子を全員が見守った。だがその数秒後、円卓の反対側に座っていた白髪のビジネスマンが挙手した。ジョージア州から来た大手エネルギー複合企業の総帥で、ブッシュ大統領のもっとも有力な資金調達者の一人だ。私がうなずくと、彼は強い南部訛りでゆっくりと話しだした。

「自分の母国がそのように言われるのを、ここで黙って聞いているわけにはいきません」。最初は静かな口調だった。「私が知っていて愛しているアメリカは、世界でもっとも自己中心的な国などではない。むしろ、もっとも寛大な国です。人類史上、世界のどの国よりも人類に貢献してきた国です。私たちは世界中の人々に愛されている。アメリカに住みたいあまりに国境を越えようとして、毎日死人が出ているんですよ。みな、私たちを尊敬し、私たちの生活に憧れているのです」

彼は言葉を切り、一息つくと続けた。「私はアメリカ人であることを誇りに思っています。私の子どもたちも同様です。母国がそこまで不当に批判されるのを黙って見過ごすことはできません」

次々と手があげられ、感情が爆発した。二人の発言は地震が町を引き裂くように、円卓の地下に隠れていた断層を刺激してしまったのだ。数秒前には非常に礼儀正しかった部屋の空気は一瞬のうちに引火し、分極化した。党派間のバリケードの間に苦労して築いた信頼が危険にさらされていることが、私にはわかった。

会合におけるあの瞬間の二極化は、現代の気候変動に対する世界の姿勢をアメリカ人の中で凝縮したものだった。「環境VS経済」の議論は今、世界中のほぼすべての国で交わされている。環境を考慮して経済を変える方法を発見するために何世代もかけていられない現状で、環境問題についてジオ・パートナーシップを構築するというのはきわめて困難な問題だ。だが迅速に対応しなければ、取り返しのつかない結果を招くことになりかねない。現在世界中に広まっている生産システムを変えなければ、地球の気候はますます異常になっていってしまう。生命を維持する水、空気、土、気温に現在の産業が与える影響による結果がどれほど早く訪れ、どれほど深刻なものになるかについては意見が分かれているが、炭素なしでの発展を目指さなければ深刻な結果となることについては、世界中のほぼすべての科学者たちが意見の一致を見ている。今から二〇二〇年までの間に、人類の経済計画を再構築しなければならない。だが、どうやって?

気の滅入る話だが、現在の汚染まみれで高炭素な経済活動を行っていても、ほとんどの国はずっと貧しいままでいるか、環境的に有害になっていくかなのだ。インドや中国のように何百万もの人々が貧困からの脱却を果たしている国では、環境が急速に破壊されつつある。そして環境破壊的発展が行われていない国では、何百万もの家庭が貧困にとらわれたままでいる場合が多い。

　この問題に取り組むグローバル・シティズンは、まったくもって前代未聞の規模で世界的な交渉が必要だということを把握しつつある。この難題に挑戦するには、あまりに多くの国のあまりに多くの機関を巻きこまなければならず、その複雑さは想像を絶する——にもかかわらず、時間はごくわずかしかない。博識な人材でさえ、判明しつつあるこの事実を把握しきれていないのだ。

「地球の異常な気候変動という問題に取り組み始めるまでは、まったくわかっていませんでした」。ロックフェラー財団の元理事長で『インターナショナル・ヘラルド・トリビューン』紙の会長兼CEO、そして現在は環境保護基金が実施する気候変動対策プログラムのディレクターを務めるピーター・ゴールドマークは認めた。地球の調和を脅かす危険について調査する者ならみなそうであるように、ゴールドマークも、現在の気候変動が、一つのとても単純な理由から、過去の人類が直面してきた危機とは異なっていることに気づいた。すなわち、人類はこの問題に一致団結して取り組まなければ、失敗してしまうということだ。

「これは全員がかかわる問題だ。南アフリカのアパルトヘイトやアメリカの人種差別、またはビルマの弾圧のような一国の危機ではない。ガンジーでさえ、インドの独立を目指したその闘争の中で世界の主だった都市をすべて相手にしなければならなかったわけではない。しかし気候変動はあらゆる文化、都市、ほとんどすべての職業にとって、問題または解決策の一部なのだ。これは私たち全員に影響を与える問題だ」

「この問題については、消極的な同意だけでは不十分だ」とゴールドマークは強調した。「積極的な合意でなければ。ほとんどの問題では、誰かが加わらなければその人物を除いて話を進めることができる。だがこの問題に関しては、そうした人々にも仲間に入ってもらわないといけない。そして全員の意見がわかるまでは交渉の場にとどまっていなければならない。たとえばアメリカや中国がイエスと言って、インドがノーと言うのではだめだ。全員がイエスと言わなければならないのだ」[19]

人類が気候変動に取り組む上では必ず、異なる観点や異なる利害関係者間におけるジオ・パートナーシップの構築という課題に直面する。たとえば、「サウス・サウス・ノース」（SSN）という組織は、「気候変動問題の中核に貧困削減努力を配置する」ことを目的に創設された。アジア、アフリカ、ラテンアメリカに事務所を置くこの組織は、開発により生じる根本的な生態上の問題にも取り組む貧困対策という、斬新な取り組みを開発している。[20]

「SSNは、真のパートナーシップを構築する場を生みだしたのです」と語るのはブラジル人の共同リーダー、タイス・コラールだ。「組織の名前がはっきりと示していますが、私たちは南の国々が北の国々とだけでなく、南の国同士でも対話できるようになってほしいと願っています。私たちは科学者や技術者、政策立案者やコミュニティのリーダーたちの間での意見交換を実現しています。気候変動という問題に取り組む上では、彼ら一人ひとりが重要で、相手との相互協力が不可欠であるという認識を持ってもらえるようにしているのです」[21]

同様に、やはり気候変動に取り組む「能力開発コンソーシアム」という組織も、ジオ・パートナー戦略を基盤としている。この組織がコンソーシアムと名乗っているのは、この言葉が「単独では誰も達成し得ないことを達成するために、ともに働くことに同意した複数機関」を意味するためだ。気候（Climate）の「C」を頭文字に戴く世界中の組織――オーストラリアのCSIRO、ノルウェーのCICERO、ベトナムのCERED――が、人類がいまだかつて経験したことのないこの問題を理解するべく団結したのだ。

「ブラジル、インド、中国、南アフリカ。彼らにも参加してもらわなければなりません」このネットワークのコーディネーターであるマイケル・グランツは語る。「サラミの切り方は色々ありますが、一切れだけでは足りない。馬と乗り手のような関係ではなく、互いに平等な本物のパートナーシップが必要となります」[22]

アル・ゴアの参加した会合の様子を見てもわかるように、敵対者間で本物のパートナーシップを構築するのは容易なことではない。会合が真っ二つに分裂する寸前で、私は口論を始めた二人の男性の間に割って入り、彼らが出席者全員に与えてくれた機会について触れた。

「ここでしばらく黙想して、そもそも私たちがなぜここに集まったのかを思い出しましょう」私は言った。双方の立場の間に生じてしまった隔たりを埋められる言葉など思いつかなかったのだ。「一分後に会話を再開して、思慮深く思いやりのあるこのお二人の意見を、両方とも受け入れられるかどうか見てみましょう」

永遠のように長く感じられた一分が過ぎると、私は円卓の両側から挙手した四人を指名した。彼らは、何よりもすばらしい見識を異口同音に述べた。アメリカの寛大さと自己中心主義という複雑な問題の双方に触れたのだ。それからの数日間、数週間をかけて、「自由主義の環境保護主義者たち」と「保守的な経済学者たち」は**徐々に政治的領域を越えて提携し、私たち全員に影響をおよぼす気候変動に取り組むべく協働し始めたのだった。**

あの部屋で起こった激しい口論は、「持続可能な発展」を生活の中で実践できるものにしていこうという、人類に課された難題を反映したものだった。この短いスローガンが生まれたのはごく最近のことだが——初めて使われたのは一九八七年、「環境と開発に関する世界委員会」においてだった[23]——、根本的なジレンマをとらえているために、国際政策の論争の場では広く使われている。「持続可能」と「発展」、この二つの言葉の間に横たわる隔たりは途方もなく大きい。この言葉そのものが、グローバル・シティズンである私たちに対して、環境保全と経済成長を同時に考えるという難題を与えている。

真のグローバルな思考というものが非常に希少であるため、この難題は敬遠される場合が多い。「持続可能な発展」論争では、大体において一方がこの言葉の前半（＝持続可能）を強調し、もう一方が後半（＝発展）を強調する。デンマークにある環境評価研究所の所長であり、『環境危機をあおってはいけない——地球環境のホントの実態』の著者でもあるビョルン・ロンボルグのような教養ある環境統計学者でさえ、両方を同じように実現するのは難しいと考えているようだ。「重点は持続可能性ではなく、発展のほうに置かれるべきだ」と彼は主張する。持続可能性に重点を置くと、「現在を代償として未来を優先する結果となる。これでは後進的だ。逆に、発展に重点を置けば、いっそうすばらしい明日のための基礎を築きつつ、現在の人々を支援することができる」[24]

これこそまさに、「持続可能な発展」という強力な言葉が包含する相乗効果を弱めてしまうモノクロ思考だ。謎を解くにはパズルのピースが二つとも必要なのだ。「持続可能性」も「発展」も、互いに対する見識を広げるべきなのだ。グローバル・シティズンは、私たちの時代が終わってずっと長い時間が経っても後世の人々が渡れる橋を架けることで、「持続可能性」と「発展」の両方の実現を目指さなければならない。

集団によるリーダーシップ

（南アフリカ、ケープタウン。二〇〇二年四月）

飛行機が着陸する頃にも、私はまだ自分宛てに送られてきた世界中の「橋を架けるリーダーたち」に関する四十件のケーススタディを読んでいる最中だった。四十件のうち三件が特に興味を引いたので、角を折って印をつけておいた。フィリピンのセブ市で女性財団のディレクターを務め、女性に対する暴力を防ぐプログラムを策定したテッシー・フェルナンデス。メキシコのチワワで貧困を削減するための新たな戦略を開発した実業家サミュエル・カリッシュ。そして深い信頼を構築することで信仰をめぐる暴力の発生を抑えるべくイスラム教徒とキリスト教徒を引きあわせた、ミンダナオ島のカトリック司祭エリセオ・メルカドだ。

ケーススタディのファイルを脇へ置き、私はこれから共同リーダーを務めることになる「ブリッジング・リーダーシップ・タスクフォース」の会合の議題を確認した。このタスクフォースは、四大陸十三カ国の研究者によって構成されている。持続的かつグローバルな調査の場においてこれまで焦点を当てられることがなかったリーダーシップの側面を研究する彼らは、リーダーたちがどのようにしてコミュニティにおける深い溝を越え、複雑な問題を成功裏に解決しているかを調査しているのだ。

初めの調査の結果、世界のリーダーは「橋を架ける能力」が共通して備わっていることが判明した。彼らは、橋の両側で「共同リーダー」を育成することに成功している。間に横たわる溝がなんであれ——男と女、富裕層と貧困層、イスラム教徒とキリスト教徒——橋を架けるリーダーたちは誰とでも協働することができる。単独のリーダーとして行動すれば、彼らも失敗する。だがジオ・パートナーとしてであれば、成功できるのだ。

「『コンセルタシオン』というスペイン語が、いちばんうまく言い表せています」。タスクフォースの一員が説明してくれた。もともとラテン語で「ともに決定する」を意味するこの独特な言葉は、多くの人々が全力をつくす中で生まれる相乗効果を表している。これは行動への総体的なアプローチである。「リーダーシップ」の概念を、個々の能力から集合的な力へと変化させるものなのだ。

ジオ・パートナーシップを築くことが今の時代にこれほど重要なのは、地球規模の問題を解決するにはかつての敵同士がパートナーになることが求められるからだ。「原生林を守ろう」と訴える活動家たちは、世界経済が依存する製品をつくる大企業をどう経営すべきかは知らない。一方、経済界のトップは、活動家コミュニティからの信念ある圧力なしに、自分たちの経営に抜本的な変化を起こすことなどできない。同様に、再生可能エネルギーの活動家たちが石油、ガス、電力企業や、そうした企業に資金を提供するシティグループのような銀行系コングロマリットを経営することは決してない。逆に、そうした企業の影の実力者たちが環境保護主義派の批判者たちの声に耳を傾け、その意見から学び、地球の酸素を守れるほど迅速に化石燃料の使用量や温室ガスの排出量を削減することもないのだ。

どちらの「側」も、相手の考え方に合わせて自分を変える必要はない。どちらも、「譲歩」する必要はないのだ。両者間の緊張は、潜在的な相乗エネルギーの緊張でもある。重要なのは、その緊張を対立のために浪費するのではなく、実質的に全経済領域において求められる、広範かつ急を要する変化を起こすために利用することだ。

真に持続可能な発展という構想の実現が、コフィ・アナンの言葉を借りればいまだに「地平線の彼方にある[25]」という点において、グローバル・シティズンは巡礼者のようなものだ。彼らは地球に根差した経済哲学や戦略を見つけるために新世界にやってくる。そうした哲学や戦略は、産業時代の枠組みの中で執筆を続けたアダム・スミスやカール・マルクスといった、西洋のイデオロギー信奉者らの精神を超越するものだ。正当であると同時に持続可能な形の発展が作り出されなければならない。最終的な青写真はまだないが、グローバル・シティズンはその予想図について期待を抱かせるヒントをいくつか生みだしている。そこには次のようなものが含まれる。

- より優れたデザインや新たな技術を通じて廃棄物を削減する（上海の絨毯《じゅうたん》工場は、ポンプシステムを再設計することでエネルギー消費量を九二パーセント削減した）。
- 自然そのもののように、「ゴミ」を天然の栄養源や再生可能な製品へと変化させる循環生産システムを開発する（やはり絨毯を生産しているアトランタのインターフェース・コーポレーションは、高公害産業を低公害または無公害産業へと変換させる先駆的な「循環型」アプローチをとっている）。
- 搾取から「自然資本主義」（自然も資本の一部であるとみなして、持続的な環境保護や維持と同時に経済発展を目指す考え方。P・ホーケン他著『自然資本の経済』で提唱された）への相対的変換の一環として、環境を考慮するように事業計画を練り直す。[26]
- 有毒な廃液を排除し（アルコア）、生産ラインで使われるほぼすべての物質を再生・再利用可能にする（ゼロックス）。[27]

● 消費量が多すぎるところは削減し、少なすぎるところは持続可能な形で増加させる（これは「自発的簡素化」〔生活から嗜好品や娯楽など生存に不要なものを取り除き、余った時間を活用して精神的な豊かさを育もうとする考え方〕活動において提唱されている）。

このようなプロセスは十分迅速に行われているだろうか？　グローバル・シティズンとしての企業が推進しているこうした変化は、エコシステムを保全できるほど根強く、持続的なものだろうか？　私たちは経済的に発展しつつ、同時に環境も保全していくことが可能だろうか？

そう、可能だ――ただし、平和を維持することができさえすれば。

課題③　平和の構築

持続可能な発展は手ごわい難問だが、不可能ではない。壊滅的な気候変動は回避できるのだ。多少の人口増加があったとしても、飢える民に食料を与えられると信じる者は多い。地球の生態を尊重しつつ、人類のニーズに応えることが可能だと信じる者は多い。しかしそれを実現するには、全力で難問に取り組み、資源を投入しなければならない。貴重な人的、技術的、天然資源を戦争などに浪費してしまえば、すべてが白紙に返ってしまう。

なぜか？　**軍需産業以上に、持続的発展に壊滅的な影響を与えるものはないからだ**。[28]

世界中の政府がバリ島やコペンハーゲンで繰り返し会合を開き、悲劇的な気候変動の脅威から地球を守ろうと話しあいを重ねる間にも、「気候犯罪」の主犯格はまだ野放しだ。たとえば、オゾン層を破壊して人類を危険にさらすフロンの推定三分の二は、世界中の軍隊が排出している。同様に、数億人を貧困から救いだすという国連ミレニアム開発目標を達成するため、必要な資金をかき集めようと政府高官がひんぱんに集まっている一方で、いちばん大きな無駄遣いは放置されている。今これを書いている時点で、イラクとアフガニスタンでの戦争にかかった費用はそれぞれ六六六〇億ドルと一八七〇億ドルにのぼっている[29]。また、インド－パキスタンやイスラエル－パレスチナ紛争を含むその他の戦闘にかかる費用も増加する一方だ。[30]

実際のところ、交渉と外交は通常、軍事行動よりもはるかに効果的だが、投資パターンはその真逆なのだ。国連の平和維持予算を合計しても、世界の軍事支出額の一パーセントにも満たない。アメリカ政府がイラクで三週間のうちに使う金額よりも少ないのだ。私たち人類が戦争ではなく持続的発展にもっと投資していかなければ、発展も持続性も実現は望めない。

なぜ、無名のシンクタンクがアメリカ／ロシアを動かせたか

（アメリカ、ワシントン。新聞売り場や各家庭の玄関先。二〇〇九年五月十九日）

「ヨーロッパのミサイル防衛網は無意味、と米露チーム」。『ワシントン・ポスト』紙の一面にでかでかと見出しが踊っていた。[31]

記事の元となった調査結果は「イースト・ウェスト・インスティテュート」（ＥＷＩ）が公表したもので、三つの小さな奇跡を起こした。まず、アメリカがイランと戦争を始める可能性を低めてくれた。次に、グルジアとの衝突後急速に悪化しつつあったロシアとアメリカとの関係を改善させた。最後に、そして等しく重要なことだが、ヨーロッパで新たな軍拡競争を始めようとしていたブッシュ政権の計画にノーと言うために必要だったまさにその情報を、オバマ政権に提供したのだった。

ほとんど無名なシンクタンクが公表したたった一通の報告書が、どうやってここまでのことを達成できたのだろう？

答えは、一言で表せば、ジオ・パートナーシップだ。

六人のアメリカ人だけがこの報告書を書いていたとしたら、彼らはロシアに抵抗するパルチザン〔非正規の反体制ゲリラ〕として相手にされなかったかもしれない。六人のロシア人科学者がアメリカのミサイル防護網は役立たずだと主張したならば、クレムリン主導のプロパガンダだとして相手にされなかったかもしれない。しかしＥＷＩが採用した困難な、だが結果として効果的だった手法は、六人のロシア人と六人のアメリカ人科学者を数カ月にわたって一堂に集め、ヨーロッパを攻撃できるミサイルを発射する能力がイランにあるかどうかについての科学的データを慎重に検証させるという越境的戦略だった。十二人から成るこの前例のない二カ国の混成チームは、モスクワとワシントンだけでなく、テヘランとエルサレムの政策にも直接的かつ即効の影響を与える調査結果を生みだすことに成功した。

「この報告書は、今現在イランによる大陸間核攻撃の脅威はないということを明らかにしました」。EWIの代表者、ジョン・ムロズは結論づけた。「科学者たちはこの問題を政治、思想、当て推量の世界から抽出し、現実の世界へと持ってきたのです」

グローバル・シティズンとしての私たちに懸念を抱かせる問題がなんであれ――アフガニスタンやイラクでこれ以上戦闘が行われることを防ぐのであれ、パキスタンの核兵器がテロリストの手に落ちないようにするのであれ、二酸化炭素の排出量を減らすことで気候変動を安定させるのであれ、来たる水危機に備えるのであれ――人類の連携による成功という教訓を忘れてはならない。ほぼすべての解決困難な対立を地球規模で解決できるか否かは、パートナーシップにかかっている。パートナーシップがなければ、一方の「側」が問題を解決しようとしても事態を悪化させることの方が多い。パートナーシップがあれば、複数の「側」が力を合わせ、革新を生みだすことができる――それまでは存在しなかった何かを。それはたとえばこういうものだ。

- アメリカとNATO同盟国は、アフガニスタンでもイラクでも戦争に勝利することはできない。それらの国や隣国の国民とパートナーシップを構築しなければならない。
- アメリカは、単独でパキスタンの崩壊や核物質の確保を防ぐことはできない。パキスタン人とパートナーシップを構築して、確固とした基盤の上に彼らの国を再建しなければならない。

- 気候変動に単独で立ち向かえる国家はない。複数の国家によるコンソーシアムが、世界中の生産と消費を大幅に改革する環境保護的で経済的な原則を軸に、パートナーシップを構築しなければならない。
- 来たる水危機に単独で立ち向かえる国家も職業も存在しない。多様な文化と多様な職業の英知を結集しなければ、この惑星の資源の均衡を保つ、効果的な方法を見出すことはできない。

こうした越境的ジオ・パートナーシップは魔法のように現れてはくれない。これまでともに活動したことがなく、最初は互いに不安や疑い、根拠のない固定観念を持つ人々の間に築かれた信頼に基づいて生まれるものだ。信頼構築のプロセスには、グローバル人材が備えているすべての能力が必要となる。特定の立場だけに立つのではなく、世界全体を直視すること。固定観念を捨て去り、共通点を見出すこと。そして言語や文化、宗教といった隔たりを越えて互いに連帯することだ。

絶望のなかにも「平和の小島」はある

（ケニア、ナイロビ。街中のカフェ。二〇〇九年三月）

アフリカ連合の平和・安全保障理事会の一員であるステラ・サビティは、彼女たちが制止に奮闘している、数多くの暴力的紛争について語っていた。彼女たちが直面する問題の多さと規模の大きさに、私は気が遠くなる思いだった。ケニアはほんの一年前に大虐殺寸前の惨事を経験したばかりで、この国の首都を襲ったショックと恐怖はまだ感じられた。

「ダルフール……コンゴ……ジンバブエ」。ステラたちが立ち向かおうとしている紛争をゆっくりと数えあげる。「これだけの武力衝突に、どうやって対処するおつもりですか？」

答えようと口を開く彼女の目がきらめいた。その輝かしさから、サビティがなぜ、有能でカリスマ的な紛争解決の専門家としてアフリカ・ヨーロッパに知れわたっているかを理解した。

「武力紛争の現場に入ると、しばしば、何もかも絶望的に見えます。それは事実です。ですが、じっくりと観察すると――ところどころに平和の小島が必ず見つけられるのです。回復力があり、信念を失わず、構築したいと思う未来に視線を据えた人々や場所が常に存在するのです」

私が何か意見を挟むと思ったのか、彼女はここで水を一口飲んだ。だがまだ言いたいことがあるのがわかった。

「ですから、私たちは何もないところから始めるわけではありません」。彼女は続けた。「私たちには最初から仲間がいます。私たちの仕事は、そうした平和の小島と連携することです。そしてそれができれば……」その後は、彼女のすばらしい笑顔で締めくくられた。その後続いた沈黙で、彼女が私自身にも希望を抱かせてくれたことに気づいたのだった。

ケニアで民族紛争が勃発したのは二〇〇七年後半、大統領選挙の際にある部族の指導者が別の部族出身の候補者から当選を「盗んだ」との議論が巻き起こったことが発端だった。不和はたちまち全国に広がり、一五〇〇人以上の命が失われた。大地溝帯に位置するエルドレットという小さな町では、主に女性と子どもたちから成る五十人もの住民が殺害されるという悲劇的な結果を招いた。ナタで武装した襲撃者の集団から身を守ろうと町人たちが教会に閉じこもったところ、怒れる群集が教会に火を放ち、中にいた人々を焼き殺したのだ。それにしても、このような暴力の大釜が吹きこぼれた後、なぜ国家全体が炎上してしまわなかったのだろう？　何がそれを食い止めたのか？

ナイロビは「アフリカのジュネーブ」と呼ばれている。暴力と戦争に満ちた大陸にあって、その名をもらったスイスの都市のように比較的平穏な地であり続けてきたからだ。そのため、衝撃は大陸中に広がった。ある国連職員はこう語っている。「ブルンジやルワンダならあり得るかもしれないが、ケニアでこのようなことが起こるなど想像だにしなかった」[32]

しかし、そのまま全面的な大虐殺へと陥るかと思いきや、不安定で脆弱ながらも和平が訪れた。世界中の新聞は、対立する政党の指導者たちと会い、彼らを連立政権へと導いた国連事務総長コフィ・アナンの姿を掲載した。しかし村での殺戮に終止符を打ったのは、実はある二人の熟練した紛争解決専門家と――信じられないかもしれないが――二人の将校だったのだ。

数年前、ダニエル・オパンデ大将は、内紛のさなかにあったリベリアで国連平和維持軍を率いていた。何百人もの罪のない一般市民が虐殺され、村が破壊された光景を繰り返し目にしてきた。「アフリカ人として、とても悲しくなります」。ある残忍な攻撃を目にした後で、彼は語った。「創造する代わりに破壊しているのです。破壊して、破壊して、破壊し続けました」[33]

もう一人の将校はケニア軍の元参謀長ラザロ・スンベイウォだった。その輝かしい経歴のほとんどを戦闘に費やしてきた彼は、解決困難で壊滅的と言われたアフリカ最長の内紛、スーダンの南北紛争における和平調停の責任者に突如任命され、そこで貴重な和平構築の技術を身につけた人物だ。[34]

二人の将校は、ケニアで二人の民間和平調停者と協力した。一人はデッカ・イブラヒムというイスラム教徒の優れた調停者、もう一人は「ナイロビ・ピース・イニシアティブ」の創設者、ジョージ・ワチラだ。このまったく縁のなさそうな四人――全員が異なる部族の出身で、異なる支持基盤や歴史を持つ彼ら――は、地元のホテルに急場しのぎで設置した本部で力を合わせ、大規模なチームを組織して暴力行為に終止符を打ったのだ。**何十という民間組織と昼夜を問わず会合を繰り返し、すべての「危険」地域で平和委員会を編成し、このチームは流れを変えた。**

ケニアは全面的な大虐殺へとエスカレートすることなく、不安定ながらも平穏を手に入れた。そうして傷が癒える間にチームは混乱の根本原因を特定し、暴力に代わる解決方法を早急に模索することができたのだった。

「チーム全体の力がなければ成功はできなかったでしょう」とイブラヒムは言う。「私たちの一人ひとりが決定的な役割を果たしました。これは純粋に平和を目指すパートナーシップだったのです」

長期化して壊滅的な大虐殺を招きかねなかった事態を、ケニアはいかにしてぎりぎりのところで避けられたのか。ここからグローバル・シティズンが学べるのは、社会的境界線を乗り越えるパートナーシップが和平構築に欠かせないということだ。だが私の言葉を鵜呑みにしてはいけない。自分で和平構築者たちに会いにいって、その目で確かめてきてほしい。デッカ・イブラヒムや他のケニア人和平構築者たちに会いたければ、http://www.vimeo.com/6519499を検索してみればいい。彼らの話に耳を傾ければ、現代の本物の英雄たちの言葉が聞けるだろう。彼らは暴力を理解に、戦争を平和に転換する勇気と英知を兼ね備えたグローバル・シティズンなのだ。

現地からの声を聞く

(ベルギー、ブリュッセル。世界安全保障会議。二〇〇九年二月)

長身で自信に満ち、経験豊富な政治家の威厳を持って会議の議長を務める若きアフガニスタン人は、会議室を埋めつくす欧米の安全保障専門家たちに語りかけた。私は一心に耳を傾けていた。アメリカ人政治家やNATO高官の話を何カ月も聞き続けた後では、アフガニスタン人自身の口から彼らの要望を（ようやく）聞けるというのは、新鮮な経験だった。

発言者はカブールの紛争・和平研究センター所長で、カルザイ大統領のいとこでもあるヘクマート・カルザイだった。ヘクマートは、欧米が終わりなき戦争の泥沼に引きずりこまれたくなければ「もっと真剣に耳を傾けなければならない……アフガニスタンで活動を続ける最善の方法について、部族長や長老にも指導を仰ぐべきだ……何がうまくいくか、何がうまくいかないかについて」と助言した。アフガニスタンの指導者たちと国外勢力との連携の可能性について雄弁に語りながらも、彼は外国人が気づかない根本的な事実を単刀直入に明かした。「ご存知でしょうか」と彼は聞いた。「タリバンはアフガニスタン国軍が兵士に支払う給料の三倍を彼らの兵士に払っているということを？」[35]

ヘクマートは部外者の誰よりも、アフガニスタンについて説得力のある話をした。軍の上層部がヘクマートのようなアフガニスタン人の話に耳を傾け、真のパートナーとして協力するようになるまでにあとどれくらいの時間を要するだろう、と考えさせられる話だった。

自分が外国の軍事力によって「解放」された国に住んでいると想像してみてほしい。毎年毎年、見えるか見えないかというくらい空高く飛ぶ飛行機から、あなたの住む村に爆弾が落とされてくる。外国の政府関係者は、圧制者を殺そうとしているのだと主張する。だが繰り返すが、殺されているのは罪のない一般市民なのだ。あなたの国が抗議し、非人道的行為の非を問おうとすると、相手はそれを否定したり、死者の数を過小報告したりする。そのような軍隊に「解放」されたいと、いつまでも思い続けるだろうか?

二〇〇八年十一月、アメリカ空軍のＡＣ一三〇型攻撃機が、ある部族長の結婚式をタリバンの集会と見誤り、数十人の罪のない一般市民を殺害した。アフガニスタン人たちは占領軍の口から出る否認や嘘に激怒した。カルザイ大統領でさえ、女性や子どもたちの上に爆弾が降り注ぐような状況でアフガニスタンの人々の「心をつかむ」ことは難しいだろうと苦言を呈した。この悲劇を受けて、国連アフガニスタン支援ミッションの代表、ノルウェー人のカイ・エイダが記者会見を開いた。米軍に対する直接の非難を避け、彼はいくつかの質問を投げかけた。「私たちはアフガニスタン人の懸念に十分敏感でいるでしょうか? 私たちはきちんと、アフガニスタン人のコミュニティと政府との距離を縮めるような方法で行動しているでしょうか? 大統領や多くのアフガニスタン人の口から聞かれる懸念に、私たちはしっかり耳を傾けているでしょうか?」ここで言葉を切り、彼はつけ加えた。「間違えばどうなるか、これでわかったと思います」[36]

しかし六カ月後には、またしても米軍の空爆によって、グラナイという西部の村で一〇〇人以上の命が奪われた。ここでも同じパターンが繰り返された。人権団体は一一七人の一般市民(六十一人の子どもと二十六人の女性を含む)が殺害されたと発表し、一方で米軍関係者はその主張がタリバンのプロパガンダだとして無視した。一カ月後になってようやく、アフガニスタンの米軍司令官スタンリー・マックリスタル中将が、米軍関係者は「重大な過ち」を犯したと告白し、民間人に対する攻撃がやまなければ、軍事活動は最終的には「無意味で擁護できないもの」になることを認めた。[37]

アフガニスタンでの戦争中、ひっきりなしに発生していたこのような事件は、ジオ・パートナーシップなくして戦争には勝利できないことを実証している。**「戦争に勝つ」とは厳密には軍事的問題ではなく、アフガニスタン人との真の連携を要することだ。**それに米軍が気づくまでには、残念ながら、あまりにも時間がかかりすぎた。

米軍は優秀な人類学者を雇ってアフガニスタンとイラクの戦闘部隊に配備することをついに決断したが、その結果は見事なものだった。第八十二空挺師団の司令官マーティン・シュバイツァー大佐によれば、人類学者たちの到着後、部隊の戦闘活動は六〇パーセント削減されたそうだ。その結果、大佐の部隊は安全保障全般、保険医療、教育の改善に集中することができた。「敵に目標を定めて」戦闘を繰り広げる代わりに、「私たちは人々のもとへ統治をもたらすことに注力できた」[38]。助言を携えた人類学者たちが送りこまれる先々では、常によい結果がもたらされた。他の米軍高官は学者たちの助言を「すばらしい」と評し、学者たちは軍がアフガニスタン人の視点から状況を観察する能力を高め、戦闘活動の必要性を削減してくれたと結論づけた[39]。つまり、軍がシティズン2・0から3・0、そして4・0へと進化し、より効率的になったということだ。

「世界最先端の情報インフラを持ち、どこよりも多く情報を入手できる世界一裕福な国なら、誰よりも物知りだと思いがちですが」ジョージ・メイソン大学で人類学を教えるヒュー・ガスターソン博士は言う。「実際には、もっとも恵まれた者こそ、世界のことをいちばんわかっていない場合が多いのです。軍の態度は、武器庫の武器や武力をどんどん注ぎこみさえすれば勝てるだろうというものです。ひたすら努力して『最後まで諦めず』にいれば、パキスタンからアルカイダを排除できるし、アフガニスタンの反乱に終止符を打ち、イラクに平和をもたらすことができると信じ続けている。私たち人類学者は、それが間違っているのだと知っています――ですが、軍はそのような話を聞きたがらないのです」[40]

アフガニスタンの戦争においては、同様の錯覚が戦争を長引かせた。外国の軍隊は平和をもたらせずにいる。だが驚くほどのことではないだろう。一昔前、三倍の規模のソヴィエト軍が完全に失敗しているのだから。ソヴィエトだけではない、アレキサンダー大王から大英帝国まで、数多くの侵略者がやはりこの地域の支配に失敗している。それでもなお、欧米の軍首脳や政治家は同じ不毛な提案を続けている。「もっと軍隊を」と。

「一平方キロあたりの兵士の数をコソボのときと同じだけ配備するとしたら」カブールに長年駐在していたドイツの外交官、オルトヴィン・ヘニッヒは言う。「NATOはさらに三十から四十万人の部隊を配備しなければならない。そんなことは論外です。NATOの取り組みはあまりにも軍事的すぎる。戦略の非武装化を行う必要があります」[41]

公正を期して言うなら、筋金入りの軍国主義者による説得力ある反論は、「アルカイダや、彼らを支援するタリバンに加担するような狂信的思想家や冷酷な殺人者らと『ジオ・パートナーシップ』を構築することなどできない」というものだ。ある意味、彼らは正しいと思う。暴力に身をささげ、変化を拒み、憎しみに満ちた狂信者は武力をもって止めるしかないのかもしれない。だがアメリカの諜報機関は、その定義に当てはまるのはタリバン戦闘員のうち十パーセントに過ぎないと見ている。駐イラク多国籍軍の対反乱上級顧問として米軍指揮下で活動したデイヴィッド・キルカレンによれば、筋金入りのテロリストと呼べるのはタリバンでも十人に一人だという。適切なインセンティブさえ与えれば、他の九人は武器を置き、アフガニスタン社会の再構築に尽力するはずだとキルカレンは信じている。[42]

中東でジオ・パートナーシップがうまくいくという証拠がさらに必要なら、ジャーナリストのダニエル・ガヴロンがそれを示してくれている。考え得る限りのあらゆる方法で──教育者として、医者として、農民として、人権活動家として、そして隣人として──協働している何十人というパレスチナ人とイスラエル人への綿密な取材を通して、彼はもっとも緊迫した、もっとも敵意に満ちた戦場でさえジオ・パートナーシップが可能なのだと証明してみせた。ガヴロンはイスラエル－パレスチナ間の紛争が「深刻で、こう着状態にある」のはわかっているが、それでも「その状態が続かなくてもいいはずだ。何百というプロジェクトに携わった何千という人々が毎日それを証明してくれている」ことをその目で目撃してきた。**絶え間ない暴力と憎しみにもかかわらず、ユダヤ人とアラブ人は共存できると彼は断言する。**彼らの一部は今でも毎日そうしているからだと。[43]

そうした中東のジオ・パートナーの一人、シュロモ・ハッソンは、自分の地元における不当な行為を幾度となく経験している。まだ少年だった一九二九年、ハッソンはアラブ人による虐殺事件でヘブロンにあった我が家を失った。しかしその事件は彼の心に憎しみと復讐心を植えつけるのではなく、当時の彼が経験したものと同じ苦痛を今味わっているパレスチナ人たちとジオ・パートナーになろうという決意を生みだしたのだ。

「最初の一歩は『他者』の認識、そして他者の窮状や苦しみを理解することです」。現在ヘブライ大学の教授を務めるハッソンは言う。「イスラエル内外のパレスチナ人のことを思うとき、私は歴史的な不当行為のことを思い出します。私たちユダヤ人は不安感から自分たちの立場を正当化しがちですが、パレスチナ人の痛みに耳を傾け、対応できるようになるためには、内面に安定を見出さなければならないのです」[44]

数年前、アメリカに拠点を置くユダヤ人支援団体「新イスラエル基金」の役員会議の際、ハッソンはエルサレムの中心地を見下ろす岬へ同僚たちを連れていった。「夜に街を見下ろすと、どこがユダヤ人の入植地で、どこがパレスチナ人の居住区かわかるでしょう」。旧市街の聖地を示して彼は言った。「モスクの尖塔《ミナレット》は緑色のネオンの輪で照らされている。イスラエルの監視塔は青いネオンで照らされている。ここから見ているとわかるのは、ほぼすべての場所で、二つの色が入り混じっていることです。二つの別々の世界ではなく、パッチワークなのです。この国では、なんでも分割できるかもしれないが……エルサレムだけは無理です」[46]

現在の憎しみを相乗エネルギーに転換させるためには、パレスチナ人とイスラエル人との間に並外れて勇気のいるパートナーシップが必要であることを、ハッソンは知っている。**政治家たち**

のけちで辛らつな口論ではなく、境界線を越えて前進する意思と能力を兼ね備えたアラブ人とユダヤ人、双方の勇気と情熱が必要なのだ。直視し、学習し、連帯する能力に基づく彼らのパートナーシップが、いつの日か、永続的な和平の礎となるはずだ。

　こうしたジオ・パートナーシップこそ、貧困を削減し、環境を大事にし、平和を守る手段なのだ。私たちの一人ひとりがジオ・パートナーになれる。同じ懸念を抱き、ともに働くことのできる他者にただ手を差し伸べるだけでいい。何千人ものグローバル・シティズンがすでに「世界の溝に橋を架け」ており、「固定観念にとらわれることなく、境界を越えて協働し、比類なきジオ・パートナーシップを構築している」[46]。彼らは変化をもたらすことができないといって言い訳をしたりはしない。その代わりに、どれほど困難な状況に直面しても、行動を起こすための原動力を見出すのだ。

「開発を支援するために国にもたらされたはずの資金は、なぜかいつも個人の手中に納まってしまっていました」。ジンバブエ出身のヴァージニア・ムパンドゥキは言った。母国における組織的な女性の排除に懸念を抱いた彼女は、カイロで開催された農村開発における女性の役割に関する会議に出席し、彼女が抱えている問題が世界的に恥ずべきことだと気づいた。彼女は当時ほとんど読み書きができなかったが、勇気を振り絞って会議で発言し、彼女自身や母国の女性たちが直面する問題について出席者たちに説明した。

　会議に出席していた他の女性たちの反応に勇気づけられ、そして資金援助団体からの明確な支持を受け、ムパンドゥキは女性のために機会を創出する決意を固めてジンバブエに帰国した。

その結果生まれたのが、「ジンバブエ成人学習者協会」だ。この組織は現在、ジンバブエ中の女性たちに教育の機会を与え、小規模事業を立ちあげ、生き生きとした社会生活を送れるよう支援している。

ヴァージニア・ムパンドゥキの感嘆すべきところは、「男性」が問題だと気づいた彼女が、相手が変わるのを待たなかった点にある。ムパンドゥキはただ女性を平等に扱うよう男性に強く訴えただけでなく、彼女自身や母国全体での変化を加速化させるジオ・パートナーシップを構築したのだ。

私たちがたまたま男であれ女であれ、若者であれ老人であれ、金持ちであれ貧乏であれ、同じ関心を抱いてともに働くことのできる相手には、いつでも手を差し伸べることができるはずだ。

まとめ

世界で生きる力を身につける20の方法

20 Ways To Raise Our Global Intelligence

問題を生みだしたときと同じ意識レベルでは
その問題を解決することはできない

アインシュタイン
Albert Einstein
物理学者

地球規模でのインテリジェンスを鍛える

本書で説明した四つの能力――直視する力、学習する力、連帯する力、そして助けあう力（ジオ・パートナーシップ）を開発すれば、私たちは「グローバル・インテリジェンス」（ＧＩ）を向上させることができる。ＩＱ（知能指数）やＥＱ（感情指数）と異なり、ＧＩは人類を分かつ境界線を越えるべく、持てる機能のすべてを活用する能力だ。もっとも簡潔かつ単刀直入にいえば、自分と異なる人々と共存し、共創することを可能にする人間の能力のことだ。

ＧＩは私たちの知能だけでなく、私たちを形成するすべてを包含する。互いの接点を見出したときの興奮から、不平等や不当行為について知ったときの落胆まで、そして遠い場所へ旅する喜びから、消化しきれないほどの複雑さを前にしたときの混乱まで、人としてのあらゆる感情を引き起こす。自分をグローバル化するということは、以前なら感じることもなかったかもしれない感情で心が満たされ得るということだ。単に私たちがどのように考えるかだけでなく、どのように感じるか。そして何を知っているかだけでなく、どう行動するかが重要なのだ。

ＧＩを測るいくつものテストの中で、もっとも高度なものの一つが「グローバル・マインドセット」リストだ。これはサンダーバード国際経営大学院でマンスール・ジャヴィダン教授が同僚らとともに行った先駆的な研究に基づいている[01]。自分の今のＧＩを評価するために、このようなテストを受けてみることをおすすめする。

しかし、ある時点におけるテストの「点数」よりも、生涯を通してGIを高め続けるほうが最終的にはずっと重要だ。グローバル・インテリジェンスを意識的に高めるには、生涯にわたって毎日続けられるような、自分に合った活動を見出すことだ。つまるところ、「GIを向上させ、グローバル人材になる」ことは、一学期で終わる大学の講義ではなく、生涯続く旅なのだから。

世界各地でグローバル・リーダーシップ研修を実施してきた私自身の経験に加え、数多くの資料を元に、グローバル・インテリジェンスを高めるために毎日実践できる二十の方法をここに記した。これらの方法は、複雑さと困難さを増す世界に対処する方法をも私たちに教えてくれる。これを単なる頭の体操として使わないでほしい。グローバル・マインドを持つ生き方を形成する方法として使ってもらいたいのだ。この中のいくつかだけを取りあげるにしても、すべてを極めるにしても、生活の一部として織りこんでほしい。そうすればグローバル化に向けた自分独特の道筋が見つかるはずだ——人生を豊かにし、世界をよりよく、平和にするための道が。

※本章に続く「自分をグローバル化するための情報源」には、それぞれのGI向上手法を探究するための具体的な書籍やウェブサイト、組織、その他のツールを掲載している。

1　自らが変わる

よく引用されるガンジーのこの言葉は、よい出発点となるだろう。このアドバイスに従うと自分の内面と外面、両方に同時に向かうという難題に取り組むことになる。「彼ら」が変わるのを待つのではなく、まずは自分自身を変えるよう促す言葉だ。

この精神に基づき、私はまず、世界に変化を起こすうえで最大の障害が自分自身だったことを認めなければならない。人生において世界に貢献する機会を数多く与えられるという幸運に恵まれたものの、当時は問題の一部が自分自身にあるということを認識していなかったがために逃してしまった機会もある。「思いやりのある」人間になろう、そして最終的には「グローバル」な人間になろうと固く決意しすぎたあまり、自分の中の、思いやりもなければグローバルでもない部分に目を向けずにいたのだ。たとえば、寛大であろうと思いつめるあまり、自分がどれほど身勝手かに気づいていなかった。協力的であることに傾倒するあまり、自分が頑固な場合もあることを認めなかったのだ。

私にとって、ガンジーの言葉は精神的な助言にとどまらず、きわめて実践的な道筋を示してくれた。「世界に起こればいいと思う変化を、自分自身が起こしなさい」と促したとき、ガンジーは「社会政治的変化」に代わるものとして「個人的変化」を推奨していたわけではなく、「外的な変化」を達成するために「内面から変化」せよと呼びかけていたのだ。彼の志を継ぐグローバルな人物になりたければ、この解釈の区別は重要になる。

本書で紹介したグローバル・シティズンたちの経歴は、まず自分が何者でどこにいるのかと問うところから始めるのが鍵であるという証拠を示している。これまで国連外交官のように多大な権力と影響力を持つグローバル・シティズンを見てきたし、ジンバブエ人のヴァージニア・ムパンドゥキのように、富も影響力もほとんど持たないグローバル・シティズンも見てきた。しかし誰であろうと――イスラエルとパレスチナの間に平和を構築する者からアフリカの伝統療法士まで、地球周回からの帰還を果たす宇宙飛行士から珠海《ズーハイ》の大学生まで――出発点はみな同じ、今この瞬間、立っている場所なのだ。

思いやりにあふれたやさしい世界を望むのならば、自分の身近な人々に対して思いやりとやさしさを示そう。公正な世界を望むのならば、公正な生活を送ろう。持続可能な世界を望むのならば、持続可能な暮らしを切り開こう。平和な世界を望むのならば、平穏であろう。

2 脳の両側を使う

最近の脳研究により、思考はアイデンティティに疑問を投じるような情報を排除しがちであることがわかった。**著名人のスピーチを聞いていて同意できない発言があった場合、脳が「停止する」のだ。すでに信じていることを裏づける発言を聞けば、脳は「活動する」**。

たとえば、アルカイダに共感しているイスラム教徒がイラク駐在の米軍司令官のスピーチを聞いた場合、その内容が事実だったとしても即座に無視してしまうだろう。オサマ・ビン・ラディンのスピーチをテレビで見たアメリカ人もまったく同じ反応を示すはずだ。私たちの左脳は、自らのアイデンティティを守るためにこうした選別作業を行う。このいい点は、自分の現在の世界観に合わない情報を排除することにより、確実性というクッションが得られることだ。しかし悪い点は、これが学習を妨げることだ。

幸いにも、脳には二つの領域がある。簡単に言えば、左脳は考え、右脳は感じるのだ[02]。グローバル・インテリジェンスを向上させるには、その両方が必要となる。受け入れがたい証拠を突きつけられて左脳が「停止」してしまったとき、右脳が体の収縮と緊張を感じる。「思考を閉ざそうとしている」と警告し、もっと敬意《リスペクト》を払うようにと呼びかけてくるのだ(「リスペクト」という言葉を分解すれば、「再度見る《リ/スペクト》」になる)。右脳は私たちにもっと思考を開くように、たとえ理不尽で誤っていて背徳的にさえ思えるような観点であっても、しっかりと耳を傾けるように(必ずしも同意する必要はないが)、と思い出させる。

「脳梁《のうりょう》」は左脳と右脳をつなぐ脳の重要な部分だ。この「配電盤」は、脳の両側の力を結合させるものだ。これは男性よりも女性の方が発達していると言われてはいるが、この機能についてもっと知り、世界に対して思考の扉を開いておくための道具として使うことで、誰しも機能をさらに発展させることができる。

「グローバル・マインドセット」の概念を生みだした多国籍研究イニシアティブである「GLOBEプロジェクト」は最近、グローバル思考者とそうでない者との間で脳の働きに違いがあるかどうかを研究するために、神経科学者を二人雇い入れた。脳波検査機に電極をつないで行った実験の結果、彼らは、GIの高い被験者では脳の両側の多くの領域が同時に反応するが、GIの低い被験者ではほとんどが左脳の一部でしか反応が見られないことに気づいた。この研究から結論を導くにはあまりに時期尚早だが、初期の結果では、脳は一部のみで働くよりも全体として働いたほうが、世界を直視する能力を発揮できることが示されている。[03]

※子を持つ親への注意――テレビでGIを向上させることは可能だが、子どもが幼いうちは寝室にテレビを置かないように。テレビの普及に伴って他のコミュニティや文化に関するニュースが届くようになり、たしかに私たちのグローバルな一面は強化された。しかし子ども部屋にテレビを置くのはまったく別の問題だ。ベッドと同じ部屋にテレビがある子どもは学校でのテストの成績が悪く、他にも好ましくない行動パターンを身につける傾向がある。子ども部屋にテレビを置くことによるリスクは、他のどのような利点をも無にするほど高いものなのだ。[04]

3　根源的なルーツを探る

二〇〇八年九月、一〇〇人を超えるイスラム教研究者やあらゆる教派の聖職者が、世界中のキリスト教徒に宛てて必読の公開書簡を発表した。イスラム教徒たちは、オサマ・ビン・ラディンがイスラム教徒の代表者ではないのだと念を押すために、キリスト教徒たちへのメッセージを送ったのだ。公開書簡では、イスラム教とキリスト教との間に神の唯一性への信仰や神への愛の優位性、隣人を愛することの力など、どれほど多くの共通点があるかが記されていた。「私たちとあなたたちの共通の言葉」と題されたこの書簡は、数多くのキリスト教徒から反応を引き出した。カンタベリー大主教もその一人で、書簡に対する返答の最後をこう締めくくっている。「深い対話を行おうというあなたがたの招待にこう答えましょう……イエス！　アーメン」[05]

ＧＩを向上させるということは、私たちが共有しないものだけでなく、共有するものにも注目しておくということだ。たしかに、信仰は異なる。だが敏速にグローバルな教養を深めれば、信仰にも共通点があるのだとわかるだろう。いわゆる「キリスト教の西洋」と「イスラム教の中東」は緊張関係にあるが、この二つの信仰は（そしてユダヤ教も）、一つの家族――アブラハムの家族から派生したものなのだ。

本書の読者はイスラム教徒かもしれないし、ヒンズー教徒、ユダヤ教徒、キリスト教徒かもしれない。本書を手に取ってくれるのはアラブ人かもしれないし、白人、スイス人、スワジ人かもしれない。自分をグローバル化するということは、一方では、ジャマイカ生まれの若い哲学者ジェイソン・ヒルが言うところの「自分がどこから来たのか忘れる権利[06]」を行使するということになる。つまり、歴史に基づくアイデンティティから、自分を引き離すということだ。だがもう一方で、ＧＩを向上させるとは、自分のルーツから目をそらすことではなく、ルーツと向きあうということでもある。

どのようなアイデンティティを持っているにせよ、ずっと奥深くまでたどっていけば、最終的には地球の一体性へと導かれる。「聖書を読み、コーランを読み、トーラーを読み、ウパニシャッドを読み、バガヴァッド・ギーターを読む」。今は亡きインド人導師《グル》スワミ・サッチダーナンダは、自らのもっとも明確かつ簡潔な発言の中でこう述べている。「(すべての信仰は)述べている……そうした定義から抜け出せと。定義こそ、私たちを分かつものだからである」

勇気を出して表面上の違いの下を覗いてみれば、どこにでも未踏または未開発の一体性があるはずだ。散り散りになる前、私たちは一つだった。この単純ながらもとらえどころのない真実を忘れないための簡単なコツをお教えしよう。「一、二、三」と言うとき、一が常に最初に来るということさえ覚えておけばいい。

4 家にちゃんとドアをつけておく

言わずもがなだが、家にはドアが必要だ。でなければそれは家ではなく、牢獄だ。しかし宗教のこととなると、私たちはしばしばドアのない礼拝所を建ててしまう。四方を壁に囲まれた、出口のない信仰体系を作りあげてしまうのだ。

世界中で、さまざまな信仰の原理主義的な親たちが、自分の子が世界に対する違った見方、特に親が邪悪だとみなす見方を学ぶのは悪いことだと信じている。たとえばアメリカでは、イエス・キリストを信じる何百万ものキリスト教徒がムハンマドを信じる者に疑念を抱いており、コーランを学んだりイスラムについて調べたりするよう子どもにすすめたりは決してしない。地球の反対側、モロッコからミンダナオまでの地域に何千と見られる「マドラサ」と呼ばれる原理主義イスラム学校では、自分の子が聖書を読んだりキリスト教について調べたりすることを望まない預言者ムハンマドの信奉者たちが、何億人もいるのだ。さらに、他の「アブラハムの宗教」に比べれば少数派ではあるが、ユダヤ教徒も世界中におり、子どもたちにユダヤ教を教えこんでいる。

もちろん、どのような信仰を持つ親でも、子どもが親と同じ信仰を持つよう、宗教的な「家」を自分の子どもに与える権利がある。隣人に対する無知は誰にとってもよくないはずなのだが、世界中の親は子どもに自らの伝統については教えながらも、他者の信仰についてはほとんど、あるいはまったく教えていないのだ。

しかしコミュニティに暮らす以上、**隣人の生き方を尊重できるようになるためにも、彼らについてちゃんと知っておくべきだ——そして隣人にも同様に、私たちの生き方を尊重できるよう私たちのことを知ってもらうべきだ。**結局のところ、私たちグローバル・シティズンはそれぞれの宗教の一員であるだけではない。私たちは地球の住民であり、そこにはあらゆる信仰の人々が含まれるのだ。地球とそこに住むすべての生き物（二本足の生物も含む）についてもっと知れば、地球を、ひいては私たち自身を、もっと大事にすることができる。

5　少数派の視点で考える

家族と暮らし、地元の友人と過ごすコロラドの自宅にいると、「白人男性」である自分が人種的、民族的に多数派であると信じることは簡単だ。なんと言っても、毎日顔を合わせるほとんどの人々が自分と同じような外見をしているのだから。しかし南へ数時間車を走らせれば、十人中七人がラテン系であったり、十人中九人がネイティブアメリカンであったりする町にたどりつく。メキシコシティや北京へ飛べば、ごく少数派の白人の一人になる。グローバル・シティズンになるためには、この根本的な真実を思いだす必要がある。すなわち、私たちはみな、少数派の一員なのだと。

この点を強調するため、自分が世界最大の民族、中国漢民族の一員だと想像してみよう。彼らは中華人民共和国の総人口の約九二パーセントを構成する。つまり中国漢民族は十億人以上いる計算になるが、それでも彼らは地球上の総人口の二〇パーセントにも満たない。言い換えれば、中国漢民族は人類の少数派ということになる。[07]

肌の色や顔の形にかかわらず、そして隣人と似ているかどうかにかかわらず、**自分が少数派であるという前提で物事を考えることが重要だ。なぜなら、実際に少数派なのだから。**これを自覚することによって、自分が人類というパッチワークキルトを構成する布切れの一片、森林を埋めつくす何種類もの葉の一枚に過ぎないことに関心が向くようになるはずだ。民族的に言えば、私たちは原則ではなく、例外なのだ。

6　学び続けること——無知でいる方法も含めて

「すべてのグローバル・シティズンが知っておくべきこととはなんでしょう？」

　国際会議に出席する二十人の思慮深い同僚たちに向かって、この非常に単刀直入な質問を投げかけたときに起こったことは、きっと一生忘れないだろう。質問を発するとすぐさま、この卓越したグループは機関銃のような勢いで返答を繰り出した。

「生態学的教養」と、『タオ自然学——現代物理学の先端から「東洋の世紀」がはじまる』や『人生の網目』〔*The Web of Life*〕の著者、フリッチョフ・カプラが言った。

「持続可能な経済」と答えたのは『自然資本の経済——「成長の限界」を突破する新産業革命』の共著者の一人、ハンター・ロビンスだ。

「金融システムの理解」経済学者のジェフ・ゲイツが言う。

「システム的思考」ある有名大学の教授が発言した。

「物理学と生物学」とまた別の参加者。

「世界の宗教」宗教志向の参加者が言った。

　必須項目が増えていくにつれ、会議室の雰囲気は興奮から混乱へと変わっていった。回答の雪崩に生き埋めにされそうだった。五分と経たないうちに、大学院の学位五、六個ぶんはありそうなカリキュラムが描き出されていたのだ！

この話をしているのは、「学習の継続」に逆説的な要素があるからだ。学習を始めたばかりの頃こそ力づけられるが、すべてを学ぶことなど誰もできないのだから、最終的にはどれだけ学んでも完璧にはなれない。しかしグローバル思考を提唱する導師《グル》の多くが、左脳の限界に気づいていないようだ。たとえば、コロンビア大学地球研究所長のジェフリー・サックスは「今の世代が抱える困難」について、「開発経済、気候変動、公衆衛生、その他関連分野について学ぶことで」グローバル・シティズンになるようにと助言している（サックスはさらに、『ネイチャー』『サイエンス』『ニュー・サイエンティスト』『ディスカバー』『サイエンティフィック・アメリカン』は「私たちの世代が絶対に読んでおくべき雑誌」だとつけ加え、その上に「無数にある高品質なウェブサイト」の情報も取り逃さないように、と奨励している）。

この才能あふれる経済学者のことはおおいに尊敬している。今日の世界でもっとも効果的に活動しているグローバル・シティズンであることは間違いない。だが彼の助言には頷けない。彼の宿題はあまりにもハードルが高く、あまりにも膨大な時間を要するため、サックスのゼミにいるフルタイムの大学院生でさえ、すべてこなすことはできないのではないだろうか。

そこで私の助言はこれだ。学び続けること――無知でいる方法も含めて。

「初心」の概念を生んだ禅師、鈴木老師はこう語っている。「無知とは、ものを知らないという意味ではない」。むしろ、**自分が知っていることにとらわれず、知識を軽い形で保有するという意味だ。**既知の限界を越えて思考できるようになるということなのだ。つまり、越境的学習の必要不可欠な要素は、自分が知らないことについて自覚することにある。際限なく広がる情報の海で安定を保ち、自信を持たせ、謙虚でいさせてくれるため、「無知」はグローバル・シティズンになる上での大きな鍵となる。

7 自分の世界観を事実に照らしあわせる

【問】イスラム教徒がもっとも多い国はどこか？
【答】A．インド　B．サウジアラビア　C．インドネシア　D．エジプト

答えを考えながら、ちょっと自分自身の心理状態を省みてみよう。その答えに自信はあるだろうか？　あるなら、初めてイスラム教（または自分が信仰する以外の宗教）について学んだときのことを覚えているだろうか？　十三億にのぼる彼らイスラム教徒に対するイメージを形成したのはなんだろう？　そのイメージは実体験に基づくものか、それとも人づてに聞いた情報に基づくものか？

質問の正解は、Cのインドネシアだ（ちなみに二番目はインド）。これでわかるように、イスラム教徒の大多数は中東ではなく、アジアにいるのだ。正解した方、おめでとう！　あなたはイスラム教徒のほとんどがアラブ人だというマスメディア的固定観念から、自らを解放することに成功している（実際には、イスラム教徒の中でアラブ人は二〇パーセントにしか満たない）。あなたはこの広大で多様な宗教コミュニティの地理的・文化的分布を正しく把握している。答えを

間違えたあなたは、これを学習の機会ととらえていただきたい。
世界観を試す、議論の分かれる質問をもう一つ。

【問】直近の世界的景気後退からの回復を加速させたのはどの国の経済か？
【答】A．アメリカ　B．中国　C．EU　D．ロシア

以前であれば、正解はAのアメリカだっただろう。これまでの世界的経済不況は大体において、アメリカの大手企業が回復させてきた。アメリカが成長を加速させ、ヨーロッパがすぐ後ろに続く形だったのだ。しかし二〇〇八年の景気後退は違っていた。アメリカは群れを率いるのではなく、後ろからついてくるだけだった。今回、物語の主役はアジアにいた。「経済の重心はしばらく前から移り始めていましたが、今回の景気後退は大きな転換点となりました」。クレディ・スイスのチーフエコノミスト、ニール・ソスは言う。「世界を律しているのはアメリカではなくアジアになってきています。今までになかったことです」。クリントン政権時代に国際貿易担当商務次官を務めたジェフリー・ガーテンも同意見だ。「世界的回復の原動力」はアメリカではなくなる。「活発な成長が続いている中国以外にない……」[08]
そう、正解はBの中国だ。「アジアの回復が中国の主導権を浮き彫りに」というのが『ニューヨーク・タイムズ』のビジネス欄の大見出しだったが、同様の記事は『フィナンシャル・タイムズ』『エコノミスト』などの刊行物にも掲載されていた[09]。景気後退から真っ先に脱したのは

アジアで、その後にEUが続いたのだった。アメリカはそのさらに後だった。

前述の質問が示唆するように、GIを向上させるということは世界に関する「脳内地図」に実体験をもって異議を唱え、心臓が動き続ける限り世界観を更新し、見直し続けるということだ。

8 敵を知る——徹底的に

イラク戦争開始前夜、あるアメリカ人のコラムニストがこう書いた。「私たちの眼前にある疑問は非常に大きく、非常に単純なものだ。『人類の文明的な部分は、究極の知識を究極の破壊行為に利用しようとする野蛮人たちを武装解除することが可能で——かつそれを実行するだろうか？』[10]」私たちが本当に「敵を知る」つもりなら、このような言葉はまったく役に立たない。それどころか、逆の効果を与えてしまう。私たちを「文明的」（すなわち、人間）に、そして彼らを「野蛮」（すなわち、人間以下）に分類してしまうのだ。この安直な二元性は効果のない政治戦略につながるだけでなく、不適切な軍事活動にもつながっていく。

「敵を知る」というのは理想主義的な「世界を救おう」という概念ではなく、むしろ自分自身や愛する者たちの安全を守るためにGIを使う、実践的で合理的な方法だ。

「汝の敵を知れ」という聖書の教えは何千年も前からあるものだが、残念ながら、私たち人類はその教えにあまりうまく従ってこなかった。形は違えど、どのような信仰も信奉者に「自分が他人にしてもらいたいと思うことを他人に対して行いなさい」と訓戒している。しかし私たちがそれを実践するのは多くの場合、その「他人」が自分たちと似ているときだけだった。「他人」が自分たちと大きく異なっている場合、この黄金律は都合よく忘れ去られていたのだ。

子どもたちにもっと安全な世界を遺したければ、現実の敵であれ潜在的な敵であれ、敵対者に共感することは必須である。ズビグニュー・ブレジンスキーのようなベテランの国家安全保障関係者によれば、私たちは敵、特に「テロリスト」と呼ぶ敵のことを、まるで「なんの具体的な動機もなく、ただ邪悪な感情に任せて活動する……大気圏外に浮遊する概念的な現象であるかのように」扱ってしまっていると言う。アメリカの国家安全保障問題担当大統領補佐官を務めたブレジンスキーはこう語っている。「欠けているのは、どのようなテロ行為でも、その背後には具体的な政治的背景が潜んでいるという単純な事実なのだ」[11]

外交的形式から人の心の言語へ翻訳すると、「政治的背景」とは通常、「人間の苦悩」という意味になる。「テロリスト」たちが暴力行為におよぶのは、彼らや彼らの愛する者たちに何かトラウマ的な出来事があったためだ。どこであれ、テロが慢性的に続く場所——北アイルランド、スペインのバスク地方、イスラエル・パレスチナ問題、カシミール地方、メキシコのチアパス州、フィリピンのミンダナオ島——では、誘因となったトラウマ的事象が過去にあったのだ。

ここで少し、「敵」——誰のことを敵とみなしているにせよ、その相手——について考えてみよう。私たちは彼らの世界を直視できるだろうか？　彼らの苦悩の歴史について何か学べるだろうか？　彼らの失ったものや悲しみに共感することができるだろうか？　そして最後に、どれほどわずかなものであろうとも、共通の関心事について彼らと連携する方法を見出すことができるだろうか？

具体的な実例として、東西の超大国、アメリカ合衆国と中華人民共和国の関係を見てみよう。欧米の「中国専門家」たちが近年出版してきた数々の書籍『中国は世界に復讐する』『SHOWDOWN（対決）――中国が牙をむく日』『二〇一三年、米中戦争勃発す！』といった衝撃的な題名の本はどれも、この歴史ある国家を新たに興りつつある「敵」とみなしている。中国の経済力の成長と軍事費の増加を受け、欧米の国際安全保障専門家の中には、中国が帝国の拡大に備えて腕を鳴らしているのだと見ている者もいる。そうした専門家らは、欧米勢力に中国を「抑えこみ」、場合によってはアジアでの軍用基地や防衛システムの強化にもっと投資すべきだと助言しているのだ。[12]

しかし、もっと「敵」のことをよく知れば、中国に対する別の観点が生まれるはずだ。そこには、国外での業績に割く気力も野心もほとんど持たない、国内の安全保障に強い懸念を持つ国の姿が見える。客観的に見れば、アメリカとヨーロッパは中国の軍事施設に囲まれているわけではない。一方で中国は全方向を欧米の駐留軍に包囲されている。アフガニスタン、フィリピン、日本、韓国、そして近海に戦略的に配備された多数の空母に至るまで、中国は外国の部隊や武器にぐるりと取り囲まれているのだ――たとえば、アメリカは国外に七〇〇以上の軍事「拠点」を有している。世界には一九二カ国しかないことを考えると、平均すれば一カ国あたり三カ所の米軍拠点がある計算になるのだ！　たとえほんの少しでも相手の立場に立って考えれば、いわゆる「敵」との有望で、実りある、誠実な関係を築く方法はいくらでも見つけられるはずだ。

9 固定観念を信頼関係へと進化させる

アウトワード・バウンド・インターナショナルとともに立ちあげたリーダーシップ研修では、二十人の新進気鋭のリーダーたちをキリマンジヤロ山頂への登山に連れ出した。十日間ともに山を登り、同じテントで眠り、高度五八〇〇メートルで高山病と闘いながらも協力して声をかけあい、私たちはお互いをかなり深く知ることができた。そのときにわかったことは、参加者の中にいた四人のイスラム教徒――それぞれオマーン、アフガニスタン、フィリピン、インド出身――はグループの他の参加者と同じくらい、個々に異なる人格だということだった。「彼ら」は固定観念にはあてはめられなかった。それは「私たち」も同様だった。

ときには、彼らについての洞察に満ちた小説を読んだり、彼らの歴史の記憶を呼び起こす印象的な映画を観たりすることで開眼させられる場合もある。しかしほとんどの場合、敵について知るには、表面的なものでなく、もっと直接的な接触が求められる。ヴァーツラフ・ハヴェルは、共産主義支配に反対するチェコの市民運動で勇敢に闘ったもっとも活動的な指導者の一人だ。彼は脚本家で、ソヴィエト当局が公共広場での発言を禁じた内容を舞台の脚本で表現した(彼は後にチェコスロバキア、そしてチェコ共和国の大統領となった)。視点の基礎を「社会学的統計だけに頼るのではなく、生身の人間も基礎と」して、「身につけた思想だけでなく、自らの魂にも」従うように、とハヴェルがグローバル・シティズンの一人ひとりに与えた助言は、ＧＩ

構築の実践方法をいちばんうまく言い得ているのではないだろうか。[13]

「抽象化は避けてください」と助言するのは、イスラエルとパレスチナの間に橋を架ける先駆者のシュロモ・ハッソンだ。「私は相手側に友人や家族を見出すようにしているし、同胞にもそうするよう助言しています。彼らの人生や歴史について学びましょう。統計や政治的分析だけから学んではいけません。表面的であったり機械的であったりする経済的、政治的介入によって相手側を固定しようとしてはいけない。相手の言葉や身の上話に耳を傾けること。そうすれば相手のことを思いやり、正当な扱いを受けるようにしたいと思うはずです。自分自身に対して思うようにね」[14]

10　マインドを広げる質問をする

本書では、世界に対する私自身の理解をも深める問題を提起してきた。私の経験上、強力な質問を投げかけること——あるいは投げかけられること——で思考は広がり、ＧＩはもっとも効果的に向上する。

たとえば、数年前、私は貿易慣行についての報告書を読んでいた。その中に、ガナックバリの輸出加工区で働く、教育を受けていない貧しいミシン工のナワズ・ハザリへのインタビューがあったのだ。ガナックバリはバングラデシュのダッカ近くに位置しており、国外販売目的の商品を専門に生産している。「工場での仕事はとてもきついものです」。ナワズは通訳を介して、英語圏の見学者に語っていた。「あまりいい扱いは受けていません。**私たちが作ったシャツを買うとき、あなたの国の人たちは私たちの状況について考えることがあるのでしょうか？**」[15]

ナワズの質問は私をひどく動揺させ、今に至るまで記憶に刻みつけられている。もう何年もアジア製のシャツを着ていて、常にその質問を自分にしていた。不公正な労働慣行や労働者の権利について、漠然と考えたことはもちろんある。だが私の服を作っている生身の人間について具体的に考えたことはなかった。ナワズの質問に意識を呼び覚まされ、私は服のラベルを見るようになった。そして労働環境について知り、消費者としてそうした問題も検討事項に含めるようになったのだ。

思考を広げ、心を開き、ＧＩを向上させるような質問をもう三問出そう。

核兵器の拡散を制御するにはどうすればいいか？

第二次世界大戦の終盤に初の原子爆弾が落とされた一九四五年以来、核兵器をどう制御するべきかという問いは、人類の交渉の場において常に前面に置かれてきた。ロシアとアメリカは世界中の核兵器の九〇パーセント以上を保有している[16]。他の国々のほとんどが、この二カ国の備蓄を減らさせたがっている。ロシアとアメリカは（それぞれの独特なやりかたで）まずは他の非核保有国に、核兵器を開発しないという合意に署名させ、批准させたがっている。このこう着状態を、どのようにして交渉で打開すればいいだろう？　そして原子力発電の普及によりほぼすべての国がこの悪魔の武器を生産し得るようになり、非国家武装組織が簡単に手に入れられるように

なる前に迅速に現状を打開するには、どうすればいいだろう？ぴ

環境を保護しつつ貧困を削減するにはどうすればいいか？

ウェブにアクセスできるなら、ブラウザの検索ウインドウに「ＢＯＰ（Bottom of the Pyramid）〔「Base of the Pyramid」とするサイトもある〕」と入力して、何十万件ものサイトをいくつか覗いてみてほしい。そうすれば、一日二ドル以下で生活する数十億の人々の苦境を解決すべく、立ち向かっている人々のアイデアを直接見ることができる。地球村に住む隣人たちがどうすれば生活水準を引きあげられるか、どうすれば頼みの綱である自然環境を破壊せずにそれを達成できるかを考えてみよう。

貧困家庭は、どうすれば持続可能な方法で生活水準を改善することができるだろう？　そして彼ら貧困層を支援する富裕層の、道義上の責任とはなんだろう？

厳しさを増す水不足に備えるにはどうすればいいか？

今、安全な飲料水が手に入らない人々が十億人もいる。人口増加や気候変動により、この数字は急騰するだろう[17]。たとえばアジアでは、二十億人以上がヒマラヤ流域からの水に飲料水を頼っている。現在の予測どおり、氷河氷が二〇三〇年までに八〇パーセント減少するとすれば、この二十億人は特に危機的状況に置かれることになる。今後数十年のうちに水をめぐる紛争がきわめて重要な問題になることがほぼ間違いない以上、地平線に姿を現したこの危機にはどう対処

すればいいだろう?

この質問に関心を覚えてくれたなら、思考を広げる他の問題にも目を向けてほしい。学習意欲を刺激する程度に難しく、思考が停止するほどには難しすぎない問題を選ぼう。忘れないでほしい。目的は思考を広げることであって、圧倒させることではないのだ。

11 地球の声に耳を傾ける

数世紀にわたって凍ったままだった北極と南極の氷が解け始めた。イルカの大群が浜辺に打ちあげられ、大量死した。高レベル汚染警報が発令されている都市で、呼吸器不全の症例が劇的に増加した。殺人的な規模のハリケーンや熱波、その他の気象現象が激増した——地球は私たちに何か訴えようとしている。だが私たちは耳を傾けているだろうか?

気候変動について現在行われている交渉の中で、かつてないほど多くの人々が地球の運命について議論している。富裕国は貧困国と交渉し、強大な多国籍企業は政府と交渉し、環境保護主義者は企業経営者と交渉している。さらに多くの人々が、以前にも増して国際政策に関する対話を行っている。だが、私たちは地球自身の声に耳を傾けているだろうか?

キリマンジャロ山のふもとで育ったタンザニア出身の熱帯生態学者であり保全生物学者のノビー・コルデイロは、自分の専門分野に奇妙な矛盾があることに気づいた。「熱帯雨林について書いている科学者や、彼らが出版する学会誌は圧倒的に北半球を基準としたものが多いのです」。ドイツのマールブルク大学で、画面に映し出されたパワーポイントの詳細なデータを示しながら、彼は同僚たちに語りかけた。「ブラジルとメキシコを除き、熱帯地方に関する情報はヨーロッパと北米の科学者たちによって収集され、広められているのです。人類のごく一部がメガホンを握り、残りの人々の声をかき消しているようでは、地球の声に耳を傾けることなどできるでしょうか？」[18]

地球の声に耳を傾けるということはつまり、地球の住民すべてに――特に声をあげられないものに――耳を傾けるということである。ここには私たち人類の中で権利を奪われた人々だけでなく、権力の中枢に参加できない動植物も含まれる。グローバル・シティズンである私たちの「母国」「祖国」は、生まれた国だけを指すものではない。この生ける惑星全体を指すのだ。つまり地球の声に耳を傾けることは、グローバル・シティズンができるもっとも重要な貢献の一つと言える。最終的に、地球は他の誰もが教えられないようなことを教えてくれる場合があるからだ。

12 うまくいく方法を忍耐づよく探る

ＧＩを向上させる方法の中でも、一見これはいちばん退屈な方法のように思えるかもしれないが、絶対に欠かすことのできない方法だ。うまくいく方法に純然たる忍耐力をもって注力することが、グローバル・インテリジェンスを損なうもっとも一般的な毒の一つ、「絶望」の解毒剤になり得るのだ。
世界についてより深く学ぶ過程で、多くの悲しく、恐ろしいニュースが目に入ってくる。「さて、地球の現状はどうなのでしょう?」『オードマガジン』が、アースポリシー研究所の創立者、レスター・ブラウンに問いかけた。

「土壌侵食が見られます」。ブラウンは答えた。「地下水位は下がり、漁業は崩壊し、森林は減少し、砂漠は拡大し、草原は失われつつあります」。さらに、彼は「収穫量に影響を与え、海水位の上昇につながる気温の上昇」を含む、いくつものマイナス要素を羅列した。[19]

ブラウンのあげた事例はおそらく正確だろう。しかしこのような形でまとめて公表された場合、聞く者は意気消沈させられるだろうか、鼓舞されるだろうか? グローバル・シティズンとしての私たちは、自分たちだけでなく他者に対して、「自分がどれだけがんばっても、地球をよりよくするための努力は長期的には何も達成することができないのだったら、何もしないほうがいいじゃないか!」と思わせないようにしなければない。

「地球を救おう」と言う活動家の間でも、絶望することがもてはやされる場合がある。もっともひどい診断を下す者が、もっとも博識だとみなされるのだ。何が不公平で間違っており、何に問題があって改善すべきかについての「グローバルな知識を持っている」ことを自慢に思うあまり、何が美しくて公正か、何が希望に満ちていて肯定的かを忘れてしまう。うまくいかないことにばかりとらわれてしまうのだ。

この中毒を煽っているのはマスメディアだ。ケニアのある村で暴動が起こり、教会に逃げこんだ女性や子どもたちが生きながら焼かれたという記事を読んで写真を目にし、私たちは恐れおののく。人の目を引きつける、多くの場合暴力を伴うひどい事件に限って、ニュースになる。それを目にして初めて、私たちは関心を覚えるのだ。

しかし、ケニアのある村が面積あたりの穀物の収量を倍増させ、種をまく農地を拡大し、二年未満で穀物生産量を四倍に増やした場合はどうだろう？　マラリアの発症例がほぼゼロまで減少した場合は？　給食プログラムやその他の支援のおかげで、子どもたちの就学率が大幅に改善した場合は？　そうしたすばらしい成果が一つの村だけではなく、「ミレニアム・ビレッジ・プロジェクト」（ＭＶＰ）に含まれるすべての村で起こっていた場合は？[20]

ＭＶＰに向けられる関心と資金が――サハラ以南のアフリカにおける貧困対策でめざましい成果をあげているにもかかわらず――こんなにも少ないことに、私たちは懸念を覚えるべきだ。一〇〇人を閉じこめた教会がものの数分で燃やしつくされると、胸が張り裂けるようなその惨劇の映像は、数時間のうちに世界中を駆けめぐる。しかし村を絶望から希望へ、依存から自立へと転換させるには何年もかかる。うまくいく方法は、多くの場合、忍耐を要するのだ。

何がうまくいくのかに注意を払えば、何がうまくいかないのかを学んだ場合と同じくらい、あるいはそれ以上に、ＧＩを向上させることができる。

13　境界線を越えて行動する

技術者は実践している。建築士も、新聞記者も、教師も実践している。道化師も、ロックバンドも、国境なき医師団がノーベル平和賞を受賞したことからもわかるように医師も、みな実践しているのだ。

これらの職業は多種多様だが、どれも境界線を越えて活動することが可能だ。そうした職業に就いているグローバル・シティズンたちの責務は、それぞれの国の中だけで完結することはない。それを証明するため、彼らは「国境なき技師団」「国境なきバンド」「国境なき博愛主義者」「国境なき医師団」などを結成している。

越境すると、職業は変化する。たとえば国境なき技師団は、彼らの職業が対応する問題の九〇パーセントが、世界人口のわずか一〇パーセントにしか影響をおよぼさない内容だと述べている。同様に、国境なき医師団も、医学研究の大多数が人類のうちごく少数の富裕層にしか影響を与えない疾病を対象にしているという、不当な現状を指摘する。こうした組織は境界線を越えて活動しているため、一国の文化における「医薬」や「工学」といった定義にとらわれない。むしろ、全体のために活動するのだ。

個人的な経験から、何事であれ「境界を越えて」行動することで、自分自身と自分の職業が変わることを私は知っている。一九八六年に私はアメリカとソヴィエト連邦の映画製作者たちを「エンターテインメント・サミット」に呼び集めた。ソヴィエトとアメリカの映画産業における連携を促進して冷戦を終結させることを目標に掲げる組織を設立するためだった。二十年後、「イースト・ウェスト・インスティテュート」という国際政策シンクタンクのためにニューヨークとブリュッセルで働いていたときには、同僚たちと「シンクタンクの世界的ネットワーク」を編成し、緊密に連携した善意に基づく多くの企業がよりグローバルに思考し、行動できるようにした。私は他にも多くの経験から、この短くも貴重な人生で何をするにせよ、「境界線を越えて行動する」方法を学ぶべきだと知ったのだ。

14 利益と価値の両方を考える

金儲けに注力することはできる。あるいはグローバルな価値観を尊重することもできる。だがGIを向上させたかったら、両方のことを考えた方が理にかなっている。

利益をあげるという目標だけでは、経営におけるGIを押しあげることはできない。企業のグローバル能力を飛躍的に向上させるには、三つの側面における成果（トリプル・ボトムライン）に沿ってビジネスを運営すればいい。つまり利益の結果だけでなく、人と地球にもたらした結果も考慮するのだ。経済的にだけでなく社会的、環境的に思考することで、ビジネスにおけるグローバル人材はGIを向上させ、同時に収益を向上させることもできる。グーグルの元常務取締役ラリー・ブリリアントの言葉を借りれば、**「伝統的利益」の観点で考えるのではなく、「社会的利益」の観点で考えるべきなのだ**。[21]

エイズ危機の初期の頃、製薬会社は薬の値段を引き下げることを無情にも拒否し、アフリカにいる数多くの患者を不必要に苦しませ、死なせたとして活動家から攻撃された。幸いにも、クリントン財団やその他の第三者機関が介入したため、製薬会社のCEOたちは貧困国で「非営利」の水準まで製品価格を引き下げても、高所得市場で特許によって保護された価格を維持できることに気づいた。メルクがこれを実行すると社内の従業員は熱意を新たにし、当時のCEOレイ・ギルマーティンによれば、かつてないほど勤労意欲が高まったのだそうだ。[22]

この反応は驚くべきことではないだろう。**金銭的報奨の力はたしかに大きいが、金銭に意義をかけあわせた報奨の足元にもおよばない。**にもかかわらず、多くの多国籍企業が、自分たちの擁護すべきグローバルな価値観についていまだにはっきりわかっていないのだ。そうした企業は、利益や投資に対する見返り、そして市場シェアの拡大ばかり考える組織という印象を与えてきた。同等の利益をあげている二つの企業があり、一方はグローバルな価値観を無視した投資を行い、もう一方はグローバルな価値観に基づく経営を行っていた場合、最終的に世界市場シェアを獲得するのはグローバルな価値観を持つほうであることに、企業はようやく気づき始めている。

利益と意義の両方を提供する企業で働く（あるいはその製品を購入する）という選択肢があるのなら、グローバル・シティズンは必ずそちらを選ぶだろう。

15　遠近両方に旅する

グローバル・シティズンは、マイルやキロの単位だけで旅を測ったりはしない。「旅をする」というのは必ずしも地球の風景を駆け抜けるという意味ではないのだ。それは、自分の地元の大地を掘り下げるという意味でもある。注意深く見れば、世界全体は人が「故郷」と呼ぶ場所の近くにある場合が多い。「外国」を旅するだけでなく、「故郷」にいながら旅をすることもできるのだ。

地元コミュニティの多くは、その内側に人間性の樹を封じこめた種のようなものだ。地元について知ることが、世界について知る最善の手段の一つだ。大規模な都市に住んでいるのなら、世界はすでに玄関先から広がっている。クリチバ（ブラジル）、シカゴ（アメリカ）、ボゴタ（コロンビア）、ムンバイ（インド）の表面下を掘ってみれば、世界全体を凝縮したような「複合都市」が見つかるはずだ[23]。世界を旅するのに飛行機のチケットは必要ない。市バスの乗車券さえあればいい！

実は、先進国の市民のほとんどにとって、広い世界は地元のスーパーや台所の棚という身近な場所にもあるのだ。いちばんありふれた商品、たとえば朝に飲むコーヒーやシリアルにのせるバナナの原産地を調べれば、豊かな複雑さに満ちた世界旅行記を目にすることができる。世界中のコーヒー農家やバナナ農家が生活賃金を稼げるようにしたければ、フェアトレードの原則（小規模農家の生産物に対する公正な価格設定、プランテーション労働者への適正な賃金と労働環境、労働者が組合を結成する権利、持続可能な農業）に基づく商品を購入することで、問題解決の一端を担える[24]。そしてこのサプライチェーンから教訓を学んだら、次は車に入れるガソリンや自宅を建てるのに使われた木材、地元のネットカフェに置いてあるコンピュータの中のマイクロチップについて調べてみよう。そうすると、突如として世界全体が発見できるかもしれない。

真実を言うと、私たちのローカルな文化は一見したよりもずっとグローバルな場合が多いのだ。たとえば、自分のコミュニティや国家を統治する人々を見てみよう。住んでいるのが中国であれ、イギリスであれ、ドイツであれ、フランスであれ、アメリカであれ、立法機関や議会の人々を見てほしい。多種多様な国民を代表しているはずの彼らは、ずいぶん均質ではないだろうか。

そこで、グローバル・シティズンが自宅にいながらにして旅する方法の一つが、地元の行政機関に「グローバル＋ローカル＝グローカル」な現実を尊重させるようにすることだ。地元の多様性を、権力の中枢にも反映させるようにしよう。自分のコミュニティを目撃することができるなら、その内側にある世界も、確実に目撃できるはずだ。

16　共通点を見出す

アメリカと中国の文化で共通していることは何か？

これは、実に単純な理由から、二十一世紀にとってきわめて重要な問いだ。この二つの文化に一切共通点がなければ、合意点も見出せず、大問題が生じる。だが何か一つでも共通する部分があるなら、その共通基盤を足がかりとすることができるのだ。

幸いにも、この二つの文化は著しい違いの下にも、いくつかの文化的共通点を持っている。GLOBEの調査によると、リーダーシップに対する中国人とアメリカ人の考え方は極端に異なっていると同時に、極端に類似しているそうだ。権力に対する姿勢で言えば、これ以上異なる文化はないだろう。この二大国家の間に緊張をもたらしたければ、権力欲の違いにおいてくさびを打ちこむ余地は多いだろう。だが、この二つの文化には完全に共通している点もあるのだ。GLOBEの研究を主導しているマンスール・ジャヴィダンは、どちらの文化もきわめて高い「業績本位」主義だと言う。どちらも結果をきわめて重視し、現代の中国人もアメリカ人も、地位や肩書きでなく、実際の業績に基づく報酬を望んでいるのだ。[25]

このデータが示すように、私たちには選択肢がある。どのような違いがあろうとも、何が私たちを分かつのか、何が私たちをつなぐのかに焦点を当てることができるのだ。**共通点を見つければ、可能性が生まれる。**何が普遍的なのかを模索していけば、グローバル・インテリジェンスは向上する。表面的で、ときには苛立たしくなるような、双方の違いのさらに深い部分を見据え、そこに隠された実り多き共通点を発見すべく努力するからだ。

グローバル・シティズンとして、他者と同じであろうとする必要はないが、すべての人々が何を共有しているのかを知る必要はある。共通点を模索し、それによってまた別の習慣を身につける必要が出てくるのだ。

17 複数の言語を身につける

子どもの頃、私たちは同じ人類の一部とコミュニケーションを取れる言語を使いながら育ったが、その言語で他の人々とは会話できなかった。幼少期に身につける言語（地域によっては複数の言語）は、脳生理学において特有の地位を占めている。言語は世界を見る際のレンズとなる。神経言語学者がようやく解明しつつある方法で、言語は私たちの人格を形成しているのだ。

　サンダーバード国際経営大学院では、「世界がどのように働きかけるかを読み解く方法を教える」ことを試みている。一四一カ国に三万八〇〇〇人の卒業生を持つサンダーバードは、パリとシンガポールのＩＮＳＥＡＤのような一流国際ビジネススクールと同様、カリキュラムの中核として国際対話能力《グローバル・リテラシー》を推進している。

　サンダーバードは、アメリカにありながら国際的な学習環境を作りだすことに成功しているという意味で、越境的学習の先駆者だ。学長を務めるアンヘル・カブレラ博士によれば、ヨーロッパの一流ビジネススクールは「本質的に、アメリカのビジネススクールよりも国際的である」という。例として、博士は「必然的に五、六カ国から集まる学生たちで構成され、その学生たちが三、四種類の異なる言語を話す環境」にあるオランダの学校をあげた。同様の越境的環境を整備するためには、サンダーバードでは外国語の指導を行わなければならない。

「異文化コミュニケーションの訓練をすることは可能です」。カブレラは言う。「しかし学生たちが外国語を苦労して学んだ経験がないと、異文化関係というのが何か理解させるのは難しいのです」[26]

　単一の文化に基づく言語を学ぶだけでなく、私たちは他の信仰に基づく言語でコミュニケーションをとる方法も身につけなければならない。たとえば、聖書やコーランの神学的言語を話す人々がいる。ボトムラインや投資収益率（ＲＯＩ）、市場シェアといった企業言語を話す人々もいる。あるいは、法律と権利の言語を話す人々もいる。

だから、誰もが——同じ言語グループに属する人も含め——自分と同じ「言語」を話すと思いこんではいけない。あなたができるもっとも有意義な投資は、自分が心を通わせたいと思っている人々の言語を学習するための投資だ。

「グローバル・マネジメント」の学位を取るために外国語が必須だというのが当たり前に思えるなら、つい最近まで、西側諸国のCEOのほとんどが一カ国語しかしゃべれなかったことを覚えておいてほしい。アメリカのほとんどの大統領も、英語以外の言語を流暢に話すことはできなかった。つまり第二、第三の言語を身につければ企業経営者がより有能になるという認識は、GIを向上させる、基本的ながらも肝要な一歩なのだ。

18 壁の向こう側を見る

たとえばある兄弟がいがみあい、果樹園の真ん中に壁を築き、土地を二分割してしまったとする。しかしそこに実るのは同じ果実であり、根は同じ大地に張り、花に受粉するのも同じ蜂、葉に光を浴びせるのも同じ太陽だ。壁をどれほど高くして、鉄条網で強化し、武装した警備員で守り、深い堀を築いても、その壁で果樹園の境界線を定めることはできない。**壁の向こう側に、果樹園は続いているのだ。**

今私たちがどこに座っているにせよ、何かが視界を遮って世界を見通せなくしているはずだ。

アパートや学校や会社の物理的な壁かもしれない。都市や州、国、地域の政治的な壁かもしれないし、貧富の差や、特権階級と抑圧された者の経済的な壁かもしれない。そうした障壁でなければ、態度や思想、教義や信念体系などの精神的な壁かもしれない。私たちがどこに住んでいようと、そこには視界を遮る壁がある。抑圧という壁でなければ特権階級という壁、無知という壁でなければ扇情的で不完全な情報という壁がある。

しかし飛行機や宇宙船から、あるいは携帯電話から送信された映像で、壁の向こう側を見ることができる。壁で視界を遮ることはできないのだと、私たちは経験上知っている。実際、私たちにはスーパーヒーローのような力が備わっている。壁を通して向こうを見ることができるのだ。

19 神聖なるものを探究する

人類が神聖とみなすもの――さらにはその理由――を発掘することは、もっとも重要なGI構築の旅の一つだ。人間の知性だけでは、生命創造の謎をすべて解き明かすことなど不可能だ。そのため、人の文化における神聖な慣習は、人類が生存・繁栄するうえで必要となる英知の、重要な源なのだ。

私はパリでカトリックのミサに出席したことがあるし、イスラエルでは安息日《シャバット》の礼拝にも、インドネシアの聖なるダンスにも参加したことがある。世界各地のモスクで祈りを捧げ、礼拝堂《シナゴーグ》でトーラーを手にし、教会で聖書の詩篇を朗読した。仏教の瞑想を体験したこともあるし、古代ヒンズー教の真言《マントラ》を唱えたこともある。そうして生涯をかけて世界中の聖なる慣習を探求した私は、偉大なる謎の前に、畏敬の念をもって今までよりもさらに深く頭を垂れるしかない。

今まで生きてきた人生で、私は神聖なるものに境界線はないことを学んだ。**神聖なるものは、あまねく存在する。すべてを認識したり理解したりすることはできないが、世界中、どの文化にも存在するものなのだ。**

英国国教会の南アフリカ大主教としてデズモンド・ツツを選任するべく三十二人の司教たちが集まったとき、彼らは審議にあたって基本原則を定めることに合意した。「互いの意見に耳を傾けましょう」と一人が言う。

「いいえ、兄弟、それだけではありません。共感をもって耳を傾けましょう」と別の司教。

「それだけでもまだ不十分です」と三人目が言った。「お互いの内にある聖なるものに耳を傾けなければ」

「お互いの内にある聖なるもの」に注目すれば、私たちが遺伝子だけでなく、魂でもつながっていることがわかる。数々の信念の中で、人の手で作り出された狭小な「部族的」要素を取り除くと、人類が共有する精神的な遺産にひたすら畏怖の念を覚える。すべての信念には黄金率があり、この黄金色の糸をたどることで、私たちはグローバル・インテリジェンスをより深く魂へとつないでいけるのだ。[27]

20　連帯する

効果的にＧＩを向上させるには、他者とともにジオ・パートナーシップを築いて行動しなければならない。**いちばんいい学習方法は、パートナーを見つけて行動を起こすことだ。世界中の人類と連携する方法を学ぶことが、グローバル・インテリジェンスの最終試験となる。**

私は、あらゆる国家の、あらゆる肌の色の、あらゆる職業の、何千万というグローバル・シティズンがいることを、身をもって知っている。世界各地でその一部に会ってきた。アンマンのカフェ、香港のインターナショナルスクール、ケニアの村、テキサスの企業の保養所、キリマンジャロ山の登山道、そして世界中の国会議事堂や立法機関で。すべての場所で、私は私たちを分かつ境界線を越えて連携したいという切望を感じてきた。

どこに住んでいるのであれ、このようなグローバルな隣人を見つけよう。境界線の内側にいては決して実現できないが、境界線を越えればできることがどれだけあるか、模索しよう。壁の内側に閉じこもってばらばらに活動していては、私たちの運命はもうおしまいだ。しかしともに行動すれば、真に正当で持続可能な、グローバル文明を築ける可能性が、今以上に高かったことはないだろう。互いに心を通わせることで、その可能性を現実のものにすることができるのだ。

付録

自分をグローバル化するための情報源

この行動の手引はカティア・ニスティと共同で作成したもので、結論の章で述べたGIを向上させる方法につき、それぞれ最低2つの情報源を記している。どれも英語で欧米にあるものをベースとしているため、これは包括的なリストではなく、むしろ行動を起こすための出発点として活用されることを意図している。読者自身の母国語で作成されたウェブサイトや、自身の文化における情報源を活用してこのリストを充実させていってほしい。他にも資料が必要なら、http://www.mediatorsfoundaton.orgを参照のこと。ここにはより充実した、最新のリストを掲載している。

また、私は同僚たちとともに「グローバル・シティズン体験」というワークショップを開催している。内容は本書に直接沿うもので、主に教育者、企業経営者、政府間機関の三分野の受講者を想定して考案した、具体的な教育および訓練の機会を提供している。このワークショップについて、詳しくはhttp://www.mediatorsfoundaton.org を参照のこと。

1

自らが変わる

アバーズ
Avaaz
http://www.avaaz.org/jp

この精力的で進歩的なネットワークは「世界中のアクション」をモットーに、主要な国際問題に取り組んでいる。メンバーが現代の主要な倫理的問題とみなす課題について、積極的に、そして堂々と「どちらか一方を支持」している。

エドムンド・J・ボーン
『グローバル・シフト――新しい世界観が人類を変える』
Edmund J. Bourne, ***Global Shift: How a New Worldview Is Transforming Humanity***
(Oakland, CA: Noetics Books /New Harbinger Publications, 2008)

この書籍は、人の内面がどのように私たちの直面する世界的危機に対応しているかについて熟考する機会を提供している。歴史の今この瞬間について、そしてそれが私たち全員にどのように影響をおよぼすかについて、認識を深めるために一読することをお薦めする。

エド・シャピロ、デブ・シャピロ共著
『自らが変わる――瞑想によって自分自身と世界を変える方法』
Ed and Deb Shapiro, ***Be the Change: How Meditation can Transform You and the World***
(Oakland, CA: Noetics Books /New Harbinger Publications, 2008)

ステファン・M・シック
『自らが変わる――平和構築者と正義の探究者のための詩、祈り、瞑想』
Stephen M. Shick, ***Be the Change: Poems, Prayers, and Meditations for Peacemakers and Justice Seekers*** (Oakland, CA: Noetics Books /New Harbinger Publications, 2008)

ガンジーのこの助言があまりにも時宜に適っているため、それを冠した書籍が多く出版されている。この2冊は、私たちの「内面」と、「外面」の世界での出来事とのつながりに目覚めさせてくれる上で特に有益な書だ。これらの書籍は、自分自身を変えることと世界を変えることがいかに深く不可思議に絡みあっているかを、よりしっかりと認識させてくれる。

2

脳の両側を使う

ハートマス研究所
The HeartMath Institute
http://www.heartmath.org

心臓の鼓動と脳機能・感情との関連性を調査し、心臓の動きに関して情報発信や啓発活動を行う非営利の研究・教育組織である。心臓に注意をはらいながら生活するには、家庭や学校、職場で日常生活を送る上で、脳だけでなく「心臓の知性」が必要となる。研究所のウェブサイトにある教材やオンラインアプリケーションで、心臓とうまく付きあう生活の物理面、精神面、感情面の利点を知ることができる。

ダニエル・H・ピンク
『ハイ・コンセプト——「新しいこと」を考えだす人の時代』
（大前研一訳、三笠書房、2006年）

ダニエル・ピンクは、昨今、仕事での成功と個人的充足を左右するようになってきた右脳的能力を六種類紹介している。これまで、成功の大半は左脳の能力に依存してきた。今は、両方が必要なのだ。この本には世界中の専門家が指導する演習が掲載されており、右脳の能力を研ぎ澄ますことができる。これらの演習を実践すれば、世界を体験する方法が変わるだろう。

3

根源的なルーツを探る

ジェノグラフィック・プロジェクト

The Genographic Project

https://genographic.nationalgeographic.com/genographic/index.html

このプロジェクトは世界中の参加者から集めたDNAパターンを最先端技術を駆使して分析し、ヒトの遺伝子の源をより深く理解しようというものだ。率いているのはナショナル・ジオグラフィック協会所属の研究者、スペンサー・ウェルズ博士で、世界中の高名な科学者や研究者から成るチームが参加している。

グローバル・ワンネス・プロジェクト

Global Oneness Project

http://www.globalonenessproject.org

2006年以来、このプロジェクトは相互連携という認識の下に生活し、活動する人々の体験談を世界各地から集めている。ウェブサイトでは膨大な量の映像や教材が無料で提供されている。

4

家にちゃんとドアをつけておく

グローバル・シティズンシップ教育
Education for Global Citizenship
http://www.oxfam.org.uk/education

オックスファムの教育部門が実施するこのイニシアティブは、教室や学校全体におけるグローバル性を発展させるための広範にわたるアイディアや資源、支援を提供する。ここで提供される資源はすべて、「グローバル・シティズンシップ教育」——生徒が世界について理解し、よい影響をおよぼせるようになるための教育——を支援するためのものだ。

サラ・ブラード
『忍耐を教える——心の開かれた、 共感することのできる子を育てる』
Sara Bullard, ***Teaching Tolerance: Raising Open-Minded, Empathetic Children*** (New York ; London : Doubleday, 1996)

ブラードは、寛容性は家庭で培われると語る。安易な結論に飛びついたり、人や物を順位づけしたり、見慣れたものばかり選んだりするように子どもを育てると、心の狭い人間になってしまうかもしれない。ブラードは子どもの育て方に目を向け、子どもたちが偏見のない心を持ち、人生のすべてに思いやりを持つようにするにはどう支えていけばいいかというヒントを与えてくれる。

5

少数派の視点で考える

グローバル・ボイス
Global Voices
http://globalvoicesonline.org

この団体は、主流な国際的メディアでは通常報道されない声に重点を置いたレポートやその翻訳を世界中から提供する、ブロガーのコミュニティである。

アンワル・マジッド
『私たちはみなムーア人である——イスラム教徒やその他の少数派に対する数世紀におよぶ聖戦の終結』
Anouar Majid, *We Are All Moors: Ending Centuries of Crusades against Muslims and Other Minorities* (Minneapolis : University of Minnesota Press, 2009)

力強いこの本は、私たちが世界中の少数派を定義し、かかわりを持つ上で、いかにヨーロッパにおけるキリスト教徒とムーア人〔北西アフリカのイスラム教教徒の呼称〕との歴史的紛争が基礎となったかについて掘り下げている。マジッドはこう主張する。「移民やイスラムに対する現代の恐怖と、中世におけるキリスト教のムーア人に対する聖戦との関係を認識することによってのみ、私たちは数世紀にわたる抑圧を償い、過去の惨劇から学び、グローバル化した世界で共通点を見出すことができるのだ」

6

学び続ける——無知でいる方法も含めて

グローバリスト
The Globalist
http://www.theglobalist.com

この日刊のオンラインマガジンは登録したユーザーに無料で提供されており、「当社専属チームまたは多様な寄稿者たちが執筆した主要な国際問題を特集している。世界120カ国を超える購読者を持つ『グローバリスト』はグローバルな対話を促進し、革新的なグローバル思考を広めている」

鈴木俊隆《しゅんりゅう》
『禅へのいざない』
（紀野一義訳、PHP研究所、1998年）

鈴木禅師のこの著書には、「初心」、瞑想および無私無欲、虚空、深慮の基本に触れた師の説法からの引用が満載されている。

7

自分の世界観を事実に照らしあわせる

グローバル・イシュー
Global Issues
http://www.globalissues.org

このサイトは「私たち全員が影響を受ける社会的、政治的、経済的、環境的問題」に焦点を当てている。多大な組織的支援を受けている国連のウェブサイト（http://www.un.org/en/globalissues）とは違い、こちらはアヌプ・シャーというたった一人の個人が国際問題に対する認識を高めようと立ちあげた、勇敢な努力の賜物である。

ブルックス・ジャクソン、キャスリーン・ホール・ジェイミーソン共著
『解きほぐす《アンスパン》——虚報に満ちた世界で真実を見つける』
Brooks Jackson and Kathleen Hall Jamieson, *unSpun: Finding Facts in a World of Disinformation* (New York : Random House Trade Paperbacks, 2007)

「解きほぐす《アンスパン》」はメディア・リテラシー（情報媒体活用力）の短期集中講座だ。インターネットや自費出版によって、取捨選択すべき情報量がどんどん増えていく中、何が「真実」かが容易にわからない場合が多い。この本はメッセージがいつ「紡ぎ出された《スパン》」かを識別し、事実を見つける方法についての認識を与えてくれる。

8

敵を知る――徹底的に

サーチ・フォー・コモン・グラウンド
Search for Common Ground
http://www.sfcg.org

この団体は、「敵対的なアプローチをやめ、協調的問題解決を目指して」世界が紛争に対処する方法を変えようと活動している。「お互いの違いを理解し、共通点に基づいて行動する」能力を開発することに注力する組織だ。

サム・キーン
『敵の顔――憎悪と戦争の心理学』
（佐藤卓己・佐藤八寿子訳、柏書房、1994年）

サム・キーンの著書は普通の、一見まともな人々がどのように扇動されれば隣人を敵とみなすようになるのかを詳しく見ている。キーンは敵意そのものの心理的メカニズムと、そうした観点を変える方法に着目している。

9

固定観念を信頼関係へと進化させる

ロータリー・インターナショナル

Rotary International

http://www.rotaryinternational.org

ロータリーは、世界200カ国以上にある33,000のクラブに所属する120万人もの企業経営者、教育者、コミュニティの指導者で構成される、世界規模の社会奉仕組織である。同クラブは非政治、非宗教主義であり、あらゆる文化、人種、教義に門戸を開いている。地域社会での奉仕、職場での奉仕、そして世界中での奉仕というロータリーの主要目的は、文化的・地理的境界線の双方に関係構築の橋を架けている。

ワールド・ラーニング

World Learning

http://www.worldlearning.org

世界70カ国以上で国際教育・開発プログラムを実施している、75年の歴史を持つ国際的な非営利組織である。この組織は毎年、文化的差異や社会的障壁を越えて若い使節たちを結びつけ、グローバル・シティズンシップを育んでいる。

10

マインドを広げる質問をする

国際教育交流協議会
NAFSA: Association of International Educators
http://www.nafsa.org
欧州国際交流協会
European Association for International Education
http://www.eaie.org
アジア・ソサエティ
Asia Society
http://www.asiasociety.org

この3団体は、学習体験に国家的議題だけでなく世界的視野も含めるように教育を変えるべく尽力している、数多くの団体の一部である。自分が住んでいる国で、「境界を越えた」学習を可能にしようと活動している組織がないかどうか、探してみてほしい。

ワールド・カフェ
World Café
http://www.theworldcafe.com

ワールド・カフェは、大人数を集めた重要な問題についての話しあいを主催するための革新的でシンプルな手法である。ウェブサイトには教材や実例、世界中のワールド・カフェ案内人の連絡先が掲載されている。

ナヤン・チャンダ
『グローバリゼーション――人類5万年のドラマ』
（友田 錫・滝上広水訳、エヌティティ出版、2009年）

この本を読めば、世界がいかにしてこれほど相互連携するに至ったか、誰が傷つき、その相互連携に救われているか、そしてグローバル化によって生じる問題に対処するために、なぜグローバルな学びを加速化させなければならないかなど、数多くの疑問が浮かぶだろう。

11

地球の声に耳を傾ける

地球憲章イニシアティブ
The Earth Charter Initiative
http://www.earthcharterinaction.org/content

「地球憲章の価値観や理念の推進と実施」に参加する人々、組織、機関による、多様でグローバルなネットワークである。地球憲章は「地域での生活に対する敬意と思いやり、生態系の健全性、世界共通の人権、多様性の尊重、経済的正当性、民主主義、そして平和の文化を含む倫理的枠組みの共有と持続的な暮らし方」に注力している。

パチャママ・アライアンス
The Pachamama Alliance
http://www.pachamama.org

この南北ジオ・パートナーシップは、先進国の人々と熱帯雨林を故郷と呼ぶ人々とが深いつながりを持つという認識に基づいている。このアライアンスは先住民の人々が生まれながらにして熱帯雨林の管理人であることを認識しており、したがって熱帯雨林の人々の文化を高め、彼らが自らの利益を擁護し、主張する力を身につけられるようにすることに同盟戦略の重点を置いている。

マーティン・グレイ
『世界の聖地』
(池田裕訳、東洋書林、2009年)

この美しい本には、高い評価を受けている写真家であり人類学者でもあるマーティン・グレイによる世界80カ国、1,000カ所の聖地をめぐる20年におよぶ旅の写真と魅惑的な文章が満載されている。各地の文化がどのように我らが地球を敬い、賛美してきたかを浮き彫りにする。

12

うまくいく方法を忍耐づよく探る

アプリシエイティブ・インクワイアリー・コモンズ
Appreciative Inquiry Commons (AI)
http://appreciativeinquiry.case.edu

AIは人々、組織、そして彼らのかかわる世界にとっていちばんうまくいくことを「理解し、予期し、増大させる」体系だった手法である。AIでは、この手法を実践したい人が誰でも使える豊富な情報や資源を提供している。

オード
Ode
http://www.odemagazine.com

雑誌の方もオンラインコミュニティの方も、「世界をよりよく変える人々とアイディア」をテーマとしている。世界中で独創的な変化を生みだしている人々についての明るい話を取りあげているのだ。

13

境界線を越えて行動する

e国会

e-Parliament
http://www.e-parl.net

e国会は、「世界中の民主的な国会議員たちが持つ優れた政策案を共有し、その案を実施するための幅広い同盟関係構築を支援する」ためのものである。97カ国の国会に所属する18,000人の国会議員のデータを集めている。

グローバル・アクション・ネットワーク

Global Action Networks (GAN)
http://www.scalingimpact.net/gan

国境なき医師団やe国会と同様、GANは、公益に関する問題に地球規模で取り組む際の影響を見積もる、革新的ネットワークの先駆者である。GANは ①グローバルであること、②利益追求ではなく公益問題に注力すること、③長期的な新しい問題に取り組むための、リアルタイムでの実験を伴う学際的行動学習を開発すること、④問題の利害関係者が属する組織の多様なネットワークを構築すること、⑤分野横断的行動を造りだすことで体系的な変化を生むこと、とい5つの戦略を統合する独特の革新的ネットワークである。

ポーラ・ローゼンバーグ
『国境を越えて——国際問題について批判的に考える』

Paula Rothenberg, ***Beyond Borders: Thinking Critically About Global Issues*** (Worth Publishers, 2005)
http://bcsworthpublishers.com/beyondborders

著書と同名のウェブサイトは「この地球村における暮らしのダイナミックな複雑さを探究する」世界中の学者や活動家、立案者が記した数多くの規律から引用した記事を掲載している。

14

利益と価値の両方を考える

センター・フォー・グローバル・シティズンシップ
Center for Global Citizenship
http://www.kellogg.northwestern.edu/research/fordcenter

ノースウェスタン大学のケロッグ経営大学院に設置されているフォード設立のこのセンターは、「ビジネスの役割、およびビジネスと社会的・政治的環境との相互関係とを研究する、ケロッグ経営大学院ならびにノースウェスタンの多種多様な職員や研究者を活用する」ものである。企業が「世界的な社会的・政治的変化の主な要因となっている」という持論に基づき、このセンターは価値観に基づく経営やトリプル・ボトムラインといったツールを活用し、企業経営者が国際的問題に取り組むための支援を行っている。

イクレイ――持続可能性を目指す自治体協議会
ICLEI: Local Governments for Sustainability
http://www.iclei.org

イクレイは、67カ国、1,100の自治体から成る国際組織である。地方自治体が地元レベルで持続可能な開発を実施できるよう、自治体の能力を開発するための教育的支援を提供している。

ピーター・センゲ他著
『持続可能な未来へ』
（有賀裕子訳、日本経済新聞出版社、2010年）

「資本主義の緑化」に関する数多い書籍の中でも、これは持続可能な開発への旅路における出発点となり得る1冊だ。ロビンス『自然資本の経済』やシューマッハー『スモール・イズ・ビューティフル』と併せて、この本は人類がもしかしたら、生命の故郷を慈しみながらも物欲を満 足させる方法があるかもしれないということを理解するきっかけを与えてくれる。

15

遠近両方に旅する

グローバル・ダイバーシティ・ファウンデーション
Global Diversity Foundation
http://www.globaldiversity.org.uk

この機関は研究や訓練、社会活動を通じて「地元文化の豊かさやその環境を世界に広める」ことを目的としている。長期的な地域ベースのプロジェクトに注力するこの財団は、グローバル化において多様性が果たす重要な役割を支援している。

メアリ・パイファー
『あらゆる場所の中心で――難民がアメリカ社会に仲間入りできるように』
Mary Pipher, *The Middle of Everywhere: Helping Refugees Enter the American Community*
(Boston, MA: Harvest Books, 2003)

この本でパイファーは、複数の国からネブラスカ州リンカーンに移民した難民の話を綴っている。また、連帯し、友情を築き、「自分の故郷で花開く世界の文化」を支援する彼女自身の旅路についても述べている。

16

共通点を見出す

私たちとあなたたち共通の言葉

A Common Word Between Us and You
http://www.acommonword.com

2007年に138人のイスラム教学者、聖職者、知識人が集結し、キリスト教とイスラム教の共通基盤についての宣言を策定した。その宣言は「私たちとあなたたち共通の言葉」と題された。このウェブサイトには「共通の言葉」についての行事、支持、他者からの反応、そして世界中の異教徒間の対話に対する支援が掲載されている。

危機予防復興支援局

The Bureau for Crisis Prevention and Recovery (BCPR)
http://www.undp.org/cpr

世界中探しても、国連開発計画のこの機関ほど、暴力の予防と戦争からの復興を促進するために尽力している組織はない。BCPRは自然災害や武力衝突により壊滅的な被害を受けた人々の生活の質を回復させるため、世界中で活動を続けている。100カ国以上に事務所を置いて活動するBCPRは、差し迫った需要に対応する人道支援機関と、戦争で荒廃した社会の再構築と和平構築という長期的プロセスとの間に、橋を架けている。

ハワード・サーマン
『共通点を見出す』

Howard Thurman, *The Search for Common Ground* (Richmond, IN: Friends United Press, 1986)

ハワード・サーマンは、コミュニティに注力し、個人のアイデンティティを越えて「あらゆる生命と共有するアイデンティティ」へと目を向けようと呼びかけている。サーマンは人種間、文化間、宗教間の溝を埋めるコミュニティの構築に生涯を捧げた人物だ。

17

複数の言語を身につける

ロゼッタストーン
Rosetta Stone
http://www.rosettastone.com

新たな言語を学ぶことで言語的知性を伸ばそう。ロゼッタストーンは世界中の学習者が利用している、優れた言語学習ソフトだ。ロゼッタストーンは、翻訳に頼らず、母国語を学ぶように外国語を学ぶ方式に注力している。

ジョン・マクウォーター
『バベルの力——言語の自然史』
John McWhorter, ***The Power of Babel: A Natural History of Language*** (London : Arrow, 2003)

マクウォーターは、世界中で6,000を越える「言語」をもたらすに至り、私たち自身と私たちの文化、そして私たちの国家を形作る一因となった言語の進化について語っている。グローバル社会としての私たちが絶え間ない変化の一端を担っている言語の進化を理解するための、すばらしいフレームワークを提供してくれる。

18

壁の向こう側を見る

グローバル・シティズン・ネットワーク

Global Citizens Network (GCN)
http://www.globalcitizens.org/

GCNは、異文化理解と国際協力を通じて平和と正義、そして寛容な文化を推進しようと尽力している。固有の文化、伝統、生態を守りつつ、世界中で生活の質を向上させることがその目的である。

グローバル・スタディーズ・アソシエーション

Global Studies Association (GSA)
http://www.globalstudiesassociation.org/

ウェブ上には「国際研究」に関する何十万もの情報源があるが、手始めにはGSAがいいだろう。今日の世界的視野は社会的、政治的、経済的に大きく変化し、現代社会に影響をおよぼしているが、GSAはこれに取り組むべく設立された、多角的学術組織だ。GSAは学者たちがそうした現象に対して、特にグローバル化について連携し、共通の対応を模索するための協議の場を提供している。

19

神聖なるものを探求する

アブラハムの道

Abraham Path
http://www.abrahampath.org

「アブラハムの道」は、中東各国の国道や地方の小道を旅して、預言者アブラハムその人の足跡をたどろうと呼びかける文化的旅行ガイドだ。異なる信仰の道と併せてこの道を歩けば、「アブラハムの信仰」間での癒しを経験し、促進する機会が得られる。

宗教連合イニシアティブ

United Religions Initiative (URI)
http://www.uri.org/

URIは、65カ国を超える地方「協力サークル」の国際的コミュニティで、100以上の宗教、スピリチュアルな表現活動、土地固有の伝統などを包含している。その目的は「永続的で日常的な信仰間協力を促進し、宗教に起因する暴力を撲滅する」ことだ。

フィリップ・ノバーク
『世界の叡智――世界の宗教の聖典』

Philip Novak, *The World's Wisdom: Sacred Texts of the World's Religions* (San Francisco, CA: HarperSanFrancisco, 1994)

世界各地の宗教の聖典を集めたこの本は、ヒューストン・スミスの『人類の宗教』〔*The Religions of Man*〕の手引として執筆された。ヒンズー教、仏教、儒教、道教、ユダヤ教、キリスト教、イスラム教、土着宗教（ネイティブアメリカンやアフリカの宗教など）が取りあげられている。

20

連帯する

クリントン・グローバル・イニシアティブ
Clinton Global Initiative
http://www.clintonglobalinitiative.org

クリントン元大統領の公務時代の体験を基盤としているこの組織は、政府が世界でもっとも差し迫った問題に効果的に立ち向かうためには、民間企業や非政府組織、他の世界的指導者との連携が必要だという、元大統領の信念を反映している。

グローバル・シティズン・センター
Global Citizen Center
http://globalcitizencenter.net

このセンターは「世界の社会的および政治的課題を整理し直し、国家や企業、宗教や個の個別の利益ではなく、全世界の人々共通の利益を最優先にすることで問題が解決されるようにする」という意志を共有する活動家のための機関である。ここでは『グローバル・ジャーナル』の発行や「グローバル・トーク」というブログの主催も行っている。

ワイザー・アース
Wiser Earth
http://www.wiserearth.org

「より賢い地球」という意味のこの際とは無料のオンラインコミュニティで、公正かつ持続可能な世界を目指して活動する人々や非営利組織、企業を結びつけている。「グローバル・シティズンシップ」の項目に320件、「グローバル・シティズン」の項目には2,124件の具体的な情報源を掲載している。北米に著しく重点が置かれてはいるものの、グローバル・シティズンシップを行動に移している数多くの組織を知る手始めとしては非常に優れたサイトだ。

スの前掲書238ページ以降を参照のこと。

[21] Larry Brilliant and Daniel Goleman, "On Compassionate Capitalism", *Kosmos Magazine*, Fall/Winter 2008.

[22] ジェフリー・サックスの前掲書、320ページ。

[23] Marilyn Hamilton, *Integral City: Evolutionary Intelligences for the Human Hive* (Gabriola Island, BC: New Society Publishers, 2008).

[24] 「フェアトレード」活動について詳しくは、世界フェアトレード機関（http://www.wfto.com）、フェアトレード連盟（http://www.fairtradefederation.org）、トランスフェア（http://www.transfairusa.org）や、http://www.wiserearth.org に記載されている数多くの組織を参照のこと。

[25] マンスール・ジャヴィダンによるミネソタ大学統合リーダーシップセンターでのスピーチ、2008年10月5日。

[26] サンダーバード国際経営大学院学長アンヘル・カブレラ博士への取材。"Emphasizing Global Citizenship for Business Leaders", *International Educator* (Jan–Feb 2005), pp. 14–17.

[27] 人類の主な宗教で示されている黄金律。

- 人にしてもらいたいことを、あなたがたも人にしなさい。（キリスト教）
- 自分にとって不快なことを、あなたの隣人にしてはならない。（ユダヤ教）
- 自分のために望むことを兄弟のためにも望むのでなければ、信者とは言えない。（イスラム教）
- 自分がされれば苦痛を覚えることを、他人にしてはならない。（ヒンズー教）
- 自分が苦痛を覚える方法で人に苦痛を与えてはならない。（仏教）
- 隣人の利を自らの利とし、隣人の損も自らの損とみなしなさい。（道教）

うと情緒的な反応をつかさどる。この話に関する興味深い観点はDaniel H. Pink, *A Whole New Mind* (New York: Penguin), 2005［ダニエル・H・ピンク『ハイ・コンセプト——「新しいこと」を考えだす人の時代』（大前研一訳、三笠書房、2006年）］で読むことができる。

[03] マンスール・ジャヴィダンによるミネソタ大学統合リーダーシップセンターでのスピーチ、2008年10月3日。

[04] Tara Parker-Pope, "One-Eyed Invader in the Bedroom", *New York Times*, 16 September 2008. 詳細はバッファロー市にあるニューヨーク州立大学医学および生物医科学部で小児医療と社会予防医学を教えているレオナルド・H・エプスタイン教授に連絡を。

[05] 詳しくは http://www.acommonword.com を参照のこと。

[06] Walter Truett Anderson, "The Case for Global Citizenship", Pacific News Service, 13 June 2003.

[07] 詳細は、http://en.wikipedia.org/wiki/Han_Chinese を参照のこと。〔日本語ページは http://ja.wikipedia.org/wiki/漢民族〕

[08] Nelson D. Schwartz, "Asia's Recovery Highlights China's Ascendance", *New York Times*, August 23, 2009.〔原著の日付訂正〕

[09] 同上、および Jeffrey E. Garten, "America Still Rules", *Newsweek*, 25 July 2009.〔原著の日付訂正〕

[10] Charles Krauthammer, "Clinton and Co. deferred Iraq crisis", *Daily Camera*, 15 February 2003.

[11] Zbigniew Brzezinski, *The Choice* (New York: 2004)［ズビグニュー・ブレジンスキー『孤独な帝国アメリカ——世界の支配者か、リーダーか』（堀内一郎訳、朝日新聞社、2005年）］

[12] Jeffrey Sachs, *Common Wealth: Economics for a Crowded Planet* (London: Penguin, 2009), p. 289［ジェフリー・サックス『地球全体を幸福にする経済学』（野中邦子訳、早川書房、2009年）］

[13] Vaclav Havel, *To The Castle and Back* (New York: Vintage, 2008).

[14] エルサレムでの著者による取材、2002年4月。

[15] 残念ながら、このインタビューが掲載された出版物を見つけることができなかった。

[16] 詳しくは http://www.abrahampath.org または http://www.armscontrol.org/factsheets/Nuclearweaponswhohaswhat 2007年10月分を参照のこと。

[17] 詳しくは http://www.drinking-water.org へ。

[18] コロラド州ボールダーでの著者による取材。2009年8月。

[19] Lester Brown, "Telling the ecological truth", *Ode Magazine*, June/July 2009, p. 24.

[20] MVPについて詳しくは、http://www.millenniumvillages.org またはジェフリー・サック

も詳細なコスト分析を行っている。同グループによる調査結果を参照のこと。http://www.strategicforesight.com

[31] *Washington Post*, 19 May 2009.

[32] Nick Wadhams, "A Massacre in a Kenyan Church", *Time Magazine*, 1 January 2008.

[33] "Liberian Rebels Still Terrorizing, U.N. Finds", *Los Angeles Times*, 9 November 2003.

[34] Abraham McLaughlin, "Africa's peace seekers: Lazaro Sumbeiywo", *Christian Science Monitor*, 9 December 2005.

[35] これらの記述は著者とヘクマート・カルザイとの会話や会議における同氏のスピーチ、そして Julian Lindley-French, "Listening to Afghans", *Afghanistan Times*, 19 November 2007, p. 29 を総合したものだ。

[39] Kirk Semple, "Official Calls for Sensitivity to Afghan Demands", *New York Times*, 7 December 2008.

[37] Carlotta Gall and Taimoor Shah, "Afghans Recall Airstrike Horror, and Fault U.S.", *New York Times*, 15 May 2009, and "U.S. Report Finds Airstrike Errors in Afghan Deaths", 3 June 2009.

[38] David Rohde, "Army Enlists Anthropology in War Zones", *New York Times*, 8 August 2007.

[39] 同上。

[40] 著者による取材、2008年5月。

[41] イースト・ウェスト・インスティテュートのためにヘニッヒ大使が記した内部メモより。2008年9月。

[42] Manuscript: David Kilcullen, *The Accidental Guerilla*, p. 49.

[43] Daniel Gavron, *Holy Land Mosaic: Stories of Cooperation and Coexistence Between Palestinians and Israelis* (Lanham: Rowan and Littlefield, 2008), p. 195.

[44] エルサレムでの著者による取材、2002年4月。

[45] 同上

[46] Medea Benjamin, Andrea Freeman, Sarah Miles, *Bridging the Global Gap: A Handbook to Linking Citizens of the First and Third Worlds* (Washington, DC: Seven Locks Press, 2005).

まとめ　世界で生きる力を身につける20の方法

[01] この本を単独で紹介する参考資料の中で手始めに最適なのは、Mansour Javidan et al., *The Global Mindset* (Amsterdam; Oxford: Elsevier JAI, 2007)。

[02] 脳の生理学はもちろん、もっと複雑だ。論理と計算に関連づけられる左脳はより「伝統的な」機能を果たす。芸術活動や想像に関連づけられる右脳は、どちらかとい

「持たざる者」の一部が実際に貧窮していて、緊急支援を必要としていることを否定するわけではない。彼らを単純に所得水準や物質的快適さといったレンズを通して見るのではなく、彼らがどういう人間なのかという全体像を直視するべきだと言いたいのだ。

[15] Simanis, Erik, and Stuart L. Hart, *The Base of the Pyramid Protocol: Toward Next Generation BoP Strategy*, Center for Sustainable Global Enterprise, Cornell University, 2008, p. 23 以下。

[16] 同上。

[17] アショカのフェローであるシュリー・クリシュナ・パドレの経歴は、「優れた社会起業家、1999年および2000年に選出されたアショカ・フェロー」に掲載されている。詳細は http://www.ashoka.org または http://www.changemakers.org を参照のこと。

[18] この議論は René Dubos, *The Wooing of Earth* (New York: Scribner, 1980) において完成され、また美しく表現されている。

[19] 著者による取材、2008年11月。

[20] 詳細は http://www.southsouthnorth.org を参照のこと。

[21] 著者による取材、2008年11月。

[21] 著者による取材、2008年9月。

[23] 洞察力に満ちた委員長グロ・ハーレム・ブルントラントの名を取って「ブルントラント報告」と呼ばれている委員会の報告書は転換点となるもので、私たち人類が将来を決定づけるかもしれないこの問題についてごく最近認識するに至った経緯を理解する上で、一読の価値がある。United Nations, *Report of the World Commission on Environment and Development*, General Assembly Resolution 42/187, 11 December 1987.

[24] "Environmentalists have it backward", *International Herald Tribune*, 27 August 2002.

[25] Profile of Kofi Annan, *Time Magazine*, 26 August 2002.

[26] Paul Hawken, Amory Lovins, Hunter Lovins, *Natural Capitalism* (Boston: Little Brown, 1999) [ポール・ホーケン、エイモリー・ロビンス、ハンター・ロビンス『自然資本の経済――「成長の限界」を突破する新産業革命』(佐和隆光・小幡すぎ子訳、日本経済新聞社、2001年)]

[27] Peter Senge et al., *The Necessary Revolution* (New York: Doubleday, 2008) [ピーター・センゲ他『持続可能な未来へ』(有賀裕子訳、日本経済新聞出版社、2010年)]

[28] この題材に関しては膨大な量の文献が出ている。信頼性の高い概略は *The Military's Impact on the Environment: A Neglected Aspect of the Sustainable Development Debate, A Briefing Paper for States and Non-Governmental Organisations*, International Peace Bureau, Geneva, August 2002 を参照。

[29] http://www.costofwar.com で継続的に更新され続けている統計に基づく。

[30] インドのムンバイにあるストラテジック・フォーサイト・グループがいずれの紛争について

の動向が記事となっている。〕

[19] "This week with George Stephanopolous", 13 April 2008, http://abcnews.go.com/ThisWeek/Story?id=4641038&page=1.

[20] Jimmy Carter, "Pariah Diplomacy", *New York Times*, 28 April 2008, p. A27.

[21] 前掲の世論調査。

4章　助けあう力

[01] "U.S. and Cuba Work Together on Storms", Marc Lacey, *New York Times*, August 20, 2009.

[02] http://blog.gaiam.com/quotes/authors/charles-darwin/62572〔原著のリンクが無効のため代替リンクを記載〕

[03] G20会議での記者会見より。*Newsweek*, 13 April 2009, p. 19 に記載。

[04] Richard N. Haass, *The Opportunity: America's Moment to Alter History's Course*, (New York: Public Affairs, 2005), pp. 199–200.

[05] この会議の結果と組織の影響を知るには、http://www.ticahealth.org を参照のこと。

[06] J. F. Rischard, *High Noon: Twenty Issues and Twenty years to Solve Them* (New York: Basic Books, 2002), p. 66.

[07] ジョージア州アトランタのカーター・センターで行われたスピーチより。2002年1月。http://www.cartercenter.org/news/documents/doc81.html

[08] D'Arcy Doran, "Women Claim Victory in Chevron Oil Terminal Takeover", *Associated Press*, 19 July 2002.

[09] 著者による取材。2008年10月。

[10] "Make Trade Fair", report issued by Oxfam International, April 2002. 詳しくはhttp://www.oxfam.org/en/campaigns/trade/rigged_rules を参照。

[11] "Who Really Pays to Help US Farmers?", Paul Blustein, *Washington Post*, May 6 2002.

[12] Jeffrey D. Sachs, "Homegrown Aid", *New York Times*, 9 April 2009, p. A23.

[13] C. K. Prahalad, *The Fortune at the Bottom of the Pyramid* (Upper Saddle River, N.J.: Wharton School Publishing, 2004)［C・K・プラハラード『ネクスト・マーケット――「貧困層」を「顧客」に変える次世代ビジネス戦略』（スカイライトコンサルティング訳、英治出版、2005年）

[14] この分野における他の言葉――先進国と後進国、財産が豊富にある者と乏しい者等々と同様､「持てる者」と「持たざる者」は誤解を招きやすい言葉だ。いわゆる「持たざる者」たちは、実際には多くの財産を持っている。このような極端な定義で彼らを説明すること自体､彼らの生活の貧しさよりも私たちの言語の貧しさを露呈させるものだ。

がユダヤ人の事例にしかこの言葉をあてはめていない)、人類の大移動の全容は、まだ正確に理解されていない。

[11] Amin Maalouf, *In the Name of Identity: Violence and the Need to Belong* (English translation of Les Identités meurtrières, Paris: Grasset. 1998).

[12] こうした大量虐殺には以下が含まれる。

- ナチスドイツとアドルフ・ヒトラー支配下のヨーロッパ、19330〜1945年(死者600万人)
- ソヴィエト連邦下のポーランド、1940年代(死者250万人)
- ポル・ポト政権下のカンボジア、1975年〜1979年(死者200万人以上)
- トルコ支配下のアルメニア、1915年〜1923年(死者150万人)
- 中国共産党支配下のチベット、1949年〜1950年(死者120万人)
- ルワンダ、1994年(死者80万人)
- 世界中で今も続く先住民族の大量殺人(死者不明)

これは言うまでもなく、すべてではなくごく一部のリストだ。完全なリストを作成するにはこの分野において更なる調査が必要となり、フランス人によるアルジェリアでの殺戮、アメリカ人によるベトナム人の殺戮、ロシア人によるチェチェンでの殺戮、日本人による中国での殺戮のように、ごく限られた「大虐殺」も含めることになる——端的に言えば、対立と戦争の全歴史を含めなければならなくなるのだ。大虐殺の調査において、本書のテーマと大虐殺との関連性をより明確に理解させてくれたジョン・チャーチルの助力に感謝する。

[13] Daniel Jonah Goldhagen, *Hitler's Willing Executioners: Ordinary Germans and the Holocaust* (New York: Knopf, 1997), p. 179 [ダニエル・ヨナ・ゴールドハーゲン『普通のドイツ人とホロコースト——ヒトラーの自発的死刑執行人たち』(望田幸男訳、ミネルヴァ書房、2007年)]

[14] David Brooks, "What Price Globalization? Managing Costs at Microsoft", *Translating Into Success*, ed. Robert C. Sprung (American Translators Association Scholarly Monograph Series Volume XI).

[15] たとえば「聞くことを学ぶ」というのは、リー・スタインバーグの言う「交渉における12の必須技術」のうちの一つ。Leigh Steinerg, *Winning With Integrity* (New York: Villard, 1998)。

[16] Nelson Mandela, *Long Walk To Freedom* (Boston: Little Brown, 1995), p. 19[ネルソン・マンデラ『自由への長い道』(東江一紀訳、日本放送出版協会、1996年)]

[17] このリストは Ronald S. Kraybill with Robert A. Evans and Alice Frazer Evans, *Peace Skills: Manual for Community Mediators* (San Francisco: Jossey-Bass, 2001), p. 88 に掲載されたリストに修正を加えたもの。

[18] この件や委員会の業績のさまざまな観点に関するツツ司教の見解全文は、委員会が発表した最終報告書で見ることができる。〔原著では http://www.polity.org.za サイト内のURLも記載されていたがリンク先が無効となっていたため削除した。しかしPolityのサイトにおいても最近のツツ司教

[29] Interview with Yves Doz in *Strategy + Business*, Issue 29, pp.115ff. ドーズ氏の考えを詳しく知るには、氏がホセ・サントスおよびピーター・ウィリアムソンと共同執筆した近著 *From Global To Metanational: How companies Win in the Knowledge Economy* (Boston, MA: Harvard Business School Press, 2001) を参照のこと。

[30] Dilip Murkerjea, *Surfing the Intellect: Building Intellectual Capital for a Knowledge Economy* (Singapore: Brainware Press, Mui Kee Press).

[31] http://archive.e-learningcentre.co.uk/eclipse/Resources/quotations.htm

[32] Peter Senge, "The Leader's New Work: Building Learning Organizations", *Sloan Management Review 7* (Fall 1990). この記事のテーマはセンゲが *The Fifth Discipline* (Doubleday Business, 1994) や *The Fifth Discipline Fieldbook*（前掲）を含む 数々の著書の中で展開されている。

3章　連帯する力

[01] "Bush voices regret for macho rhetoric", Guardian, 11 June 2008.

[02] ビデオ『Fitna』を見たければ、http://www.youtube.com でタイトルを検索すればすぐに見つかる。

[03] 反証の一例は http://www.youtube.com/watch?v=NV2uITx6QCs 参照。

[04] Robert Marquand, "Dutch Leader's Anti-Islam Film Brings Strife", *Christian Science Monitor*, 28 March 2008; Gregory Crouch, "Dutch Film is Released on Internet", *New York Times*, 28 March 2008; John F. Burns, "Britain Refuses Entry to Dutch Lawmaker Whose Remarks and Film Have Angered Muslims", *New York Times*, 14 June 2009.

[05] http://www.whitehouse.gov/the_press_office/Remarks-by-the-President-at-Cairo-University-6-04-09

[06] クラリオン財団の宛先は 38 State Street, Portsmouth, NH03801、電話番号は+1-888-610-2221となっている。詳細は info@clarionfund.org へ。

[07] この冒とく的で歪曲された映像を見たければ、http://www.obsessionthemovie.com へ。

[08] オバマ上院議員が行ったこの歴史的スピーチは http://www.youtube.com/watch?v=pWe7wTVbLUU で見ることができる。

[09] Barack Obama, *The Audacity of Hope* (New York: Crown, 2006), p. 3［バラク・オバマ『合衆国再生——大いなる希望を抱いて』（棚橋志行訳、ダイヤモンド社、2007年）］

[10] Gérard Chaliand and Jean-Pierre Rageau, *The Penguin Atlas of Diasporas* (New York: Viking, 1995) には、レバノン人、ユダヤ人、アルメニア人、ロマ、黒人、中国人、インド人、アイルランド人、ギリシャ人、バルカン人、ベトナム人、朝鮮人が掲載されている。ディアスポラ=民族離散の概念を広げる上できわめて有益ではあるが（欧米人の多く

[11] Gary Stix, "Traces of a Distant Past", *Scientific American*, July 2008, p. 63.

[12] Frances Drabick, "About Legacy", *AARP Bulletin*, September 2009, p. 30.

[13] David Zucchino, "Army Stage-Managed Fall of Hussein Statue", *Los Angeles Times*, July 03, 2004. www.youtube.comで他にも映像証拠が見られる。

[14] Fred Kaplan, "National Styles of pulling down statues", posted Wednesday, 9 April 2003, at 11:14 ET.

[15] 最近あった同様の例は、チベットにおける事件についての相反する報告だ。中国政府がラサで抗議行動を行うチベット僧たちを弾圧した際、北京から軍に出された指令の大半はマスコミ報道を規制している中国政府によって隠蔽されていた。しかしユーチューブをざっと探してみれば、観光客らが撮影し、自らの体験をインターネット経由で共有しようと掲載したホームビデオの映像がいくらでも出てくる。こうしたビデオやチベット支持者の書いた記事に目を向けると、中国の公式発表に疑問が生じるはずだ。

[16] Mark Gerzon, *Leading Through Conflict: How Successful Leaders Transform Differences Into Opportunities* (Boston, MA: Harvard Business School Press, 2006).

[17] Mohandas K. Gandhi, *Bread Labor: The Gospel of Work* (Ahmedabad: 1960).

[18] John Strohmeier, *The Bhagavad Gita According to Gandhi*, (Berkeley, CA: Berkeley Hills Books, 2000), p. 48.

[19] Elaine Woo, "Yoga guru Swami Satchadinanda dies", *Los Angeles Times*, reprinted in the *Daily Camera*, 25 August 2002.

[20] Maximilian Johnson, "Unrivalled access to the next superpower", *Financial Times*, 2 February 2009, p. 12.

[21] ビショップ、デッカーズ、カスワリらの引用は Louise Story, "Seeking Leaders, U.S. Companies Think Globally", *New York Times*, 12 December 2007.

[22] ハーバード・ビジネス・レビューのラウンドテーブルにおける著者と大手中国企業CEOとの会話より。2009年5月。

[23] Anil Gupta, Vijay Govindarajan and Haiyan Wang, "The Quest for Global Dominance", *Globalist*, 2 April 2008.

[24] 前掲、Louise Story, "Seeking Leaders, U.S. Companies Think Globally".

[25] Darlene Bremer, "Wanted Global: International education experiences help prepare global-ready graduates for the twenty-first-century workforce", *International Educator*, May–June 2006, pp. 40–45 .

[26] "National Policies for International Education", *IIENetworker: The International Education Magazine*, Fall 2007, p. 22.

[27] Samuel Palmisano, "The Globally Integrated Enterprise", *Foreign Affairs*, May–June 2006, p. 131.

[28] 同上。

Humanity Books, 2008).

[25] Scilla Elworhy, *Fallujah.*（米国主体の侵攻に関する分析を行った未出版の論文）

[26] Dexter Filkins, *The Forever War* (New York: Knopf, 2008)

[27] この章は、ドン・ベック（およびクリストファー・コーワン）の *Spiral Dynamics: mastering values, leadership and change* (Oxford: Blackwell, 1996) が開発した「社会ミーム」の概念、および私の同僚ピーター・センゲ他の非常に役立つ研究 *The Fifth Discipline Fieldbook* (New York: Currency, Doubleday, 1994)［ピーター・センゲ他『学習する組織「5つの能力」――企業変革を進める最強ツール』（柴田昌治訳、日本経済新聞社、2003年）］で用いられた「メンタル・モデル」の概念を参考にしている。センゲは世界観を「人々が長期的な記憶に留める世界の半永久的な潜在的『地図』であり、人々が日常の論理的思考の一環として構築する短期的な認知」であると定義している。

2章　学ぶ力

[01] Lawrence Wright, *The Looming Tower: Al-Qaeda and the road to 9/11* (New York: Knopf, 2006), Chapter 1［ローレンス・ライト『倒壊する巨塔――アルカイダと「9・11」への道』（平賀秀明訳、白水社、2009年）］

[02] Thich Nhat Hanh, *Calming the Fearful Mind* (Berkeley, CA: Parallax Press, 2005), pp. 9–10.

[03] 彼がフランスに開いたコミュニティについて詳しく知りたければ、pvlistening@plumvill.net へ問いあわせを。

[04] Dalai Lama, "My Vision of a Compassionate Future", *Washington Post*, 21 October 2007.

[05] 銀行家の言葉は Thomas Friedman, "Give them a voice", *International Herald Tribune*, 31 October 2002で引用されたもの。

[06] Joshua Cooper Ramo, *The Age of the Unthinkable* (Boston: Little Brown, 2009), p. 8［ジョシュア・クーパー・ラモ『不連続変化の時代――想定外危機への適応戦略』（田村義延訳、講談社インターナショナル、2009年）］

[07] 詳しくはこれらの会議を主催したイースト・ウェスト・インスティテュート http://www.ewi.info のアンディ・ナゴルスキに連絡を。

[08] Nicholas Wade, "Eden? Maybe. But Where's the Apple Tree?", *New York Times*, 1 May 2009, p. A6.

[09] Nayan Chanda, *Bound Together* (Yale University Press: New Haven, 2000)［ナヤン・チャンダ『グローバリゼーション――人類5万年のドラマ』（友田錫・滝上広水訳、エヌティティ出版、2009年）］

[10] 同上、p21.

[08] シティズン1.0〜5.0構築の先駆的役割を果たしたケン・ウィルバーとドン・ベックの功績に感謝したい。自己中心主義《エゴセントリック》、社会中心主義《ソシオセントリック》、世界中心主義《ワールドセントリック》の各観点に関するウィルバーの文章と、「第1階層」「第2階層」の世界観に関するベックの分析はいずれも、この章のこの部分の基礎となった。草分け的なこの2人の思想家たちに心から謝意を述べる。

[09] アメリカのケーススタディについては、拙著 *A House Divided: Six Belief Systems Struggling for America's Soul* (New York: Tarcher/Putnam, 1996) を参照のこと。

[10] このケネス・ロスの言葉は下記2点でそれぞれ引用された。Robin Wright, "The New Tribalism", *Los Angeles Times*, 8 June 1992. Miroslav Volf, *Exclusion & Embrace* (Nashville: Abingdon Press, 1996), p. 15.

[11] Albert Einstein, *The World As I See It* (trans. Alan Harris, London: J.Lane, 1935).

[12] ツァボ・ムベキ「私はアフリカ人である」1996年、憲法制定会議で南アフリカ共和国の1996年憲法案が採択された際にANCを代表して1996年5月8日に行われたスピーチ。ダーバンのシボンギレ・ムトゥワさんが写しを提供してくれた。

[13] Jodi Kantor, "Nation's Many Faces in Extended First Family", *New York Times*, 21 January 2009, p. 1.

[14] Merry M. Merryfield, 'The Difference a Global Educator Can Make', *Educational Leadership*, October 2002.

[15] Sir John Marks Templeton, *Worldwide Laws of Life* (Philadelphia and London: Templeton Foundation Press, 1997).

[16] Joel Gershon, "L.A. professor triggers Myanmar Web shutdown", Reuters/*Hollywood Reporter*, 4 October 2007.

[17] http://news.yahoo.com/;_ylt=AlPVjr_yo8BiaJJQbgjV2pf9xg8F

[18] http://www.witness.org で世界中の不当な事件の映像を閲覧することができる。

[19] Paul Hawken, *Blessed Unrest* (New York: Penguin Books) p.147 ［ポール・ホーケン『祝福を受けた不安——サステナビリティ革命の可能性』（阪本啓一訳、バジリコ、2009年）］

[20] この画像は http://hungary1956.com/audiovideo/NewsMagazine_1957_HungarianRevolution.avi で閲覧可能。

[21] D. T. Max, 'The Making of the Speech', *New York Times*, 7 October 2001.

[22] Mohamad Bazzi, "Wor on the Corner", *New York Times Magazine*, 5 October 2008, p. 86.

[23] Richard E. Nesbit, *The Geography of Thought: How Asians and Westerners Think Differently...and Why* (New York: Free Press, 2008).

[24] David Brooks, "A Network of Truces", *New York Times*, 8 April 2008, P. A27. 出典として Phillip Carl Salzman, *Culture and Conflict in the Middle East* (Amherst, NH:

原注

はじめに　世界で生きる力とは

[01] Bono, "Rebranding Africa", *New York Times*, 10 July 2009.

[02] Samuel Palmisano, "The Globally Integrated Enterprise", *Foreign Affairs*, May-June 2006, p.131.

[03] マンスール・ジャヴィダンの発言は一部が朝食時の会話より、一部はその後2008年2月11日に行われたインタビューより。

[04] 2008年のこの世論調査は世界世論調査が実施した。この調査についての詳細はWorldPublicOpinion.orgを参照、あるいはメリーランド大学の国際政策態度プログラムに連絡を。

[05] Vinay Bhargava, ed., *Global Issues for Global Citizens* (World Bank: Washington, DC, 2006).

1章　直視する力

[01] 全文は http://www.newsweek.com/2007/11/10/the-earth-behind-a-man-s-thumb.html で入手可能。

[02] 引用は一点を除き、すべてKevin W. Kelley, *The Home Planet* (Reading, MA: Addison Wesley, 1988)［ケヴィン・W・ケリー『地球／母なる星――宇宙飛行士が見た地球の荘厳と宇宙の神秘』（竹内均編、小学館、1988年）］より。イスラエル人宇宙飛行士の言葉のみ、B. K. S. iyengar, *Light on Life: The Journey to Wholeness, Inner Peace and Ultimate Freedom* (London: Rodale Press, 2005)。

[03] このプロセスについては拙著 *Leading Through Conflict* (Boston, MA: Harvard Business School Press, 2006) で詳しく述べている。また、下記も参照のこと。Peter Senge et al., *Presence*［ピーター・センゲ他『出現する未来』（野中郁次郎監訳、高遠裕子訳、講談社、2006年）］& Otto Scharmer, *Theory U: Leading From the Future as It Emerges: The Social Technology of Presencing* (Cambridge, MA: SoL, The Society for Organizational Learning, 2007)［オットー・シャーマー『U理論―過去や偏見にとらわれず、本当に必要な「変化」を生み出す技術』（中土井僚・由佐美加子訳、英治出版、2010年）］

[04] ジョン・F・ケネディ大統領図書館・博物館のトマス・パトナム館長には、ケネディ大統領の発言とゴードン・ブラウン首相のスピーチの写しを提供してくれたことに感謝する。

[05] Peter Eisler, "Commercial satellites alter global security", *USA Today*, 7 November 2008, p. 13A.

[06] Marianne Berecz, "Open, Safe and Secure: Managing borders in the OSCE area", *OSCE Magazine*, July 2006.

[07] John L. Esposito and Dalia Mogahed, *Who Speaks For Islam? What A Billion Muslims Really Think* (New York: Gallup Press, 2007), pp.69-70.

謝辞

この十年、本書の初期の草稿が、『国境を越えるリーダーシップ——グローバル・シティズンのハンドブック』〔*Leading Beyond Borders: A Handbook for Global Citizens*〕という仮題で回覧されていた。世界中の読者から詳細な反応をいただいたが、その励ましや批判の声に感謝したい。

この二十年、メディエーターズ財団の役員や同僚たちは私の仕事を支援し、情報を提供しつづけてくれた。財団の後援を受け、多くの国際的プロジェクト——一九八〇年代の「エンターテインメント・サミット」や、近年設立されたグローバル・リーダーシップ研究所、紛争転換協力機構など——が生まれ、成功してきた。グローバル・シティズンシップに対する私の理解は、こうして形成されたのだ。特に、財団の同僚サイモン・フォックスによる広範にわたる支援、そしてこの十年間、本書草稿に対して役員ジョン・スタイナーが聞かせてくれた思慮深い感想に感謝したい。

長年にわたって私のグローバル・シティズンシップを形成する手助けをしてくれた関連組織が、他に四つある。第一に、世界初の真にグローバルな新聞の一つである『ワールド・ペーパー』〔*WorldsPaper*〕編集長としての経験は、グローバルな視点の多様性に私を開眼させてくれた。第二に、ロックフェラー財団でグローバル・パートナーのチームを率いる機会を得て、さまざまな観点を調整して行動に転換させるという難題を経験できた。第三に、国連開発計画——特に危機予防復興支援局でのコンサルタントとしての数年間で、世界主要国で国境を越えてリーダーシップを発揮することについて多くの教訓を学び得た。第四に、イースト・ウェスト・インスティテュートでの選別フェローとしての地位においては、同僚デール・ファイファーと共同で世界全地域の国際政策機関のネットワークを構築し、それにより「グローバル思考」と「トラックⅡ」外交〔政府関係者が個人の立場で民間の会合に出席する「民間外交」〕についての理解を深めることができた。

さらに、多くの国際的組織に助言を求め、世界中で活動するグローバル・シティズンを目撃するという貴重な機会を与えてもらった。シビック・エクスチェンジ、インターナショナル・リーダーシップ・アソシエーション、教育指導者講習、新イスラエル基金、アウトワード・バウンド・インターナショナル、サーチ・フォー・コモン・グラウンド、世界情勢フォーラム、シナゴス研究所とそのブリッジング・リーダーシップ・タスクフォース、国連リーダーシップ・アカデミー、世界経済フォーラムと世界社会フォーラムを含め、ほかにも数多くの組織に深く感謝する。

私は今、本書の内容を実行に移している。グローバル・マインドを向上させるための実践的で非常に相互作用性の高い「行動学習」ワークショップ、「グローバル・シティズン体験」の設計と実施に向けて同僚たちとともに活動しているのだ。新たな理解や見識をもたらしてくれる同僚たちには、心からの謝意を表したい。

他にも多くの同僚や友人たちに感謝を伝えなければならない。草稿を読んでくれた人に、情報源や取材先を紹介してくれた人に、自分の文化について私に教えてくれた人に――どこから始めればいいのかもわからないほどだ。だからここでひっくるめて「ありがとう」とだけ述べておく。

私から個人的にメッセージを添えた本書が届いたら、本書がより優れた本になれたのはあなたのおかげなのだと気づいてほしい。

この本を実現させるために、二人の思慮深く、献身的な女性が直接的な手助けをしてくれた。ボストンにいる私の代理人、ジル・クニーリムと、ロンドンにいる編集者のジュディス・ケンドラだ。

また、本書の執筆のきっかけをくれた多文化な私自身の家族にも感謝したい。あらゆる意味で、私たちはグローバルな家族の小宇宙だ。チェロキー-アフリカ-メキシコ-ポーランド-ウクライナ-オランダ-アメリカという系譜をもつ一族には、仏教-キリスト教-ヒンズー教-ユダヤ教が混在している。個人的かつ文化的な差異を受け止める過程で、私たちはより深く、より身近にグローバル・シティズンシップを理解させてくれる新たな次元の関係性を見出しつつある。

最後に、三十六年前に私が結婚した女性、レイチェル・ケスラーに感謝を。彼女を——そして私自身を——完全なるものとして見る方法を教えてくれてありがとう。いまだに謎な部分は多いが、おかげで私は世界全体をよりはっきりと見ることができるようになった。

マーク・ガーゾン
コロラド州ボールダー

著者

マーク・ガーゾン

Mark Gerzon

20年以上前に自身が設立したメディエーターズ財団の代表を務めるマーク・ガーゾンは、グローバル・シティズンシップの分野を躍進させた多数のプロジェクトを立ちあげている。また、連邦議会や多国籍企業、国連を含む幅広い組織とも協働している。近著 *Leading Through Conflict* (Harvard Business School Press, 2006) を含む数多くの本を執筆し、世界中で講義を行い、リーダーシップ・ワークショップを実施している。

過去40年にわたり、ガーゾンは国際情勢にかかわりを持ってきた。最初は学生として、優秀な学生を対象とした特別教育プログラムであるインターナショナル・オナーズ・プログラムの一環として1年間、7つの異なる文化でホームステイを体験した。次は民間外交官として、冷戦を終結させるべく、ソヴィエトとアメリカの民間指導者を結びつける活動に数年間携わっていた。さらにジャーナリストとして、5カ国語で最大150万部を発行した「国際新聞」、『ワールド・ペーパー』を共同創刊した。そして最近は、リーダーシップ・コンサルタントおよび国連の調停者として活動している。

2006年にガーゾンはコンフリクト・トランスフォーメーション・コラボラティブ(紛争転換協力機構)を設立。これは100を超える草の根の調停者を結びつける世界中の和平構築者のネットワークである。ガーゾンは他にも、グローバル・インテリジェンスを向上させ、老若問わずあらゆる人々を対象に、それぞれのやり方で地球の役に立つことができる方法を見出す機会を提供する双方向性ワークショップ「グローバル・シティズン体験」を、本書をベースに設計している。

こうしたイニシアティブについての詳細は、http://www.mediatorsfoundation.org を参照のこと。

訳者

松本 裕

Yuu Matsumoto

1974年生まれ。米国オレゴン州立大学農学部卒。小学校時代の4年間を東アフリカのケニアで、大学卒業後の2年間を青年海外協力隊として西アフリカのセネガルで過ごす。帰国後より実務翻訳に携わる。訳書に『アフリカ　動きだす9億人市場』(英治出版、2009)などがある。

● 英治出版からのお知らせ

本書に関するご意見・ご感想を E-mail（editor@eijipress.co.jp）で受け付けています。また、英治出版ではメールマガジン、ブログ、ツイッターなどで新刊情報やイベント情報を配信しております。ぜひ一度、アクセスしてみて下さい。

メールマガジン：会員登録はホームページにて
ブログ　　　　：www.eijipress.co.jp/blog/
ツイッター ID　：@eijipress

世界で生きる力
自分を本当にグローバル化する4つのステップ

発行日　2010年 11月30日　第1版　第1刷

著者　マーク・ガーゾン
訳者　松本裕（まつもと・ゆう）
発行人　原田英治
発行　英治出版株式会社
〒150-0022 東京都渋谷区恵比寿南 1-9-12 ピトレスクビル 4F
電話　03-5773-0193　FAX　03-5773-0194
http://www.eijipress.co.jp/
プロデューサー　下田理
スタッフ　原田涼子　高野達成　岩田大志　藤竹賢一郎　山下智也
杉崎真名　鈴木美穂　渡邉美紀　山本有子　牧島琳
印刷・製本　大日本印刷株式会社
装丁　重原隆
翻訳協力　株式会社トランネット　www.trannet.co.jp

ISBN978-4-86276-090-6　C0034　Printed in Japan

U理論　*Theory U*

過去や偏見にとらわれず、本当に必要な「変化」を生み出す技術

オットー・シャーマー著　中土井僚、由佐美加子訳

未来から現実を創造せよ——ますます複雑さを増している今日の諸問題に対して、我々はどう向き合い、どこに解決の糸口を探るべきなのか?　人・組織・社会の「在り方」を鋭く深く問いかける、現代マネジメント界最先鋭の「変革と学習の理論」、待望の邦訳。

定価：本体 3,500 円＋税　ISBN978-4-86276-043-2

人を助けるとはどういうことか　*Helping*

本当の「協力関係」をつくる7つの原則

エドガー・H・シャイン著　金井壽宏監訳　金井真弓訳

「どうしたら、あの人の役に立てるだろう?」——あたりまえすぎて見過ごされていた「協力関係」の原理・原則を、日常的な事例に紐づけ、わかりやすく読み解く。『リーダーシップ入門』『リーダーシップの旅』の金井壽宏氏が監訳。

定価：本体 1,900 円＋税　ISBN978-4-86276-060-9

ネクスト・マーケット［増補改訂版］　*The Fortune at the Bottom of the Pyramid*

「貧困層」を「顧客」に変える次世代ビジネス戦略

C・K・プラハラード著　スカイライト コンサルティング訳

新たなる巨大市場「BOP（経済ピラミッドの底辺=貧困層）」の可能性をを示して全世界に絶大な影響を与えたベストセラーの増補改訂版。世界経済の行方と企業の成長戦略を構想する上でいまや不可欠となった「BOP」を、第一人者が解説。

定価：本体 3,200 円＋税　ISBN978-4-86276-078-4

未来をつくる資本主義　*Capitalism at the Crossroads*

世界の難問をビジネスは解決できるか

スチュアート・L・ハート著　石原薫訳

環境、エネルギー、貧困……世界の不都合はビジネスが解決する!　真の「持続可能なグローバル資本主義」とは、貧困国を成長させ、地球の生体系を守るビジネスを創造し、かつ利益を上げる資本主義だ。人類規模の課題を論じた話題作。

定価：本体 2,200 円＋税　ISBN978-4-86276-021-0

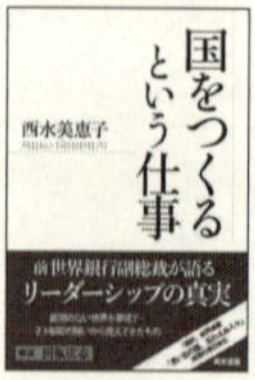

国をつくるという仕事

西水美恵子著

夢は、貧困のない世界をつくること。世界銀行副総裁を務めた著者が、23 年間の闘いの軌跡を通して政治とリーダーのあるべき姿を語った話題作。『選択』好評連載「思い出の国、忘れえぬ人々」の単行本化。（解説・田坂広志）

定価：本体 1,800 円＋税　ISBN978-4-86276-054-8

アフリカ　動きだす9億人市場　*Africa Rising*

ヴィジャイ・マハジャン著　松本裕訳

いま急成長している巨大市場アフリカ。数々の社会的問題の裏には巨大なビジネスチャンスがあり、中国やインドをはじめ各国の企業や投資家、起業家が続々とこの大陸に向かっている。豊富な事例からグローバル経済の明日が見えてくる。

定価：本体 2,200 円＋税　ISBN978-4-86276-053-1

世界とつながるビジネス　*Creating Value for All*

BOP 市場を開拓する 5 つの方法

国連開発計画 (UNDP) 著　吉田秀美訳

何かが足りない所にはニーズがあり、ニーズがある所にはチャンスがある。世界 40 億人の「貧困層（BOP）」を巻き込んだ画期的なビジネスの事例を UNDP が徹底調査。明快なフレームワークと 17 のケースで学ぶ「BOP ビジネス」実践ガイド。

定価：本体 2,000 円＋税　ISBN978-4-86276-095-1

世界を変えるデザイン　*Design for the Other 90%*

ものづくりには夢がある

シンシア・スミス編　槌屋詩野監訳　北村陽子訳

世界の 90%の人々の生活を変えるには?　夢を追うデザイナーや建築家、エンジニアや起業家たちのアイデアと良心から生まれたデザイン・イノベーション実例集。本当の「ニーズ」に目を向けた、デザインとものづくりの新たなかたちが見えてくる。

定価：本体 2,000 円＋税　ISBN978-4-86276-058-6

「社会を変える」を仕事にする

社会起業家という生き方

駒崎弘樹著

元 IT ベンチャー経営者が、東京の下町で始めた「病児保育サービス」が全国に拡大。「自分たちの街を変える」が「世の中を変える」につながった!　汗と涙と笑いにあふれた感動の社会変革リアル・ストーリー。注目の社会起業家、初の著書。

定価：本体 1,400 円＋税　ISBN978-4-86276-018-0

「カタリバ」という授業

社会起業家と学生が生み出す“つながりづくり”の場としくみ

上阪徹著

2人に1人が「自分は人並みの能力はない」と言い、3人に1人が「孤独感を感じる」と言う——「なんとかしなきゃ!」先進国の中でも圧倒的に希望を見失っている日本の高校生を目前にして、教育現場に一石を投じた ゼロ年代起業家の熱き 10 年ヒストリー。

定価：本体 1,500 円＋税　ISBN978-4-86276-087-6
